이주하 연구

심지연 지음

2007
백산서당

책을 내면서

조선왕조의 몰락과 일제의 식민통치, 그리고 미·소의 군정과 동족상잔의 전쟁으로 점철된 우리의 현대사는 마치 판도라의 상자처럼 수많은 화제(話題)와 각양각색의 인물들을 배출해 냈다. 민족의 해방을 위한 투쟁에서, 자주적이고 독립적인 정부를 수립하는 과정에서, 그리고 조국의 통일을 염원하는 과정에서 숱한 사건들이 발생했고, 이러한 사건의 주연 또는 조연으로 이루 헤아릴 수 없을 정도로 많은 인물들이 역사의 무대 위에 등장했다가 그 뒤안길로 사라졌다. 이 모두가 이성과 광기(狂氣), 환희와 절망, 열정(熱情)과 무질서가 뒤섞인 현대사가 빚어낸 산물이라고 생각된다.

이러한 격동의 역사 한 가운데 있었던 인물이 이주하(李舟河)였다. 암울했던 식민통치시기 어린 나이에 3·1운동에 참가함으로써 민족해방운동에 눈을 뜬 그는 후일 공산주의이념에 경도, 노동운동과 함께 공산주의운동에 투신하게 된다. 이로 인해 그는 순탄치 않은 길을 걷게 되는데, 이와 같은 그의 역정(歷程)은 해방 이후에도 그대로 이어졌고, 이로 인해 그는 투쟁으로 일관된, 고난에 찬 생을 마감하게 된다.

우리의 현대사에서 이러한 삶을 살아간 인물이 한둘이 아니지만, 이주하의 그것은 남다른 면이 있다. 일신상의 영달이나 안일(安逸)과는 거리가 먼, 현장을 떠나지 않은 실천가인 동시에, 수준 높은 이론가로서의 자질도 갖추었기 때문이다. 이에 덧붙여 온갖 역경에도 굴하지 않고 자신에게 주어진 과업을 완수하기 위해 끝까지 최선을 다하는 자세를 견지했기 때문이다. 인간적인 면에서도 그는 평탄한 길이 있음에도 불구하고 이를 마다하고 남한에 남아 투쟁현장을 지킴으로써, 비굴하고 구차한 모습을 보이지 않은, 몇 안 되는 남로당 지도부의 한 사람이었다.

이 같은 면모를 지닌 이주하는 현대사에서 그가 차지하는 비중에도 불구하고 거의 언급조차 되지 않고 있다. 우선 그가 남긴 자료가 너무나도 적고, 우리 사회가 포용할 수 있는 범위를 넘어선 이념을 신봉하고 있었고 그에 따라 행동했기 때문이다. 그러나 이제는 초보적인 단계에서만이라도 그가 한 일을 분석하고 그에 합당한 정도의 평가는 해야 한다고 생각한다. 어둡고 괴로웠던 시기에 민족의 해방을 쟁취하기 위해 일제에 맞서 투쟁했던 일은 이념 여하를 떠나 높이 평가하지 않으면 안 되는 것이기 때문이다.

오늘날 복잡하게 얽힌 과거사를 정리하는 작업이, 적지 않은 액수의 국고가 투입된 가운데, 정부 주도로 이루어지고 있다. 이는 우리 민족에게 광기와 절망, 무질서를 안겨주었던 요인들을 적시함으로써 이성과 환희, 열정이 꽃피는 역사를 만들겠다는 의지의 표현이라고 분석된다. 그러나 격동의 현대사 속에서 생성된 한 인간의 생애가, 그리고 그 안에서 빚어진 인간관계가 선(善)과 악(惡)이라는 잣대로만은 재단할 수 없는 측면이 너무나도 많기 때문에, 방법론적인 면에서 보다 세심한 고려가 필요하다고 생각한다.

일제에 굴종(屈從)했던 역사의 부분보다는 그에 과감히 맞서 투쟁했던 부분을 집중적으로 조명하는 방향으로 나아가는 것이 더 바람직하다는 것이다. 어둠을 캐내려고만 할 것이 아니라 그 속에 감춰져 있는 빛을 찾는 방식으로 정리해야 한다는 것인데, 어둠을 지나치게 강조할 경우 밝은 빛의 존재를 망각하기 쉽기 때문이다. 일제의 회유로 이성이 마비된 인물도 없지 않지만, 이에 저항했던 인물들도 적지 않았다. 따라서 이들을 발굴하고 이들의 업적을 올바로 평가하는 것이 우리의 과거를 더 떳떳하게 만드는 길이며, 이것이야말로 능동적이고 적극적으로 과거사를 정리하는 방법이라고 생각한다. 일제에 무릎을 꿇었던 인물들의 치부를 캐내는 일은 일시적인 한풀이는 될 수 있을지 몰라도, 수동적이고 소극적인 차원의 항일에 머물고 말 것이기 때문이다. 어둠을 탓하기만 할 것이 아니라, 빛으로 어둠을 제압하는 방식으로 접근하자는 것이다.

　이런 의미에서 일제와 과감하게 맞서 싸웠음에도 불구하고, 망각 속에 묻혀 있던 인물 중의 한 사람인 이주하의 활동과 정치노선을 분석해 보았다. 분석을 마치고 보니 부족한 부분이 적지 않다고 생각된다. 이에 대한 보완과 앞으로의 연구를 위해 이주하와 관련된 자료를 추가했다. 1부는 그가 직접 썼거나 그가 썼다고 알려진 글들, 그리고 기자와의 간담회에서 그가 말한 내용을 수록한 것이며, 2부는 그에 관한 인물평으로 그와 동시대를 살았던 김태준(金台俊)과 김오성(金午星)이 집필한 것을 수록했다. 3부는 당시 신문지상에 실린 이주하에 관한 기사들을 모은 것이고, 4부는 일제시대 공산주의자들의 활동을 알 수 있는 자료 및 그와 함께 일했던 최용달(崔容達)의 글, 그리고 북한에서 있었던 이주하에 대한 비판 내용을 수록했다. 5부는 일제시대 공산주의자들이 참고로 했던 각종 문헌 및 용어를 해설한 것으로, 이주하의 활동을 전반적으로 이해하는 데 도움이 되리라고 생각해서 수록했다.

책을 마무리할 때마다 앞으로는 더 잘해야겠다는 각오를 다지고 기대도 해보지만, 이번에도 미흡하다고 느끼기는 마찬가지다. 자료를 수집하고 정리·분석하는 과정에서 주변 많은 분들의 도움을 받았기에 이에 보답하는 차원에서라도 더 노력을 했어야 하는데, 마음만 앞서는 것 같아 죄송스러울 따름이다. 진정으로 다음에는 최선을 다하겠다는 말로 여러분들께 고마움을 표하면서 인사말을 마친다.

2007년 4월 14일
삼청동 연구실에서
심지연

이주하 연구

책을 내면서 · 3

제1장 서 론 …………………………………………………… 13
제2장 식민통치기 …………………………………………… 21
    1. 민족운동 · 22
    2. 공산주의운동 · 28
    3. 노동운동 · 33
    4. 노동운동과 공산주의운동의 통합 · 38

제3장 공개활동 시기 ……………………………………… 45
    1. 해방과 상경 · 46
    2. 공산당의 진로 제시 · 52
    3. 위폐사건 부인 · 58
    4. 자율정부 수립 반대 · 61
    5. 좌우합작 원칙 제시 · 67
    6. 3당합당 추진 · 70

제4장 비공개활동 시기 ·· 79
1. 체포령과 구속 · 80
2. 재판과 보석 · 86
3. 수배와 검거 · 91
4. 교환 제의와 처형 · 95

제5장 정치노선 ·· 101
1. 혁명주체론 · 102
2. 인민적 민주주의론 · 110
3. 볼셰비키 조직론 · 116

제6장 반론과 평가 ·· 123
1. 정치노선에 대한 반론 · 124
   1) 연합전선론 · 124
   2) 연합성 신민주주의론 · 128
   3) 화학적 결합론 · 131
2. 정치활동 평가 · 134

제7장 맺 음 말 ·· 141

부록: 이주하 관련 자료

제1부

1. 同胞들에게 呼訴함 · 150
2. 단도직입, 정계에 질의 - 朝共 李舟河씨 · 154
3. 볼쉐비키화를 위하야 · 155
4. 조선공산당 21주년 창립 기념에 제하야 · 159
5. 제69주년 메 데 대회에 드림 · 168
6. 어린이날을 맞이하여 사랑하는 어린이에게 줌 · 173
7. 지페위조사건에 관한 진상 규명코져 李舟河동무 張 경찰부장 방문 · 177
8. 위조지페사건 진상 속히 발표하라 · 178
9. 소위 자율 통일정부 수립의 음모 · 180
10. 우리가 요구하는 민주주의는 · 189
11. 분열책임자를 추방하라: 李承晩 金九 李始榮은 테러 괴수 · 200
12. 원칙 보장하여야만 합작: 합작과 입법기관은 별문제 · 203
13. 謀利輩 膺懲하야 배급 확보가 급무 · 205
14. 합당 촉진을 위하야 · 207
15. 남조선 정세에 대한 정보자료 · 218

제2부

1. 金台俊, "李舟河論" · 228
2. 金午星, "李舟河論" · 231

3. 金台俊, "熱血의 人·鋼鐵의 人: 민족명예의 수호자 李舟河선생" · 240

제3부

1. 李舟河씨 단식: "조선사람으로 깨끗이 죽겠다" · 244
2. 李舟河씨 注射사건 · 245
3. 李舟河씨 출감 · 247
4. 李舟河씨 석방은 교섭중이다: 허헌씨의 일문일답 · 248
5. 이주하씨 위독에 12단체서 성명 · 249
6. 李舟河씨 보석에 은사 李斗烈씨 師弟愛를 발휘 · 250
7. 李舟河씨 경과 호조 · 251
8. 李舟河씨 재수감 · 251
9. 李舟河씨에게 8개월 구형 · 252
10. 李舟河씨에게 8개월 언도 · 253
11. 李舟河씨 상고재판 14일에 공판 · 254
12. 李舟河씨 보석 · 254
13. 李舟河씨 상고심은 무기 연기 · 255
14. 오늘 李舟河씨 상고 공판 · 255
15. 李舟河씨 공판 또 무기 연기 · 255
16. 서울시 경찰국, 남조선노동당 총책임자 金三龍·李舟河를 체포 · 256
17. 南勞 두 巨頭 검거 · 257
18. 조국통일민주주의전선 중앙위원회 성명서 · 258
19. 李承晩 대통령, 북한의 교환제의에 曺晩植을 1주일 내로 무조건 남한으로 보낼 것을 요구하는 담화 발표 · 260
20. 군 보도과, 曺晩植 무조건 인도에 대한 북한의 회답을 요구 · 260
21. 金三龍·李舟河와의 교환, 조건 없으면 단행 · 261
22. 유엔한국위원단, 북한의 曺晩植과 金三龍·李舟河의 교환을 수용한다고

방송 · 262
23. 북한정부, 曺晩植 교환에 유엔한국위원단의 중재를 거부 · 263
24. 정부, 曺晩植 우선 송환한 후에 金三龍·李舟河를 북송하겠다고 대북방송 · 264
25. 유엔한국위원단, 曺晩植 교환문제의 중재에 최대한 조력할 것이라고 발표 · 265
26. 공보처, 북한에 38선 이남 1km 지점에서 曺晩植을 교환할 것을 제의 · 266
27. 남북한 간의 曺晩植 교환이 사실상 무산 · 268

제4부

1. 조선에 있어 공산주의운동의 근황 · 270
2. 국제공산당의 인민전선전술 · 274
3. 의견서 · 286
4. 感想錄(사건에 관계하기까지) · 289
5. 전쟁과 자본주의 국가의 노동자계급 · 308
6. 한일무·최용달의 '토론' · 328

제5부

1. 12월테제 · 334
2. 元山 총파업(제네스트) · 337
3. 원산부두 노동자 총파업사건 · 342
4. 9월테제 · 348
5. 태로(太勞) 10월서신 · 351
6. 프로핀테른(Profintern) · 356

제1장 서 론

　일제의 식민통치를 거쳐 한국현대사에서 미·소 양군의 점령과 군정으로 이어지는 격동의 시기를 온몸으로 저항하며 살아갔던 이주하(李舟河)는 한국현대사에서 아주 독특한 위상을 지닌다. 온갖 시련과 박해에도 전혀 굴하지 않고 투쟁으로 일관하며 한국의 민족운동사와 노동운동사, 그리고 공산주의운동사에 한 획을 그을 정도로 많은 업적을 남겼을 뿐만 아니라, 조직의 일원으로 자신에게 주어진 일을 묵묵히 수행하는 실전운동가로서의 면모를 유감없이 발휘했기 때문이다. 그럼에도 불구하고 오늘날 그의 자취는 남과 북 어디에서도 찾을 길이 없는 신세가 되고 말았다. 해방정국의 혼란과 외세가 개입된 동족상잔의 전쟁, 그리고 북한에서 남로당 계열에 대한 철저한 숙청과 반세기 이상 지속된 남북의 대립과 갈등이 지칠 줄 모르는 변혁의 열정을 지녔던 한 인물의 존재를 말살하다시피 했기 때문이다.
　격변으로 점철된 한국현대사에서 그와 같은 처지에 있는 인물이 하나둘이 아니라고 생각되지만, 이주하처럼 민족운동과 노동운동, 공산주의운동, 세 분야에서 헌신적인 실천으로 두각을 나타낸 인물은 결코 흔치 않다. 일찍이 민족의식에 눈을 떠 일제 식민통치를 반대하는 3·1독립만세운동에 참여한 것을 출발점으로 하여 그는 식민치하에서 가장 고통받는 계급의 하나인 노동계급의 해방을 목표로 한 노동운동에 투신하는 바람에 옥고를 치렀다. 출옥한 후에도 그는 노동운동의 대열에서 결코 이탈하지 않았으며, 그 연장선상에서 자신이 굳게 믿었던 이상사회를 실현하기 위해 온갖 역경을 무릅쓰고 공산주의운동에 매진했다. 이로써 그는 마흔다섯이라는 젊은 나이에 고난에 찬 생을 마감해야만 했다.

이처럼 그의 삶이 비극적으로 끝날 수밖에 없었던 것은 일차적으로 국내외적인 역학관계로 인해 해방 후 그가 주로 활동했던 남한지역에 그가 신봉했던 이념과는 정반대되는 체제가 수립되었기 때문이다. 남한사회는 미군의 진주와 더불어 우익진영의 기세가 날로 높아만 갔고, 이에 비례해서 그의 이상이 실현될 가능성은 점점 더 멀어져만 갔다. 그로서는 그러한 현실이 무엇보다도 원망스러웠겠지만, 국제정치 역학상 되돌릴 수 없는 환경이 조성된 것이다. 그럼에도 불구하고 그는 자신이 태어난 북으로는 발길을 돌리지 않았다. 공산주의를 실현하겠다는 자신의 의지를 마치 시험이라도 하듯이 그는 남한에 남아 당원의 검거와 이탈로 와해되어 가는 남로당의 조직을 관리하고 재건하기 위해 노력한 것이다.

38선 넘어 바로 눈앞에 동경해 마지않던 체제가 수립되는 것을 목격하면서도 그곳으로 떠날 수 없었던 해방 후 5년 남짓한 기간이 아마도 그에게는 일제 치하 40년 못지않은 시련의 연속이었다고 해도 과언이 아닐 것이다. 북한에는 일제시대부터 그가 심혈을 기울여 만들어 놓은 조직과 그를 따르는 많은 노동자들이 그를 기다리고 있었지만, 그는 그곳으로 넘어가지 않았다. 북한에서 실권을 장악하고 있던 김일성과의 관계가 좋지 않았기 때문이다.

그렇지만 이상사회가 건설되고 있다고 그가 그렇게도 철저하게 믿었던 바로 그곳, 북한에서 그와 생사고락을 같이했던 동지들이 그가 세상을 뜬 지 얼마 되지 않아 본의 아니게 굴종과 회한, 그리고 번민과 울분 속에서 비참하게 생을 마감해야 했던 것에 비하면, 그의 삶은 오히려 의연(毅然)했다는 생각이 든다. 최소한도 자신이 걸어온 삶과 젊음을 불태웠던 의지를 송두리째 부정해야 하는 수모와 치욕만은 당하지 않았기 때문이다. 그리고 같은 이념을 가진 동지라고 굳게 믿었던 사람들에 의해 배신당하고 처형당하는 운명만은 피할 수 있었기 때문이다. 이런 의미에서 이주하는 그 누구보다도 당당하고 떳떳하게 최후를 맞이할 수 있었다고 생각된다.

이주하는 쇠퇴해 가는 조선왕조가 '보호'조약이라는 명분으로 일제에 외교권을 빼앗긴 1905년 함경남도 북청군 신포면의 아주 외진 산골 마을에서 화전민의 아들로 태어났다. 제국주의 열강의 식민지 쟁탈전이 가열되는 것과 때를 같이하여 5백년의 역사를 지닌 조선왕조 역시 아시아, 아프리카, 라틴아메리카의 여러 나라들처럼 열강의 침략 야욕 앞에 노출되는 시점에 그가 출생한 것이다.

전 세계를 무대로 전개되는 제국주의자들의 식민지 쟁탈전으로 인해 국가의 운명이 풍전등화와도 같은 위기에 처해 있던 바로 그 시점이었다. 그럼에도 불구하고 지배계층은 이를 슬기롭게 극복할 방안을 마련하려고 하기는커녕, 우왕좌왕하며 일신상의 안일만을 꾀하려는 퇴영적인 모습만 보여주고 있었다. 지배계층이 민중의 삶과 운명은 안중에도 두지 않고 오로지 자신들의 특권만 누려 온 결과, 국권마저 빼앗겨 민족의 고난과 불행이 가중되는 그러한 시절에 그가 태어난 것이다.

출생과 동시에 일제의 손길이 미치지 않는 곳이 없는 상태가 되어 버린 강토에서 그를 포함하여 민족 앞에 제시된 길은 단 두 가지뿐이었다. 일제가 강요한 '보호'조약 체제와 식민통치 체제에 어떤 방식으로건 적응하든지, 아니면 일제가 덮어씌운 억압의 사슬을 끊고 스스로의 힘으로 미래를 개척해 나가는 자주독립의 길을 걸을 것인지 하는 것이었다. 여기서 그가 선택한 것은 보람은 있지만 숙명적으로 고난이 뒤따를 수밖에 없는 후자의 길이었다. 민족의 해방을 위해서 고통을 감수하기로 한 것이다. 이에 따라 그는 일제 식민통치를 근절하고 민족의 해방을 쟁취하기 위해 투쟁했으며, 일제가 구축한 억압적인 제도 하에서 가장 탄압받고 박해받는 노동자들의 권익을 보호하기 위해 앞장섰다.

해방 후에도 그는 이러한 노력을 조금도 멈추려 하지 않았다. 해방은 단지 우리 강토에 주둔하고 있던 일본군을 미군으로 바꾼 것에 불과하다는 인식이었고, 해방은 왔지만 자신이 온몸을 바쳐 추구했던 정치노선이 실현되지 않았다고 생각했기 때문이다. 그리하여 일제 때 전개했던 노동운동과 독립운동의 연장선상에서 그는 조선공산당의 조직을 정비·강화하며 공산주의사회의 실현을 위해 총력을 기울였던 것이다.

인간적인 면에서 볼 때 민족운동이었건, 노동운동이었건 또는 공산주의운동이었건 간에 그는 어느 누구보다도 열성적으로 현장에서 일했고, 또 현장을 떠나려고 하지도 않았다. 공부를 계속하기 위해 일본 유학길에 잠시 올랐던 것을 제외하고는 고통 받는 민중의 곁을 결코 떠나지 않은 것이다. 이런 점에서 그는 철저한 활동가이자 실천가였다고 할 수 있지만, 일반 활동가들과 달리 이론적인 면에서도 그는 결코 뒤지지 않았다. 공산주의이론에 관한 각종 서적을 구해서 섭렵하고 이의 학습에 열중했을 뿐만 아니라, 식민지 조선의 실정에 맞는 민족해방노선을 정립하기 위한 전략과 전술을 탐구하는 등 많은 노력을 기울였기 때문이다.

이러한 이론과 실천을 바탕으로 그는 공산당이야말로 '해방투쟁세력의 주체'라는 논리를 처음으로 주장하여 주체이론의 보급에 나서기도 했다. 현실정치의 제약으로 인해 그의 혁명주체론이 남한사회에 적용되고 보급되지는 못했지만, 혁명을 성공시키기 위해서는 혁명의 주체가 있어야 한다는 점에 누구보다 먼저 착안했던 것이다. 이는 당시 어느 누구보다도 그가 이론과 실천에 투철했다는 것을 나타내는 증거라고 할 수 있다.

외세의 영향이 어느 때보다도 강력하게 현실을 규정하고 있던 해방정국의 시점에서 민족의 내재적 역량이라고 할 수 있는 주체를 강조할 정도로 그는 인식론적인 면에서도 앞서 있었던 것이다. 이러한 이론가로서의 면모는 볼셰비키 주직론을 비롯하여 메이데이와 인민민주주의 등에 관한 해설을 통해서도 아주 잘 나타난다. 현실정치에 깊이 개입하는 바람에 그는 더 이상 이론적인 천착을 할 수는 없었지만, 이러한 문제를 제기한 것 자체만으로도 공산주의이론에 미친 그의 영향은 지대하다고 할 수 있다.

이처럼 이론과 실천을 겸비한 활동을 하는 과정에서 여러 차례 체포와 투옥을 거쳤음에도 불구하고 이주하는 조금도 동요하지 않고 투쟁현장을 지켰다. 일제시대 이념의 좌우를 떠나 혹독한 박해와 탄압을 견디지 못하고 전향의 길을 걸었던 연약한 인텔리나 현실과 괴

리된 유휴분자들 또는 강단사회주의자들과 달리 온갖 고난을 겪으면서도 그는 자신이 믿었던 공산주의와 조금도 거리를 두려 하지 않았다. 그리고 해방 이후 남북에 별도의 정부가 수립되는 과정에서 함께 투쟁했던 동료나 남로당원 상당수가 활동근거지를 떠나 북한으로 피신했지만, 그는 이러한 추세에도 따르지 않았다. 전혀 동요하지 않고 서울에 남아 와해돼 가는 당 조직을 추스르는 일에 몰두했다.

자기의 분신과도 같다고 생각했던 남로당을 위해, 그리고 혁명의 주체로서 역할을 다하기 위해 최후의 순간까지 헌신한 것인데, 이 과정에서 그는 1950년 3월 27일 체포되어 한국전쟁 발발 직후 형장의 이슬로 사라졌다. 자신이 추구하는 정치노선이 남한사회가 신봉하고 추구하는 가치와는 상당한 괴리가 있는 것이었음에도 불구하고 자신의 선택이 옳다고 끝까지 믿었고, 이의 실현을 위해 최선을 다한 데 따른 결과였다.

한국현대사에서 그와 같이 치열한 삶을 산 인물은 그리 많지 않으리라 생각된다. 좌와 우를 떠나 자신이 믿었던 이념에 충실하고 모든 애정을 쏟아 부어 가며 만든 조직을 지키기 위해 마지막까지 헌신하는 모습을 보인다는 것이 아무나 할 수 있는 쉬운 일은 아니기 때문이다. 시간이 갈수록 여건이 열악해져 가는 것을 목격하면서 그도 인간이었기 때문에 심리적 갈등을 느꼈으리라 판단된다. 그럼에도 불구하고 그가 끝까지 투쟁현장을 지킨 것이 그런 운명을 피할 수 없다는 체념에서 나온 것이었는지, 사명감에서 비롯된 것이었는지, 아니면 박헌영(朴憲永)의 지시에 따른 것이었는지 현재로서는 알 길이 없다.

그러나 이주하의 삶이 바로 그러했기 때문에 그의 활동을 시기별로 분석하고, 그가 견지했던 이념과 노선을 살펴보는 것은 의미 있는 일이라고 생각한다. 이는 그의 이념과 노선을 현재의 시점에서 되살

린다거나 그의 활동을 미화하거나 과장하고자 하는 의도에서 시도하는 것은 아니다. 그리고 지금까지 그에 대해서 연구는 고사하고 언급조차 전혀 없었다는 차원에서 시도하는 것도 물론 아니다.

단지 한국정치사에서 격변의 시기에 실천가이자 이론가로서 치열한 삶을 영위했던 한 인간의 생애를 조명함으로써 그가 생각했던 우리 사회의 문제점과 그에 대한 해결책은 무엇이었는지, 그리고 그가 제시한 해결책이 과연 당시 우리 사회의 대안이 될 수 있었는지, 또는 우리 사회가 당면하고 있는 제반 문제를 해결하는 데 최소한도의 적실성을 지닐 수 있는 것이었는지를 살펴보려고 하는 것이다.

이와 동시에 도대체 무엇이 그로 하여금 젊음을 송두리째 바쳐 가며 일제 식민통치에 맞서 끝까지 저항하도록 했는지, 그리고 해방 후에는 자본주의를 반대하는 길로 들어서게 했는지를 규명해 보려고 하는 것이다. 순탄한 삶을 마다하고 형극의 길을 택한 그의 결단이 이 시대에 우리에게 부여하는 의미가 있다면, 무엇인지 밝혀보자고 하는 것이다.

제2장 식민통치기

　일제 식민통치 시기 이주하는 민족운동과 공산주의운동, 그리고 노동운동 세 분야에 걸쳐 활동했다. 이들 운동이 모두 일제의 강압적인 식민통치로부터의 해방을 목표로 하고 있다는 공통성을 갖고 있어 어디까지가 민족운동이고, 어디부터 어디까지가 공산주의운동의 범주에 드는지, 그리고 어느 것을 노동운동에 포함시켜야 하는지 정확하게 구분하기란 매우 어렵다. 그런데다가 이들 운동이 내용적인 면에서 중복되는 부분이 적지 않을 뿐만 아니라 인적(人的)인 면에서도 중첩되기 때문이다.
　그러나 일제치하에서 일정 시기를 제외하고는 민족진영과 공산진영이 상호 대립하며 불신했던 정황에 비추어 볼 때, 자기들 나름대로 분류하는 기준은 있었으리라고 판단된다. 이런 의미에서 그와 운동을 같이했던 최용달(崔容達)이 제시한 기준을 원용할 필요가 있다고 생각된다. 그는 민족주의는 모든 문제의 해결을 민족의 자주독립이라는 민족모순에서 찾으려 한 반면, 사회주의는 노동과 자본의 모순이라는 것에서 문제의 해결을 찾는 이론이라고 말한 바 있다.[1] 노동과 자본

---

1) 崔容達은 조선의 현실을 분석하는 이론 두 가지를 들고, 그 차이를 다음과 같이 설명했다. "조선에 있어서 사회개혁의 이론도, 다른 것과 마찬가지로 여러 가지가 있으나, 그 주된 것은 대개 민족주의이론과 사회주의이론

의 모순이 더 근본적인 것으로, 민족모순 역시 근본적인 모순이 해결되면 자동적으로 해결될 수 있다는 주장인데, 이러한 분류기준에 따라 그의 활동을 분석하려 한다.

1. 민족운동

 의병운동에 관여했다는 혐의로 관헌의 추적을 받자 이주하의 아버지는 그가 네 살 되던 때 고향인 함경남도 북청군 신포를 떠나 원산으로 이주했다. 신포라는 명칭은 그 고장의 개울 이름인 '시신개'에서 유래한 것으로, 개울이 장마 때만 되면 범람하여 온 마을을 씻어 버린다고 하여 개울 이름을 '시씻개'라고 하면서 마을 이름도 그렇게 불렀다는 것이다. 그런데 이 '시씻개'는 음이 와전되면서 '시신개'로 되고, 그것이 다시 줄어 '신개'로 되어 한자의 '새' 신(新)과 '개' 포(浦)

이다. 민족주의가 주장하는 바는 조선에 있어 모든 사회문제의 기초는 민족적 예속이라고 하는 것에 귀결되며, 따라서 문제의 해결은 무엇보다도 민족의 자주독립, 환언하면, 식민지로서가 아니라 그로부터 벗어나 독립 민족국가로 되는 것에 있다고 하는 것이다. 이에 반해 사회주의의 주장은 민족의 해방이라고 하는 것에 이의를 달지는 않으나 사회문제가 생기는 기초를 민족의 예속이라고 하는 데 귀결시키는 것은 부당하다고 한다. 사회적 모순은 보다 근본적인 곳에 뿌리내리고 있으며, 민족적 예속, 식민지문제 등에도 필경 근본적 모순에서 그렇게 되었다는 것이다. 따라서 문제의 근본적 해결은 근본적 모순의 제거·지양에 있다. 그것을 다른 것에 있다고 하는 민족주의의 所論은 뒤집어 보면, 그들 민족부르주아지의 손에 의한 민족의 지배를 구하는 것에 불과하다." 崔容達, "感想錄," 朝鮮總督府 高等法院檢事局思想部, 『思想彙報』 第二十四號(1940년 9월), 301-302쪽.

로 옮겨져 신포로 되었다는 것이다.2)

원산에서 이주하의 아버지는 공장에서 고용노동을 했으며 그의 어머니는 남의 집 빨래와 바느질 품팔이를 했고, 그의 형은 어린 나이에 일본인 회사에서 심부름꾼 노릇을 하며 생계를 도울 정도로 그의 집안은 몹시 가난했다.3) 당시 조선에서 대부분의 빈한한 가정이 그렇듯이 그 역시 제때에 학교에 입학하지 못하고 집안일을 도우면서 자랐다. 그는 아홉 살이 되어서야 비로소 원산 시내 당하리(堂下里)에 있는 사립 소학교인 광성학교(光成學校)에4) 입학할 수 있었는데, 이것도 그의 아버지 몰래 들어간 것이었다.

광성학교를 졸업한 그는 기독교 계통의 상급학교인 보광중학(保光中學)에 진학하였다.5) 그러나 가난한 집안사정으로 인해 학비를 제때에 마련하지 못해 마음속으로 많은 고통을 겪어야만 했다. 보광중학은 1919년 3·1운동 당시 애국투사를 산출한 혁혁한 역사를 지닌 학교로 이름을 날린 것으로 기록되고 있다. 아마도 이는 보광중학의 학생들이 독립만세운동에 대거 참여했기 때문에 그렇게 전해진 것으로 분석되는데, 여기에는 이주하도 빠지지 않고 한몫 한 것으로 알려졌다.

당시 보광중학 학생들이 선언문과 삐라를 인쇄한 후 플래카드를

---

2) 이외에도 자그마한 어촌에 지나지 않는 나룻가 마을이던 것이 점차 사람들이 모여들어 큰 어장이 되면서 새롭게 번창한 포구라는 뜻에서 '신포'라고 불렀다는 말도 전한다. 방린본, 『조선지명편람: 함경남도』(평양: 사회과학출판사, 2002), 409-412쪽.

3) 金午星, "李舟河論," 『指導者群像』(大成出版社, 1946), 103쪽.

4) 그가 입학한 光成學校는 남학생들만 다니는 학교로 후일 일제에 의해 폐교되었다. 元山市史編纂委員會, 『元山市史』(三信文化社, 1968), 87쪽.

5) 保光中學은 기독교 계통의 학교로 일제 말기 함흥 永生中學校에 흡수되어 없어지고 말았다. 元山市史編纂委員會, 『元山市史』, 86쪽.

들고 만세를 부르며 시내를 행진했는데,6) 그는 선생을 도와 유인물을 인쇄하여 이를 시내에 살포하는 일을 한 것이다. 나중에 이 사실이 발각되어 학생 주모자와 그의 선생은 검거되는 신세가 되었다. 그러나 그는 형이 있는 갑산광산으로 피신함으로써 체포되는 신세는 면할 수 있었는데,7) 이로써 그는 만 14세라는 어린 나이로 민족운동에 본격적으로 투신한 셈이 되었다. 이 일로 인해 그의 인생은 전환점을 맞았다고 생각된다. 만세운동에 참여한 것을 계기로 일본에 빼앗긴 나라를 되찾고야 말겠다는 결심을 굳혔고, 이것이 그로 하여금 평생을 투사의 길로 인도했다고 분석되기 때문이다.

전국을 휩쓸었던 3·1독립만세운동의 물결이 어느 정도 진정되자 그는 원산으로 다시 돌아와 객주집의 심부름꾼으로, 일본인 상점의 점원으로, 그리고 우편국의 전보배달부로 3년간 일을 했다. 집안 형편이 넉넉지 못하고 배움이 짧은 대부분의 청소년들이 하는 것처럼 그 역시 생활전선에 뛰어든 것이다. 이런 일을 하는 동안 그의 형이 운수업을 시작하여 생활 형편이 조금 나아지자, 그는 공부를 계속하기로 하고 서울로 올라와 사립 휘문고등보통학교에 입학했다.

그러나 이주하가 3학년 되던 해인 1924년 6월에 발생한 동맹휴학 사건으로 인해 그는 퇴학을 당하고 말았다. 학생들이 부적격 교사의 퇴출, 불공정한 학생징계 해제, 적정 교사 확보 등의 문제를 제기하며 교장과 학감의 사퇴를 요구하는 동맹휴학에 들어갔는데,8) 이 사

---

6) 保光中學은 일찍이 많은 애국청년들을 배출한 원산 유일의 남자 사립중학교로 3·1운동 당시 희생자를 냈고, 그 뒤에도 끊이지 않고 連綿히 항일애국정신으로 불타는 전통을 이어받았으나 일제의 탄압으로 폐쇄되고 말았다. 元山市史編纂委員會, 『元山市史』, 183-184쪽.
7) 金午星, "李舟河論," 104쪽.

건에 그가 연루되었기 때문이다. 4학년 학생들이 시작한 동맹휴학은 순식간에 전교생에게로 파급되어, 이로 인해 학생 6백여 명이 제명처분을 당하기도 했다.9)

동맹휴학에 돌입하면서 학생들은 학내문제 외에도 이루 열거하기 어려울 정도로 일상적으로 통절(痛切)하고 분절(忿切)한 일이 많았다고 주장했다.10) 동맹휴학을 저지하기 위해 경찰이 주동자를 연행했고11) 총독부 학무국장이 교장의 사직을 만류한 것12) 등으로 미루어 볼 때, 동맹휴학의 기저(基底)에는 학생들의 반일정서가 있었던 것으로 판단된다. 그리고 연행된 일부 학생을 검찰이 취조한 것을 볼 때,13) 동맹휴학의 배경에는 학내문제를 계기로 반일운동이 표면화된 사건이라고 할 수 있다.14) 3개월간 지속되던 동맹휴학은 교장이 사퇴하고 학생들이 1924년 9월 15일부터 일제 등교하는 것으로 막을 내렸으나,15)

---

8) 학생들은 교장과 학감이 학내문제를 강제적·위협적으로 처리하며, 입학을 불공정하게 하고, 학생들이 발행하는 잡지의 원고를 사전에 열람하고 삭제했으며, 학생들이 원하는 선생을 초빙치 않았다는 등의 이유를 들었다. 『朝鮮日報』, 1924년 6월 14일.
9) 『東亞日報』, 1924년 8월 20일.
10) 『朝鮮日報』, 1924년 6월 21일.
11) 『朝鮮日報』, 1924년 6월 28일.
12) 『朝鮮日報』, 1924년 7월 10일.
13) 『東亞日報』, 1924년 9월 14일.
14) 당시 일본어를 국어라 부르며 수업시간을 대폭 늘리는 등 학생들의 민족적 자각과 독립사상을 말살하고 일본에 완전히 동화된 황국신민을 만들기 위한 교육이 이루어지는 것에 대한 불만이 학교개혁이라는 명분으로 나타났고, 이에 학생들이 동조하여 동맹휴학이 일어난 것이다. 휘문100년사편찬위원회, 『徽文100年史』(휘문100년사편찬위원회, 2006), 128쪽.
15) 『朝鮮日報』, 1924년 9월 16일.

이 과정에서 이주하는 학교를 떠나게 되었다.

휘문학교에서 퇴학을 당한 이주하는 1924년 일본으로 유학을 갔지만, 그곳에서도 그는 학업을 마치지 못하고 중도에 귀국을 했다. 일본으로 간 지 4년 만인 1928년 조국으로 돌아온 그는 다시 민족운동에 적지 않은 관심을 갖고 활동했다. 일제의 정치적·경제적 압박과 침략이 강화되어 감에 따라 민족의 총역량을 집결할 필요성이 더욱 높아졌고 이러한 시대적 요청에 부응하여 1927년 1월에 신간회가 결성되었는데,16) 이에 참가함으로써 그는 다시 민족운동에 나선 형국이 되었다.

'민족협동전선'이라는 표어 아래 민족주의자와 공산주의자가 망라되어 창립한 신간회의 창립정신에17) 공감한 그는 원산지역의 신간회 조직을 확대하는 일에 주력했다. 이러한 사실은 1930년 4월 원산에서 공산당 재건운동에 관련된 혐의로 23명이 검거되었을 때,18) 그의 신분이 신간회 원산지회의 조직부 부원이었다는 것에서 확인된다.19)

---

16) 신간회는 처음에 "① 조선민족으로서 정치·경제의 구경적 해결을 도모한다. ② 우리는 단결을 공고히 하는 것을 목적으로 한다. ③ 우리는 기회주의를 일체 부인한다"는 강령을 내걸었으나, 일제의 허가를 받을 수 없어 절충을 한 결과 "① 우리는 정치적 경제적 각성을 촉진한다. ② 우리는 단결을 견고히 한다. ③ 우리는 기회주의를 일체 부인한다"로 수정했다. 이균영, 『신간회 연구』(역사비평사, 1996), 97-98쪽.

17) 코민테른의 '반제연합전선전술'에 따라 조선공산당에게 중국의 국민당과 같은 연합전선을 결성하라고 지시했고, 이에 따라 공산주의자들이 신간회 창립에 참여하게 되었다. 金明久, "코민테른의 對韓政策과 新幹會," 스칼라피노·李庭植 외, 『新幹會硏究』(동녘, 1983), 267쪽.

18) 당시 원산에 격문이 나돌아 경찰이 이를 조사하는 과정에서 공산당과 관련된 단서가 나왔고, 이것이 신간회 원산지회의 수사로까지 확대된 것으로 분석된다. 『朝鮮日報』, 1930년 8월 19일.

그리고 그 해 9월에는 그가 신간회 원산지부 중앙집행위원의 일원으로 발표된 것에서도 확인된다.20)

이주하의 신간회 참가는 그가 원산 보광중학교에 다니던 시절 3·1운동에 참여했던 것의 연장인 동시에, 민족운동이 갖는 한계를 넘으려는 하나의 시도라고 볼 수 있다. 일본 유학을 통해 공산주의이념을 신봉하게 된 그로서는 노동운동의 외연을 확장하려는 의도에서 민족주의자들과 연대를 도모한 것이라고 볼 수 있다. 이는 공산청년회 함경남도 기관의 전략이 신간회를 상공자본계급의 민주주의 단체로 하고, 그 전술은 합법적 타협운동으로 나아가도록 함으로써 신간회를 혁명적 집단으로 간주할 수 없게 하며, 상공자본계급 역시 식민지 종속계급인 점에 있어서는 노동계급과 마찬가지이므로 전선의 대립을 피하기 위해 이들 상공자본계급을 협동전선으로 견인케 하는 것이었다는 일제의 분석에서도 확인할 수 있다.21)

---

19) 梶村秀樹·姜德相 編, 『現代史資料: 朝鮮 5』(東京: みすず書房, 1972), 231쪽.
20) 李舟河가 일본에서 귀국한 것이 1928년이었기 때문에 1927년 7월 2일 신간회 원산지부가 창립되었을 때나 1928년 1월 5일에 발표된 간부 명단에 그의 이름은 나오지 않고 있다. 1929년 8월 31일 개편된 위원장과 중앙집행위원 명단은 다음과 같다. 위원장: 李可順, 중앙집행위원: 韓興根, 李世模, 文武術, 金鐵煥, 崔化憲, 金眞珪, 李舟河, 張心德, 金俊□, 李宗敏, 金相翊, 후보: 周達聖, 安泰浩. 『朝鮮日報』, 1930년 9월 2일, 이균영, 『신간회 연구』, 637-638쪽 재인용.
21) 梶村秀樹·姜德相 編, 『現代史資料: 朝鮮 5』, 271쪽.

2. 공산주의운동

동맹휴학 사건으로 학교를 퇴학당한 이주하는 1924년 일본으로 건너가 일본대학(日本大學) 전문부에 적을 두고 사회과, 문예과 등을 전전했다. 이는 아마 정식으로 고등학교를 졸업하지 못했기 때문에 대학에 곧바로 입학할 수 없어 임시로 전문부에 적을 두고 정규대학에 입학할 준비를 하려 했던 것으로 분석된다. 그러나 학비 부족과 신병 등으로 인해 그는 학업을 더 계속하지 못하고 중도에 퇴학, 1928년 5월 귀국하게 된다.22) 이로써 그는 일본으로 간 지 4년 만에 고국으로 돌아온 것이다.

일본에 체류하고 있는 동안 이주하는 마르크스와 레닌의 저서를 비롯하여 공산주의 문헌을 두루 탐독했다. 이 영향으로 그는 공산주의에 심취하게 된 것으로 보인다. 공산주의를 철저하게 신봉한 결과 그는 일본공산당 간부인 아다쓰(新津)의 인정을 받아, 그의 지도 아래 치바(千葉)현에서 공산청년동맹을 조직하고 공청 활동을 하기도 했다. 이러한 활동으로 인해 1928년 그는 일본 경찰로부터 공산주의자라는 혐의를 받고 검거되었다가 석방되기도 했다.23)

귀국하던 해인 1928년에 그는 조두원(趙斗元)의 소개로 공산당에 입당했고, 다음해인 1929년에는 원산시의 공산당 책임자가 된 것으로

---

22) 朝鮮總督府 高等法院檢事局思想部, "咸鏡南道元山府を中心とせる朝鮮民族解放統一戰線結成並支那事變後方攪亂事件の槪要,"『思想彙報』第二十一號 (1939年 12月), 182쪽.
23) 金午星, "李舟河論," 104쪽.

알려졌다.24) 그러나 이는 명칭이나 시기로 보아 사실과는 거리가 있는 것으로 보인다. 왜냐하면 1928년 12월 7일 조선공산당이 코민테른으로부터 해체명령을 받아 조선에 공산당은 공식적으로 존재하지 않았으며,25) 모스크바에서 김단야(金丹冶), 조두원 등이 공산당을 재건하라는 지시를 받고 귀국한 것이 1929년 6월이었기 때문이다.26) 따라서 이주하가 1928년 입당했으며 1929년 '원산시당 재건책임자'가 되었다는 것은, 각각 1929년과 1930년의 오기(誤記)로 분석된다.

코민테른이 "12월테제"를 통해 조선공산당을 해체하고 새로 조직하라는 지시를 내린 이래, 그리고 프로핀테른이27) 조선의 혁명적 노동조합의 임무에 관한 "9월테제"를28) 채택한 후, 코민테른은 직접 조

---

24) 金午星, "李舟河論," 104-105쪽.
25) 1928년 12월 코민테른 서기국은 조선공산당의 해체를 결의한 "12월테제"를 발표했다. 여기에서는 조선 공산주의운동은 내부적 분열상태에 의해 결렬되고 있음을 지적하고 혁명가들과 노동대중 사이에 밀접한 연결이 성립되지 않는 한, 당이 농민 가운데 조직이 강고해지지 않는 한, 당이 민족 혁명운동 위에 영향을 갖지 못하는 한, 지도자가 될 수 없다고 전제하고 당원의 구성이 너무나 지식계급과 학생이 다수를 점하였기 때문에, 노동자와 교섭이 이루어지지 않았다는 것과 공산주의자가 당의 비밀공작을 조직할 줄 모른다고 지적했다. 이에 관해서는 李錫台 編, "十二月테제,"『社會科學大辭典』, 398-399쪽 참조.
26) 李起夏,『韓國共産主義運動史』I(國土統一院, 1976), 904쪽.
27) 프로핀테른은 1920년 코민테른 집행위원회의 제창으로 조직된 적색노동조합 인터내셔널의 약칭으로, 자본주의국가에서 노동계급의 해방을 위해 노동대중을 망라하고 노동계급 투쟁의 협동과 통일을 도모하며, 중요한 투쟁이 있을 때 국제적으로 행동하고, 큰 쟁의가 있을 때 기부금 수집 등을 할 목적으로 탄생했다. 李錫台 編, "프로핀테른,"『社會科學大辭典』, 733쪽.
28) 1930년 9월 18일 개최된 프로핀테른 제5회 대회는 중앙집행위원회가 마

선에 연락원을 파견하여 당을 조직케 하거나 프로핀테른의 지도 아래 전개되는 적색노동조합운동을 격려했다.29) 이에 고무되어 공산주의자들 역시 적극적인 행동에 나섰는데, 당시 공산당을 재건하려는 움직임은 조선 내에서 여러 갈래로 경쟁적으로 추진되었다.30)

이 중 하나가 화요회였는데, 화요회 중에서도 이주하와 주로 접촉한 것은 이르크츠크파와 연결된 화요회31) 사람들이었다. 순전히 국내에서만 활동했던 국내파 화요회와 달리 이들 이르크츠크파 화요회는 모스크바 동방노력자공산대학(이하 공산대학으로 약칭)에서 정식으로 공산주의이론을 배운 다음에 공산당을 재건하기 위해 귀국한 공산주의자들을 일컫는 이름이었다.32)

귀국에 앞서 이들은 코민테른으로부터 공산당을 재건하는 데 있어 첫째, 조선공산당 재건조직은 최대한 공산주의운동의 정수분자들을 총망라하여 완전하고 충실한 조직이 되도록 할 것, 둘째, 공산당 조

련한 "조선에 있어서 혁명적 노동조합운동의 임무"라는 이른바 프로핀테른 "9월테제"를 발표했다. 朝鮮總督府 高等法院檢事局思想部, "革命的勞動組合運動事件," 46-47쪽.

29) 朝鮮總督府 警務局 編,『最近に於ける朝鮮治安狀況 - 昭和11年5月 -』(東京: 不二出版, 1986), 71쪽.

30) 여러 갈래로 추진된 공산당 재건운동에 관해서는 金俊燁·金昌順,『韓國共產主義運動史』5(청계연구소, 1988), 277-386쪽 참조.

31) 창당과정에서 주도권을 장악했던 화요회는 당 재조직에서도 주도적인 역할을 했는데, 이르크츠크와 연결되었다는 것은 조선공산당의 추천으로 모스크바 동방노력자공산대학을 졸업한 공산주의자를 말하는 것이다. 이에 관해서는 李起夏,『韓國共產主義運動史』I, 903-909쪽 참조.

32) 趙斗元, 權五稷, 金命時 등 1923년 9월부터 1928년까지 모스크바 동방노력자공산대학에 입학했던 학생 75명의 명단은 梶村秀樹·姜德相 編,『現代史資料. 朝鮮 5』, 251-254쪽 수록.

직은 시기적으로 적절치 못하므로 직접 공장 및 농촌에 침투하여 노동자 및 농민계층과 교류하며 친밀히 지내는 동시에 이들에게 계급의식을 조장시킬 것, 셋째, 지식계급층과는 당분간 손을 잡지 말 것 등의 지시를 받았다.33)

코민테른의 이 같은 지시에 비추어 볼 때 이주하야말로 '공산주의운동의 정수분자'로, 이들의 전형적인 포섭대상이 아닐 수 없었다. 일제의 검거로 붕괴된 공산당을 재건하는 데는 이론보다 실천이 앞서는 사람이 필요했는데, 바로 그가 이러한 기준에 부합되는 인물이었기 때문이다. 실제로 그는 공산주의이론에도 밝고 철저한 계급의식을 갖고 노동운동에 투신하고 있었던 데다가, 이론에만 몰두하는 지식인 타입과는 거리가 먼 실천적인 인물이었음이 판명되었다.

이런 의미에서 공산당 재건의 임무를 띠고 귀국한 이르크츠크파 화요회와 이주하의 만남은 우연이라기보다는 필연에 가까웠다고 판단된다. 당시 이들 이르크츠크파 화요회의 한 사람인 권오직(權五稷)과 가까운 조두원이 원산과 청진 등에서 당원을 모집하는 책임을 맡고 있었는데,34) 그가 때마침 원산에서 적색노조운동을 하던 이주하를 만났기 때문이다. 이런 관계로 입당이 이루어졌기에 이주하 화요회와 아주 긴밀한 관계를 맺게 되는데, 이러한 관계는 해방 후에는 조선공산당 재건파로, 그리고 좌익 3당 합당 시에는 남조선노동당으로 이어져 그가 체포될 때까지 지속되었다.

입당 후 이주하는 조두원과 함께 장차 혁명투사를 양성할 목적으로 노동청년 중에서 공산대학에 파견할 가장 유망한 분자들을 선발하는 일을 한 것으로 알려졌다.35) 그러나 그는 공산주의운동보다는

---

33) 李起夏, 『韓國共産主義運動史』 I, 903.

34) 梶村秀樹・姜德相 編, 『現代史資料: 朝鮮 5』, 240쪽.

노동운동에 더 많은 관심을 기울였던 것으로 보인다. 왜냐하면 이르크츠크파 화요회가 중심이 되어 추진했던 공산당 재건운동이 1930년 4월 경기도 경찰부에 의해 발각되어 관련자 모두가 검거되었을 때[36] 이주하도 체포되었으나 조사과정에서 증거불충분으로 석방되었기 때문이다.[37] 이를 볼 때 그는 공산주의운동에 깊이 개입되었던 것 같지는 않다. 이는 당시 이주하의 직업은 노동으로, 신분은 신간회 원산지회 조직부원으로 기록되어 있는 것에서도 확인할 수 있다.[38]

당시 이주하는 공산주의이론을 내세우며 공산당 조직의 재건에 나선 것이 아니라 노동문제 같은 일상생활과 가까운 문제를 중심으로 하여 노동자들에 접근한 것으로 분석된다. 이는 당시 공산주의자들의 운동형태가 공산주의운동의 형태로 직접 공산당 조직으로 나아가지 않고 그 저수지 역할을 하는 적색노동조합을 조직하는 방향으로 나아갔으며, 공산주의자의 주력은 조선 내 각 공장의 적화(赤化)와 노동자의 획득에 열중했다는 보고에서[39] 확인할 수 있다. 이런 의미에서 이주하도 공산주의를 앞세우기보다는 적색노조운동에 전력을 기울였던 것으로 분석된다.[40]

---

35) 1929년 11월부터 1930년 1월까지 사이에 趙斗元과 李舟河가 추천한 全龍星, 尹錫俊 두 사람을 포함하여 총 11명이 블라디보스톡을 향해 출발했다. 梶村秀樹・姜德相 編 『現代史資料: 朝鮮 5』, 242쪽.

36) 총 74명이 검거된 이 사건을 일본 경찰은 '火曜派 朝鮮共産黨 再組織事件'으로 명명했다. 이에 대해서는 梶村秀樹・姜德相 編 『現代史資料: 朝鮮 5』, 229-239쪽 참조.

37) 金午星, "李舟河論," 105쪽.

38) 梶村秀樹・姜德相 編 『現代史資料: 朝鮮 5』, 231쪽.

39) 朝鮮總督府 高等法院檢事局思想部, "昭和十年度に於ける鮮內思想運動の狀況," 24쪽.

3. 노동운동

일본에서 귀국한 이주하는 자신의 활동 근거지인 원산에서 노동운동에 종사했다. 그로서는 노동운동을 본격적으로 전개하여 노동자의 권익을 향상시키고 최종적으로는 자신이 신봉하는 공산주의이론에 입각한 사회를 건설하려는 의도에서 노동계에 투신한 것이다. 노동운동에 열중하는 한편 민족운동의 일환으로 그는 신간회 활동에도 적극 참여했으며, 총파업으로[41] 인해 전열이 극도로 약화된 노동조합

---

40) 당시 공산주의자들은 코민테른과 프로핀테른의 테제를 지도정신으로 하여 집요하게 공작을 감행했다. 그러나 만주사변을 계기로 내외 정세가 급변하여 일부 공산주의자들 사이에는 코민테른의 정책 파탄을 주장하며 그로부터의 분리를 주장하는 사람들도 생겨났다. 이러한 정세 하에서 개최된 코민테른 7회 대회는 기본방침을 파시즘의 배격과 제국주의전쟁 반대라는 2대 지침 아래 각지의 실정을 참작하여 공식주의를 버릴 것과, 제2인터내셔널에 속하는 제 단체와 공동전선을 결성하며 파쇼세력에 대비하여 전면적 좌익운동의 진전을 기도할 것 등을 골자로 하는 인민전선이론을 제창했다. 이를 볼 때 공산당 재건운동보다는 노동운동에 치중한 李舟河의 전술은 옳았다고 판단된다. 朝鮮總督府 警務局 編 『最近に於ける朝鮮治安狀況 - 昭和11年5月』, 73쪽.

41) 1928년 9월 원산에 있는 한 석유회사의 노동자들이 노동조건 개선을 요구한 것이 계기가 되어 촉발된 파업은 원산의 전 노동자에게 파급되어 총파업으로 발전하였다. 원산총파업은 1929년 1월 21일부터 4월 6일까지 총 82일간이나 지속된 8·15 이전에 있었던 최대의 파업으로 당시 원산노동조합연합회 소속 노동자 1,800여 명이 참가하였으며, 원산 시민뿐만 아니라 전

의 재건을 위해 많은 노력을 기울였다. 이와 같이 노동운동에 몰입했던 그가 프로핀테른에서 파견한 김호반(金鎬盤)을 만난 것은 1930년 5월이었다.42)

당시 김호반은 조선에 사유재산제도를 부인하고 공산주의사회의 실현을 목적으로 하는 혁명적 노동조합을 건설하라는 프로핀테른의 지시를 받고 귀국했다.43) 그는 강원도 통천 출생으로 일찍이 부친을 따라 러시아로 가 공산대학을 졸업하고 프로핀테른 산하 태평양노동조합44) 블라디보스토크 지부에 소속되어 활동하다가, "9월테제"를 갖고 귀국하여 적색노조와 공산청년회를 조직하는 일에 착수했다.45)

국 각지의 많은 사람들이 파업을 지원하는 성금을 보내기도 했다. 파업이 지속되자, 일제는 노조 간부의 검거·구속과 파업자금의 차단 등을 통해 파업을 분쇄했다. 이에 관해서는 李錫台 編, "元山 제네스트," 『社會科學大辭典』(文友印書館, 1948), 471-473쪽 참조.

42) 朝鮮總督府 高等法院檢事局思想部, "咸鏡南道元山府を中心とせる朝鮮民族解放統一戰線結成並支那事變後方攪亂事件の槪要," 182쪽. 조선총독부는 李舟河가 金鎬盤을 만난 날자가 1930년 5월이라고 기록했다. 그러나 金鎬盤이 프로핀테른 5회 대회(1930년 8월 개최)에서 결정된 테제를 갖고 블라디보스토크에서 귀국했다는 기록이 있는 것으로 보아 두 사람이 만난 시기에 대해서는 보다 엄밀한 분석이 요구된다. 이반송·김정명 편, 『식민지시대 사회운동』(한울림, 1986), 25쪽.

43) 朝鮮總督府 高等法院檢事局思想部, "革命的勞動組合運動事件," 『思想彙報』第一號(1934년 12월), 50쪽.

44) 태평양노동조합은 프로핀테른의 국제적 연락과 지도 아래 행동할 것을 목적으로 한 단체로 1927년 중국 상해에서 창립되었는데, 공산주의혁명을 위해 태평양 연안 제국의 혁명적 노동조합의 조직 및 그 지도를 목적으로 한 단체를 말한다. 朝鮮總督府 高等法院檢事局思想部, "革命的勞動組合運動事件," 46쪽.

"9월테제"의 전술대로 일본 제국주의를 타도하고 공산주의사회를 실현하기 위해 모든 노동역량을 집결하여 단일한 좌익 노동조합을 결성하고, 전선을 통일하기 위해 격렬한 투쟁을 전개할 것 등을 목표로 한 것이다.46)

일차로 김호반은 함흥지방을 중심으로 프로핀테른 조선지부위원회를 조직하고 화학, 금속, 철도, 목공 등의 분야에 세포를 조직함과 동시에 서울, 평양, 인천 등 전국 각지에 이러한 조직을 설치할 목적으로 활동했다. 그는 "9월테제"의 전술대로 혁명적 노동조합을 결성하기 위해서 많은 사람들을 만났는데, 그 중 하나가 당시 원산에서 노동운동을 하던 이주하였다. 김호반을 만난 이주하는 그가 제의한 적색노조운동에 동조하여 평양의 책임자가 되었으며,47) 그의 지시에 따라 평양의 노동사정을 조사하는 등 노동자의 조직에 적극 나섰다.48) 그러나 1931년 5월 메이데이 격문사건을 계기로 조직이 드러나

---

45) 『東亞日報』, 1933년 2월 17일.

46) "9월테제"는 소부르주아 및 개량주의자를 배제하고 순수한 노동자만으로 산업별노조를 결성할 것, 미조직 산업에 대해서 새로 좌익노동조합을, 농촌에는 혁명적 농촌노동조합을 조직할 것, 日人 노동자는 조선에서 자본주의를 위해 특수한 역할을 하므로 이들을 좌익노동조합에 전취할 것, 중국인 노동자는 일제 및 부르주아에 의해 파업 파괴자로 이용되고 있으므로 이들로 하여금 좌익노동조합을 결성토록 할 것 등의 방침을 지시했다. 朝鮮總督府 高等法院檢事局思想部, "革命的勞動組合運動事件," 47-48쪽.

47) 『東亞日報』, 1933년 2월 17일. 이 사건과 관련하여 李舟河의 이름이 제대로 보도된 것은 이것뿐으로 그 다음 신문부터는 李周化로 보도되어 주의를 요한다.

48) 신주백, "1930년대 혁명적 노·농운동의 조직문제에 관한 연구," 『역사비평』(1989 겨울), 107쪽.

는 바람에 김호반, 이주하 등 관련자 17명이 검거되었다.

김호반, 이주하 등에 대한 첫 공판은 이들이 검거된 지 근 2년 만인 1933년 2월 17일 함흥지방법원에서 열릴 예정이라고 보도되었다. 그러나 이날 재판 참관을 원하는 방청객이 너무 많은 데다 관선변호사가 출정치 않아 심리도 하지 못하고 연기되었다.49) 2월 24일에 열린 공판은 방청을 금지한 채 비공개로 진행되기도 했으며,50) 3월 6일 열린 공판에서 김호반은 8년을, 이주하는 5년을 각각 구형받았다.51) 1933년 3월 13일의 언도공판에서 김호반은 7년을, 이주하는 5년을 선고받았다.52)

한편 이주하는 검거되기 전인 1931년 4월 정달헌(鄭達憲)을 평양에서 만나,53) 그와 함께 '평양노동연맹 좌익화위원회'를 조직하기도 했다. 평양의 공장노동자들을 중심으로 산업별 노동조합을 결성하기 위해서였는데, 그 결과 1931년 5월 8일에는 이 위원회의 하부조직인 '평양전매국분회 조직위원회'를 결성할 수 있었다. 정달헌은 평양 평원고무공장, 세창고무공장 여직공의 파업이 일어나자 이를 배후에서 지도하고, 4종의 격문을 배포하는 등 파업을 성공적으로 이끌어 고용주들의 굴복을 받아내는 성과를 올리기도 했다.54)

---

49) 『東亞日報』, 1933년 2월 18일.
50) 『東亞日報』, 1933년 2월 25일.
51) 『東亞日報』, 1933년 3월 7일.
52) 『東亞日報』, 1933년 3월 16일.
53) 鄭達憲은 연희전문 재학 중 6·10만세운동에 관여되어 러시아로 망명, 공산대학을 마치고 1931년 1월 중국 長春을 거쳐 귀국했다. 평양에서 그는 걸인 행세 혹은 자유노동을 하면서 노동자들을 포섭, 직업별 노동조합을 산업별 노동조합으로 개편하는 동시에 적색노조를 건설하는 일을 했다. 『東亞日報』, 1933년 3월 25일.

그러나 여직공파업의 배후를 조사하던 경찰에 의해 체포되는 바람에 정달헌의 비밀활동은 5개월 만에 막을 내리고 말았다.55) 법정에서 정달헌은 공산대학을 졸업하면 당원이 될 것인데, 공산당이 없어 노동조합운동을 했다고 진술하기도 했다.56) 이 일로 인해 정달헌은 1934년 4월 20일 6년 구형을 받았다. 변호사는 증거가 불충분한 것으로 보거나 피고의 경력으로 보아 무죄가 확실하다고 변호했지만,57) 4월 30일 공판에서 그는 구형대로 6년을 선고받았다.58)

함흥 및 평양지방에서 공산주의사회 건설을 목표로 한 적색노조를 조직하기 위해 전개되었던 이와 같은 사건을 일제는 이른바 '1차 태로사건'으로 명명했다. 이는 그 뒤에도 전국 각지에서 이와 유사한 성향의 적색노조를 건설하기 위한 운동이 계속적으로 전개되었기 때문에 '2차 태로사건',59) '3차 태로사건'60) 등으로 사건을 구별을 하기

---

54) 『東亞日報』, 1933년 10월 31일.
55) 『東亞日報』, 1933년 3월 25일.
56) 『東亞日報』, 1934년 3월 17일.
57) 『東亞日報』, 1934년 4월 21일.
58) 『東亞日報』, 1934년 5월 1일.
59) 2차 태로사건은 1932년 5월 메이데이를 기하여 흥남과 함흥에서 4~5백 명이 검거되어 함흥경찰서에 89명, 흥남경찰서에 32명이 8개월째 구류당한 사건을 말한다. 『東亞日報』, 1932년 12월 31일. 이들은 흥남질소공장을 중심으로 활동했으며, 점차 함흥, 명천, 원산 등으로까지 조직을 확대해 나갔다. 활동 책임자는 모스크바 공산대학을 졸업한 韓東赫, 朴世榮 등이었다. 韓東赫은 장사꾼으로 변장하고 자전거를 타고 각지를 순회하면서 노동운동을 지도했는데, 취조를 받다가 사망했다. 『東亞日報』, 1933년 7월 8일.
60) 3차 태로사건은 공산대학 졸업생인 林民鎬, 高敬仁이 중심이 되어 흥남지방을 중심으로 적색노조를 건설하려다가 미연에 발각되어 9명이 치안유지법 위반혐의로 기소된 사건을 말한다. 林民鎬는 간도지방에서 활동하다가

위해 편의상 숫자를 붙인 것이었다.

'1차 태로사건'에서 치안유지법 위반혐의로 체포되어 함흥지방법원에서 5년형을 받은 이주하는 함흥형무소에서 복역하다가 1936년 2월 16일 출소했다.61) 출소하자마자 그는 당일로 원산으로 돌아와 원산 시내 신흥동에 있는 자택에서 정양한 것으로 알려졌다.62)

4. 노동운동과 공산주의운동의 통합

옥고를 치르고 나온 상황임에도 불구하고 이주하는 전향한 일부 운동가들과는63) 달리 전혀 자신의 뜻을 굽히지 않고 이전과 마찬가

1926년 9월 조선공산당에 입당한 인물로, 1928년 공산대학에 입학하여 1932년 5월 졸업했다. 그는 프로핀테른의 지시를 받고 1932년 10월 23일 함흥에 도착하여 함흥을 중심으로 태로 재건을 위해 노력하고 노동자신문 등을 발간하다가 1933년 3월 29일 체포되었다. 高敬仁은 1932년 5월 공산대학을 졸업하고 같은 해 10월 4일 귀국, 흥남에 도착하여 적화공작을 하다가 검거되었다. 『東亞日報』, 1934년 12월 10일.

61) 『東亞日報』, 1936년 2월 18일. 그러나 金午星은 2월 25일 그가 출소했다고 기록하고 있다. 金午星, "李舟河論," 105쪽.

62) 『東亞日報』, 1936년 2월 18일. 李舟河가 자택으로 왔다고 기록되어 있는데, 그는 결혼도 하지 않았을 뿐만 아니라 노동운동에 종사하는 바람에 집을 살 형편이 되지 못했던 것으로 분석되므로, 그의 부모의 집이라고 하는 것이 더 정확한 표현이라고 생각된다.

63) 예를 들어 '1차 태로사건'에서 평양 시내에 반전 격문을 살포하고 파업을 선동했던 혐의로 체포된 23살의 鄭斗桓은 재판을 앞두고 담당판사에 "자기는 국가 비상시기를 깨닫고 과거 사상을 청산하였으니 속히 공판을 열어

지로 노동운동에 열중했다. 다시 적색노동조합 결성 준비에 나선 것인데, 이때부터 그는 순수한 노동운동의 범주에서 벗어나 공산주의운동과 병행하는 식으로 운동을 전개한 것으로 분석된다.

당시 일제가 만주를 침략하기 직전이어서 국내의 모든 합법운동은 일망타진되었을 뿐만 아니라, 물샐 틈 없는 감시와 야만적인 탄압으로 지하활동마저 극도로 어려운 상황이었다. 그리고 한편으로는 자치청원과 같은 민족개량주의운동도 기승을 부려 많은 사람들의 독립에 대한 의욕을 상실하게 하던 그런 시기였다. 그럼에도 불구하고 그는 교묘한 지하공작을 통해 노동운동과 공산주의운동을 병행했다.

식민지 상황에서 노동운동과 공산주의운동의 구별은 아무런 의미도 없다고 보았기 때문이다. 이주하는 최용달의 지적처럼 민족문제는 노동과 자본의 모순이라는 보다 근본적인 문제가 해결되면 자동적으로 해결될 것이라고 생각했기 때문에 노동운동에 열중한 것이었다.64) 그리고 프로핀테른과 코민테른의 전략·전술에 따라 노동운동을 전개

달라"는 편지를 보냈다. 『東亞日報』, 1933년 8월 26일. 당시 일제의 가혹한 탄압을 견디지 못해 전향하는 운동가도 적지 않았는데, 사회주의 지식인들의 전향 현상과 이들의 전향 논리에 대해서는 전상숙, 『일제시기 한국 사회주의 지식인 연구』(지식산업사, 2004), 280-308쪽 참조.

64) 기본적으로 崔容達은 사회문제는 모두 사회 자체의 내부적 기구에 들어가 고찰해야 한다는 생각을 갖고 있었고, 이러한 생각이 자신을 마르크스주의에 가까이 가게 만들었다고 술회했다. 그는 또한 모든 사회적 모순 중에서 가장 기본적인 것은 생산의 사회화와 생산수단 소유의 사적 형식에서 발생하는 모순이라는 보았고, 이러한 모순 가운데 스스로를 던져 이 문제를 해결하는 데 앞장서야겠다는 결심에서 공산주의운동에 투신했다고 술회했다. 崔容達, "感想錄," 朝鮮總督府 高等法院檢事局思想部, 『思想彙報』 第二十四號, 299-300쪽.

했기에 노동운동과 공산주의운동의 통합이 이루어진 것이다.

일차적으로 이주하가 접촉한 대상은 원산철도국에 근무하는 철도노동자들이었다. 철도국을 중심으로 하여 금속, 화학 등 각 부문으로 조직을 확대해 나가는 한편, 그는 노동운동을 지도받기 위해 코민테른과도 직접 연락을 취하려고 노력했다. 그러나 국경의 경계가 심해 이를 성사시키지는 못했다. 적색노조운동을 전개하면서 그가 교과서처럼 참고했던 것은 좌익조직과 계급투쟁의 기초 위에서 광범위한 노동자를 결집할 것을 지시한 "태로 10월서신" 등이었다.65)

코민테른 "12월테제"와 "태로 10월 서신"을 참조하는 것 외에도 그는 지방에서 고립적이고 분산적으로 전개되는 노동운동이 빠지기 쉬운 오류를 피하고, 노동운동과 공산주의운동에 대한 이론적인 도움을 받기 위해 많은 노력을 기울였다. 이러한 일을 하는 과정에서 그에게 이론적·경제적으로 도움을 준 인물이 최용달과 이강국(李康國)이었다.66) 최용달과 이강국은 경성제대 일본인 교수였던 미야케 시카노스케(三宅鹿之助)가 지도했던 독서회 멤버 출신으로,67) 이들은 이주하가 원산을 중심으로 전개하는 적색노조운동에 적지 않은 도움을 주

---

65) 당시 조선의 공산주의자들이 의존했던 전략전술은 코민테른 "12월테제"와 프로핀테른 "9월테제," 그리고 범태평양 노동조합 비서부의 이른바 "태로 10월서신" 세 개였다. 朝鮮總督府 高等法院檢事局思想部, "昭和十年度に於ける鮮內思想運動の狀況," 『思想彙報』第六號(1936년 3월), 24쪽. "태로 10월서신"의 구체적인 내용에 대해서는 李錫台 編, 『社會科學大辭典』, 700-702쪽 참조.

66) 朝鮮總督府 高等法院檢事局思想部, "咸鏡南道元山府を中心とせる朝鮮民族解放統一戰線結成並支那事變後方攪亂事件の概要," 185쪽.

67) 경성제대 독서회사건에 대해서는 심지연, 『이강국 연구』(백산서당, 2006), 21-27쪽 참조.

었다.

이강국의 경우 그가 독일 유학하는 동안 모스크바에서 개최되었던 코민테른 7회 대회에서 결정된 인민전선이론을 이주하에게 설명함으로써, 원산에서 전개되는 적색노동조합운동이 국제 공산주의운동의 흐름에서 이탈하지 않도록 하는 데 크게 기여했다.[68] 코민테른 7회 대회 문헌을 비롯해서 해외에서 발행되는 좌익 문헌류를 번역하여 이주하에게 제공하여, 그가 전개하는 노동운동이 국제적 연대 하에서 이루어지도록 한 것이다.[69]

최용달 역시 원고를 작성해 제공하거나 이주하가 필요로 하는 책들을 구해 보내주었다. 그리고 그가 요구할 때는 금전적인 도움을 주기도 했으며, 이강국과 함께 그를 만나 정세에 관해서 의견을 나누기

---

[68] 코민테른 7회 대회는 식민지·반식민지에 대한 임무로서 反帝조직의 통일을 지도하는 등 새로운 방침을 채택하도록 했다. 이 영향을 받아 인민전선운동이 광범위하게 전개되었고, 이로 인해 합법적인 조직에 의거한 비합법적인 활동을 적발하기가 어려워졌다고 당시 일본 치안관계자는 분석했다. 『最近に於ける朝鮮治安狀況 - 昭和十三年 -』(東京: 巖南堂書店, 1986), 12-13쪽. 코민테른이 이처럼 인민전선론을 제창한 것은 독일에서 대두된 파시즘이 노동계급의 혁명운동을 매장시킬 것을 사명으로 하고 있다고 보고, 일차적으로 파시즘의 창궐을 막는 통일전선을 결성하는 것이 시급하다고 생각했기 때문이다. 이에 관해서는 홍성곤, "1930년대 코민테른의 반파시즘 통일전선론의 성격,"『역사비평』(1989년 겨울), 124-152쪽 참조.

[69] 독일 유학 중 이강국은 독일공산당원과 접촉했으며, 조선의 공산혁명운동을 도우라는 미야케 교수의 지시에 따라 스위스에서 발행되는 독일어 잡지라든지 조선혁명을 달성하기 위해 유용하다고 생각되는 각종 문헌을 최용달 등에 몰래 보낸바 있다. 귀국 후 경찰의 조사를 받았는데, 이강국에 관한 경기도 경찰의 조사의견은 韓國歷史硏究會 編,『日帝下 社會運動史 資料 叢書』8(高麗書林, 1992), 227-233쪽 참조.

도 했다.70) 이강국과 최용달이 그에게 설명한 내용의 일부는 "제국주의전쟁에서 전투적 노동자의 임무"라는 제목으로 원산에서 노동자들이 비밀리에 발간한 『노동자신문』이라는 유인물에 실리기도 했다.71)

이강국으로부터 인민전선이론에 관한 설명을 들은 이주하는 원산에서의 운동방침을 새로 정립했는데, 그 내용은 전적으로 코민테른의 방침을 거의 그대로 옮겨놓은 것이었다. 조선의 노동계급은 원산총파업 이래 혁명적으로 성장하여 조선에서 자기 문제 해결을 위해 자본민주주의혁명의 제창자로 태어났으므로, 일본제국주의를 결정적으로 타도하고 자기 권력을 수립하기 위해 과감하고도 희생적인 투쟁을 준비하지 않으면 안 된다고 단언하는 내용이었다.

이와 동시에 그는 조선의 공산주의자들은 모든 반일적인 요소를 규합하여 광범한 민족해방전선을 결성해야 한다고 주장했다. 즉 항일의식이 있는 인민들로 광범위한 민족해방 통일전선을 결성하고, 일제를 약화시키기 위해서 광범한 투쟁을 계획적·의식적으로 격발시키며, 투쟁과정에서 노동자의 정수분자를 중심으로 자위단 조직과 같은 행동대를 조직할 것 등이었다.72)

이와 같은 인민전선이론에 입각하여 이주하는 일제를 타도하고 권력을 장악하기 위해 원산을 중심으로 철도, 화학, 금속, 목재 등 산업 각 부분의 노동자들을 조직하는 데 열중했다. 지하공작을 통해 적색

---

70) 崔容達, "感想錄," 朝鮮總督府 高等法院檢事局思想部, 『思想彙報』 第二十四號, 306-310쪽.

71) 원문은 朝鮮總督府 高等法院檢事局思想部, 『思想彙報』 第十八號(1939년 3월), 209-220쪽 수록. 이에 대한 번역은 심지연, 『이강국 연구』, 460-468쪽 수록.

72) 朝鮮總督府 高等法院檢事局思想部, "咸鏡南道元山府を中心とせる朝鮮民族解放統一戰線結成竝支那事變後方攪亂事件の槪要," 186-190쪽.

노동조합을 산업 각 분야로 확대해 나간 것인데, 이러한 활동 중에서도 가장 주목할 만한 것은 출판활동이었다. "지원병제도에 저항하라"는 제목 등 10종의 팸플릿을 제작한 것을 비롯하여, 『신호기』, 『노동자신문』 등의 기관지까지 비밀리에 발행했던 것이다.[73]

이주하가 주도한 적색노조운동은 일본 경찰에 의해 중도에 적발되고 말았다. 원산철도국 관계의 일로 전모가 발각되었기 때문이다.[74] 이로 인해 1938년 10월 18일 경찰에 의해 300여 명에 가까운 조직원이 일제히 검거되었다. 당시 이주하가 주도하는 적색노조운동이 만일 1~2년간 더 지속되었더라면, 원산철도 사무소 관내 2천 수백여 명에 달하는 종업원은 물론이고, 원산의 노동자 대부분을 조직원으로 포섭하여 어느 때고 무장봉기에 동원할 수 있는 준비가 완료되었을 것이라는 전망까지 일제는 할 정도였다.[75] 이주하의 이러한 조직적인 노력으로 인해 조선 해방운동의 유일한 결정적 지침이었던 코민테른 "12월테제"는 가장 정확하게 가장 먼저 원산의 노동자들에 의해서 실천되었다고 분석되기도 했다.[76]

---

73) 朝鮮總督府 高等法院檢事局思想部, "咸鏡南道元山府を中心とせる朝鮮民族解放統一戰線結成並支那事變後方攪亂事件の槪要," 192쪽.

74) 金午星, "李舟河論," 106쪽. 그러나 사건이 발각된 것은 철도국과 관련된 일 때문이 아니라 원산 시내 三玉철공장의 노동쟁의로 인한 것이라는 기록도 있어 보다 정확한 사실 파악이 요구된다. 宮田節子 編, 『朝鮮思想運動槪況』(東京: 不二出版, 1991), 170쪽.

75) 朝鮮總督府 高等法院檢事局思想部, "咸鏡南道元山府を中心とせる朝鮮民族解放統一戰線結成並支那事變後方攪亂事件の槪要," 191-192쪽.

76) 이러한 평가는 특히 金台俊과 崔昌益에 의해 이루어졌다. 金台俊, "熱血의 人·鋼鐵의 人: 民族名譽의 守護者 李舟河先生," 『노력인민』, 1947년 6월 28일. 북한도 일본군국주의의 군사적 지배체제와 야만적 테러에도 불구하고

원산을 중심으로 적색노조를 결성하여 공산주의사회를 실현하려고 했던 노동자들의 움직임에 대해 경계를 늦추지 않고 있던 경찰이 이들을 일제 검거할 무렵 이주하는 때마침 사전에 피신함으로써 체포를 면할 수 있었다. 이 사건이 발생한 이후 그는 1945년 해방이 될 때까지 7년 가까운 세월 동안을 국내에 숨어 지내는 일종의 망명생활을 하게 된다. 그 동안 그는 주로 흥남, 원산, 평양, 진남포 등 북한의 각 공장지대를 돌아다니면서 노동자들에게 반전·반일사상을 고취한 것으로 알려졌다.77) 피신 중에 있으면서도 공산주의운동과 노동운동의 통합을 위해 노력한 것이다.

영웅적 투쟁성을 발휘한 투쟁의 하나로 '一九三七年 元山 赤色勞組事件'을 평가했다. 崔昌益, "反帝鬪爭의 全國的 昻揚과 抗日武裝鬪爭," 白南雲·朴時亨 외, 『朝鮮民族解放鬪爭史』(평양: 金日成綜合大學, 1949), 373-375쪽 참조

77) 金午星, "李舟河論," 106쪽.

제3장 공개활동 시기

　일제의 체포망을 벗어나 지하에서 비밀리에 활동하던 이주하는 해방이 되자 서울로 상경하여 본격적으로 공산주의운동에 투신했다. 일제 식민통치 하에서 적색노동조합운동을 전개했던 경험을 바탕으로 그는 박헌영(朴憲永)과 함께 공산당 조직의 확대를 위해 노력한 것이다. 이와 동시에 그는 당내 반대파의 반발을 무릅쓰고 박헌영을 중심으로 한 화요회에 적극 협력하며 이들이 당의 주도권을 장악하는 데 앞장섰다. 이러한 일을 하는 과정에서 그는 장안파나 대회파 같은 당내 반대파들과 갈등을 빚기도 했다.

　당 안에서뿐만 아니라 당 밖에서도 이주하는 박헌영의 영향력 확대를 위해 노력했다. 대한민국임시정부와의 통합문제나 3당 합당문제 등을 처리하는 데 있어 그는 박헌영의 리더십을 확립하는 방향으로 적지 않은 노력을 한 것으로 알려졌다. 이처럼 그가 박헌영 노선에 충실했던 것은 화요회 멤버였던 조두원의 권유로 공산주의운동과 인연을 맺었기 때문인 것으로 추측된다.

　이와 같이 이주하는 해방정국에서 공개적으로 활동하는 기간 동안 공산당 조직을 강화하고 공산주의사회를 실현하는 데 앞장섰는데, 이 과정에서 그는 미군정당국 및 보수진영과 자주 마찰을 겪었다. 그리고 한때 경찰에 체포되어 영어의 몸이 되기도 했다.

1. 해방과 상경

1945년 8월 15일의 해방은 외부와는 소식이 단절된 채 국내에 있던 대부분의 사람들에게는 예상치도 않게 너무나 갑작스럽게 찾아온 것이었다. 국내외에서 독립을 위해 수많은 애국투사들이, 이주하도 물론 그 중 하나였는데, 온갖 고난을 감수하며 항일투쟁을 전개하기는 했지만, 이처럼 갑자기 일본이 항복을 선언하리라고는 어느 누구도 예기치 못하고 있었다. 이 때문에 국내 어느 집단이나 조직도 해방을 맞이하기 위한 준비를 구체적으로 하지 못하고 있는 상태였다.[1] 일제 패망이 임박했음을 피부로 느꼈다고 밝힌 인사마저도 손을 놓고 있기는 마찬가지였다.[2]

이와 같은 상황에서 여운형(呂運亨)이 주도하는 조선건국준비위원

---

1) 인민의 이익을 위해 그처럼 열심히 싸운 사람은 적었다는 평을 받는 당사자의 하나인 朴憲永은 일본의 백색테러를 극복할 수 있는 대중적인 반전투쟁을 이루지도 못하고 8월 15일 아닌 밤중에 찰시루떡 받는 격으로 해방을 맞이하였다고 말했다. 이처럼 항일투쟁을 가장 열심히 했다는 朴憲永조차 예상을 하지 못했다고 고백할 정도로 일본의 항복은 갑자기 온 것이어서 어느 누구도 이에 대한 체계적인 준비를 하지 못했다. 고심백, "各黨各派의 인물기,"『民心』1권 1호(1945년 11월), 39쪽.

2) 한국민주당 창당에 주도적인 역할을 한 宋鎭禹는 여러 경로를 통해 일제의 패망이 임박했음을 알았다고 술회했다. 그럼에도 불구하고 그는 이에 대한 대비를 하지 않고 있었으며, 연합군이 상륙한 다음에야 비로소 주변 사람들을 규합하는 등 정치활동을 개시했다. 金學俊,『古下 宋鎭禹評傳』(東亞日報社, 1990), 273-275쪽.

회(이하 건준)가 출범했다. 그러나 건준이 일제와의 직접적인 투쟁의 산물이 아니라 조선총독부와의 타협의 산물이었기 때문에,3) 해방정국을 주도하는 데 적지 않은 문제점을 노출했다. 구성원 확대문제라든지 치안유지문제를 포함하여, 건준 지부의 설치 문제 등을 둘러싸고 내부적으로 갈등과 마찰이 발생한 것이다.

또한 한국민주당(이하 한민당)처럼 건준의 정통성에 의문을 제기하며 건준의 정국 주도에 반대하는 보수진영의 반격도 만만치 않았다.4) 일제의 항복으로 인해 초래된 이른바 힘의 공백상태를 메우기 위한 권력투쟁이 본격적으로 전개된 것이다. 이러한 양상은 서울에서만 나타난 것이 아니라 평양에서도 나타났고,5) 이주하의 주요 활동근거지

---

3) 좌익진영의 통일전선체인 민주주의민족전선도 건국준비위원회 조직 자체가 일제와의 직접적인 투쟁에서 단련된 것이 아니라 '臨機應急의 所産'이므로 인민전선운동의 경험을 섭취할 기회가 결여되었다고 그 문제점을 지적했다. 民主主義民族戰線 編, 『朝鮮解放年報』(文友印書館, 1946), 81쪽.

4) 한민당은 건준이 패망한 일제로부터 권력을 물려받은 것이기 때문에 일제와의 타협의 산물이라고 아주 신랄하게 비판했다. 건준의 정통성문제를 둘러싸고 건준과 한국민주당 사이에 전개된 논쟁에 대해서는 심지연, 『해방정국논쟁사』I(한울, 1986), 13-22쪽 참조. 보수진영뿐만 아니라 공산당 중앙위원인 金鎔洙도 조선총독부의 치안유지 의뢰를 받아들여 건준을 조직한 呂運亨의 행위는 바람직스럽지 못하다면서 강하게 비판했다. 이에 대해서는 한국정신문화연구원 현대사연구소 편, 『遲耘 金鎔洙』(한국정신문화연구원, 1998), 245쪽. 張健相도 呂運亨은 좌우로부터 비난을 받았다고 증언했다. 김학준, 『혁명가들의 항일회상』(민음사, 2005), 259쪽.

5) 해방 후 조선공산당 평남책임자 玄俊赫이 암살당한 것을 볼 때 평양에서도 권력투쟁이 매우 치열했음을 알 수 있다. 공산당은 그가 테러에 의해 희생된 것으로 보고 조문을 발표했다. 조문의 전문은 『解放日報』, 1945년 10월 3일 수록.

인 함흥이나 원산도 예외가 아니었다.

해방을 맞아 서울에 건준이 조직되었다는 소식이 함흥에 전해지고, 함흥형무소에 복역 중이던 정치범들이 석방되는 것과 때를 같이 하여 1945년 8월 16일 밤 '함경남도 인민위원회좌익'이 결성되었다. 이 조직은 8월 17일부터 활동을 개시하여 수백 명의 공산주의자들을 집결시켜 '함경남도 공산주의자협의회'로 발전적으로 해소되는 한편 흥남화학노동조합을 필두로 각 공장에 노동조합을 결성해 나갔다. 이와 별도로 '건국준비위원회 함경남도지부'가 결성되어 공산계의 도용호(都容浩)가 위원장에 취임했다.6) 이들 두 단체가 경쟁적으로 조직을 확대해 나가는 바람에 유사한 성향의 집단임에도 불구하고 상호 대립적인 기세를 보였는데, 이러한 현상은 원산에서도 마찬가지로 나타났다.

일제의 검거를 피해 흥남, 원산, 평양, 진남포 등지에서 갖가지 인물로 가장하며 지하활동을 하던 이주하는 진남포에서 8·15해방을 맞았다.7) 해방을 누구보다도 기대했고 이를 위해 많은 노력을 기울였던 그였지만, 해방이 되었음에도 불구하고 그는 곧바로 자신의 근거지였던 원산으로 가지 않았다. 8월 하순경에서야 그가 원산에 돌아온 것으로 알려졌다.8)

---

6) '함경남도 인민위원회좌익'은 함흥형무소에서 출옥한 宋成寬, 金在奎, 朴庚得, 文會彪, 崔浩敏, 朱致旭 외에 韓祉福, 朱璋淳, 朱啓燮, 金淸哲, 朱文禎 등이 결성했다. 森田芳夫, 『朝鮮終戰の記錄』(東京: 巖南堂書店, 1964), 165쪽.

7) 金台俊, "李舟河論," 『朝鮮人民報』, 1946년 4월 17일.

8) 金午星이 1945년 8월 20일 원산에 들렀을 때 원산의 운동가들이 李舟河가 나타나기를 고대했고, 그 뒤 얼마 있지 않아 진남포에서 그가 돌아왔다고 한 것으로 보아, 그가 원산에 도착한 것은 8월 하순경으로 추측된다. 金午星, "李舟河論," 106-107쪽.

구체적으로 해방 이후 보름 가까이 그가 진남포에서 무엇을 하고 있었는지 밝혀진 바는 없다. 그러나 장구한 지하생활 속에서 굶주림과 헐벗음과 육체적 무리로 인해 병마의 포로가 되어 입원해 있는 그를 서울의 한 병원에서 만났다는 기록이 있는 것으로 보아,[9] 건강이 좋지 않아서 진남포의 병원에서도 요양을 하고 있었다고 추측할 수 있다. 또 하나는 박헌영과 이주하처럼 8·15 이전까지 인민의 이익을 위해 싸운 사람은 적었다는 평가에서[10] 유추할 수 있듯이 공산주의 운동과 노동운동을 하는 과정에서 그가 비밀리에 만들었던 조직들을 재정비하는 작업을 하고 있었을 것으로 추측할 수 있다.

이주하가 진남포에 머물고 있는 동안 원산은 건준과 노동조합이 서로 대립적으로 조직을 확대해 가는 상황이었다. 이 바람에 연합군의 상륙이 아직 이루어지지 않아 일본군이 예전과 마찬가지로 그대로 발호하고 있음에도 불구하고 원산에는 이를 제지할 수 있는 아무런 기관도 구성하지 못하고 있는 실정이었다. 원산의 동지들 사이에서는 이런 상황을 종식시키기 위해서라도 그가 출현하지 않으면 안 된다는 여론이 비등할 정도로 원산에서 그의 영향력은 매우 컸다.[11]

진남포에서 원산으로 돌아온 이주하는 일차로 함경남도의 공산당 및 인민위원회를 조직하는 등 온갖 기초적인 작업을 했으며, 그리고 이러한 그의 노력으로 함경남도의 질서는 단기간 내에 정돈될 수 있

---

[9] 1945년 11월 연안에서 돌아온 金台俊은 귀국 후 서울의 병원에 입원해 있는 李舟河를 만났다고 기록했다. 金台俊, "李舟河論,"『朝鮮人民報』, 1946년 4월 17일.

[10] 金台俊, "李舟河論,"『朝鮮人民報』, 1946년 4월 17일.

[11] 金午星은 이러한 현상을 마치 해방 직후 서울에서 많은 사람들이 朴憲永의 출현을 고대한 것과 흡사하다고 기록했다. 金午星, "李舟河論," 106쪽.

었다고 기록돼 있다.12) 그러나 원산에서 활동했다는 전후의 상황을 감안할 때, 그가 함경남도 공산당과 인민위원회를 조직했다는 것은 사실과 다른 것으로 판단된다.13) 해방 후 함경남도를 무대로 활동한 사람들의 명단에 그의 이름이 나오지 않기 때문이다.14)

  원산에 돌아온 이주하가 정력적으로 활동하며 공산당 조직을 정비해 나가던 시기에 공산당과 관련된 일로 그는 김일성(金日成)과 마찰을 빚기도 한 것으로 알려졌다. 당시 김동환(金東煥)이란 젊은 청년이 난데없이 원산에 나타나 공산당을 조직한다고 돌아다녀 기존의 당조직에 혼선을 야기하는 일이 생겼기 때문이다. 이러한 현상에 대해 이주하 자신은 처음에는 무시하려고 했다. 그러나 젊은이가 너무 설친

---

12) 金午星, "李舟河論," 107쪽.
13) 미군사령부의 인물 정보란에는 그의 직책이 원산인민위원회 부위원장 (Vice-chairman, People's Committee, Wonsan)으로 나와 있다. 鄭容郁 編,『解放直後 政治社會資料集』第三卷(다락방, 1994), 42쪽.
14) 李舟河가 함남의 공산당과 인민위원회를 조직했다는 것은 원산의 공산당과 인민위원회를 잘못 기록한 것이라고 분석된다. 왜냐하면 함남의 도청 소재지는 함흥이므로 원산에서 함남 공산당이나 인민위원회를 조직한다는 것 자체가 성립될 수 없었기 때문이다. 한편 森田芳夫는 함경남도인민위원회는 함흥에서 발족한 함경남도 공산주의자협의회와 건국준비위원회 함경남도지부에서 각각 11명씩 위원을 내서 1945년 8월 24일에 만든 조선민족 함경남도집행위원회가 8월 30일 명칭을 바꾼 것이라고 기록하고 있다. 그리고 함남인민위원회 명단(都容浩, 崔明鶴, 文錫九, 李鳳洙, 金濟鳳, 宋成寬, 張會連, 趙松坡, 張海友, 朴鍾煥)에 그의 이름이 들어있지 않아 원산을 함흥으로 잘못 썼다는 것을 간접적으로 입증하고 있다. 森田芳夫,『朝鮮終戰の記錄』, 168-172쪽. 또한 박갑동도 그가 원산에서 공산당 원산시당과 강원도당을 조직했다고 주장하고 있어, 함남 공산당이 아닌 것은 분명하다고 할 수 있다. 박갑동,『朴憲永』(인간사, 1983), 145쪽.

다는 말이 있기에 그냥 두어서는 안 된다고 생각해서 측근을 동원하여 그를 잡아 가두었다. 그런데 곧바로 소련군이 그를 풀어 주라고 지시하여 풀어 준 뒤에 알고 보니 그 청년이 바로 김일성이었다는 것이다.15) 1945년 9월 19일 소련 선박을 통해 원산에 상륙한 김일성이 현지의 실정도 모른 채 원산에서 공산당을 조직하려고 돌아다니다가 이주하의 측근에 의해 제지를 당한 사건이 발생한 것이다.

원산에서 활동하던 이주하는 조선공산당 본부의 요청을 받고 1945년 12월에는 서울로 왔다.16) 그의 정확한 상경 일자는 나와 있지 않으나 중앙의 요청을 받자, 바로 원산을 떠나 서울로 올라온 것으로 알려졌다. 중앙이 그의 상경을 요청했다는 것은 1945년 9월 8일 열성자대회를 마친 후 재건을 선언한 공산당의 간부 명단에 그의 이름이 들어 있는 것에서도 확인된다.17) 원산에서 활동하던 그의 능력을 높이 평가한 결과였다. 중앙의 요청으로 상경한 후 공산당 중앙위원이 된 그는 박헌영을 보좌하며 일체의 사무적인 일을 처리하는 서기국장의 책임을 맡았다.18)

이처럼 중앙의 요청에 의해 이주하가 상경했다는 기록과 달리 북

---

15) 박갑동, 『朴憲永』, 145쪽.
16) 金午星, "李舟河論," 107쪽.
17) 당시 공산당 부서는 대략 다음과 같은 것으로 추측되었다. 정치국 : 朴憲永, 金日成, 李舟河, 武亭, 姜進, 崔昌益, 李承燁, 權五稷 조직국 : 朴憲永, 李鉉相, 金三龍, 金炯善. 서기국 : 李舟河, 許成澤, 金台俊, 李龜壎, 姜文錫… 장복성, 『조선공산당 파쟁사』(돌베개, 1984), 46쪽.
18) 공산당은 朴憲永을 제외하고는 당간부 명단을 결코 공개한 적이 없다. 李舟河가 서기국장이라는 것도 공식적인 자료에 의한 것이 아니라 金鎰洙의 증언에 의한 것이다. 한국정신문화연구원 현대사연구소 편, 『遲耘 金鎰洙』, 320쪽.

한에서 실권을 장악한 김일성을 한때 잡아 가두었던 개인적인 관계로 인해, 그로부터 보복을 당할 것을 우려하여 평양이 아닌 서울로 피신해 온 것이라는 주장도 있다.[19] 김일성이 북한의 최고지도자로 등장하면서 북한의 공산당과 행정기관을 포함한 모든 조직이 김일성 중심으로 재편되었기 때문에, 입지가 줄어들어 그는 서울로 올 수밖에 없었다는 것이다. 그가 상경한 이유가 이처럼 엇갈리고 있어 그의 상경 경위에 대해서는 보다 면밀한 분석이 필요하다.

서울에 온 후 이주하는 마치 박헌영의 분신처럼 활동했다. 공산당의 서기국장으로서 그는 박헌영 중심으로 당을 운영하기 위해 많은 노력을 기울였다. 이 때문인지 박헌영은 그의 말이라면 대부분 들어주었고, 어느 간부든지 박헌영을 만나려면 먼저 그를 만나 안내를 받아야 했다는 말이 나올 정도였다.[20] 일제시대의 투쟁경력도 물론 감안했겠지만, 무엇보다도 박헌영으로서는 이주하가 자신의 활동근거지인 북한을 떠나 서울로 온 것에 대한 고마움의 표시로 그를 신임했을 것으로 분석된다.

2. 공산당의 진로 제시

이와 같이 박헌영의 신임을 받고 있었기 때문에 이주하는 신탁통치문제를 비롯한 긴급문제를 협의하기 위해 1946년 1월 초순에 열린 4당회담과 5당회담에 공산당을 대표하여 참석할 수 있었다. 신탁통치

---

19) 박갑동, 『朴憲永』, 145쪽.
20) 박갑동, 『朴憲永』, 146쪽.

실시라는 사안의 중요성에 비추어 볼 때 민족의 총의를 모아 대처할 필요가 있다는 공감대가 형성되어 정당들이 모인 자리에[21] 그가 공산당의 대표로 참석한 것이다.

이주하는 1946년 1월 7일 인민당, 한민당, 국민당, 공산당 4당의 대표가 모인 자리에 홍남표(洪南杓)와 함께 공산당 대표로 참석했다.[22] 이 날 4당은 3상회의 결정의 의도는 전면적으로 지지하며 테러행위를 반대한다는 내용의 공동성명에 합의했다.[23] 그러나 한민당이 공동성명이 발표된 다음날인 1월 8일 긴급 간부회의를 열고 공동성명을 승인하지 않기로 결정하는 바람에 그 의미가 사라지고 말았다. 한민당은 공동성명이 자신들이 견지하고 있던 신탁통치 반대정신을 몰각했기 때문에 승인할 수 없다는 것이었다.[24] 이러한 한민당의 행동에 대해 후일 그는 한민당은 친일파의 소굴이고, 파쇼분자에 의해 지도되며 인민의 이익을 무시했다고 비난했다.[25]

한민당의 취소로 4당회담이 결렬되고 난 다음 신한민족당을 새로

---

21) 4당회담 및 5당회담의 경과에 관해서는 심지연, 『人民黨硏究』(경남대 극동문제연구소, 1991), 54-57쪽 참조

22) 이 날의 참석자 명단은 다음과 같다. 인민당 : 李如星, 金世鎔, 金午星. 한민당 : 元世勳, 金炳魯. 국민당 : 安在鴻, 白弘均, 李承馥 공산당 : 李舟河, 洪南杓. 『朝鮮人民報』, 1946년 1월 9일.

23) 4당 공동성명의 탁치 관련 조항은 다음과 같다. "조선문제에 대한 막사과 3국 외상회의의 결정에 대하야 조선의 자주독립을 보장하고 민주주의적 발전을 원조한다는 정신과 의도는 전면적으로 지지한다. 신탁(국제헌장에 의하야 의구되는 신탁제도)은 장래 수립될 우리 정부로 하여금 자주독립의 정신에 기하야 해결케 함." 『朝鮮人民報』, 1946년 1월 9일.

24) 『東亞日報』, 1946년 1월 9일.

25) 『中外新聞』, 1946년 3월 28일.

초청하여 1946년 1월 9일부터 몇 차례 열린 5당회담에 이주하는 이강국, 홍남표와 함께 다시 공산당을 대표해서 참석했다.26) 5당회담이 열리자 언론은 정돈(停頓)상태에 처한 국면이 타개되는 것이 아닌가 하고 기대를 나타내기도 했으나,27) 여기서도 아무런 결실을 맺지 못했다. 공산당과 한민당이 각각 모스크바 3상결정에 대한 찬성과 반대라고 하는 기존의 입장을 바꾸지 않았기 때문이다.

회담석상에서 이주하는 당의 입장을 철저히 대변, 공산당은 신탁통치를 절대 지지하므로 탁치 관련조항을 수정할 수 없다는 내용의 발언을 한 것으로 알려졌다. 그는 3상결정은 세계 민주주의노선의 발전이며 조선문제 해결의 구체화로, 종래 막연히 약속되었던 독립을 구체적으로 결정한 것이므로 이를 실천해야 한다는 생각을 갖고 있었다.28) 그리하여 3상결정을 반대하는 것은 일당일파의 전제정권을 꿈꾸며 민족분열을 초래하는 길이며, 이를 실천하는 것은 국제민주주의의 협조를 발전시키는 길이고 자주독립의 구체적 건설이 실현되는 길이라는 생각에서 그와 같이 주장한 것이었다. 후일 회담 결렬의 책임소재를 놓고 공산당과 한민당은 서로 상대방에게 책임을 미루는 상반된 주장을 발표하기도 했다.29)

---

26) 5당회담의 참석자 명단은 다음과 같다. 인민당 : 李如星, 金午星, 한민당 : 張德秀, 徐相日. 국민당 : 安在鴻, 李義植 신한민족당 : 權泰植, 金一成 공산당 : 李舟河, 洪南杓, 李康國, 『朝鮮人民報』, 1946년 1월 16일.
27) 『朝鮮人民報』, 1946년 1월 15일.
28) 李舟河, "同胞들에게 呼訴함," 『解放日報』, 1946년 3월 6일.
29) 공산당의 洪南杓는 한민당과 국민당은 성의를 갖고 통일을 위한 노력을 하지 않고 3상회의 반대와 국제민주주의 원칙에 항거하는 우매를 지속하여 회담이 성과를 내지 못했다고 비난했다. 『朝鮮人民報』, 1946년 2월 20일. 이에 대해 한민당의 金性洙는 공산당이 탁치 지지를 고집하여 회담이 결렬

민족통일전선의 실현문제와 같은 중요한 일에 공산당을 대표해서 나갈 정도로 이주하는 박헌영의 신임을 받고 있었다. 이처럼 박헌영이 그를 비롯하여 김삼룡(金三龍), 이현상(李鉉相) 등을 중용하고, 화요회 위주로 당을 운영하며 문호를 개방하지 않자, 당내에 반발이 일기도 했다. 특히 장안파의 반발이 끊이지 않았으며, 급기야는 영등포지역의 노동자 수백 명이 자신들의 입당을 받아주지 않는다고 하여 한때 당 기관지 『해방일보(解放日報)』를 인쇄하는 조선정판사가 입주해 있는 건물을 점거하는 일이 발생하기도 했다.30)

박헌영의 리더십에 대한 반대파의 도전이 예상 밖으로 거세져 사태가 심각하게 되자, 공산당은 1946년 2월 19일과 20일 이틀간 이 문제를 논의하기 위해 '중앙 및 지방 동지 연석간담회'를 개최하기도 했다.31) 이 자리에서 당의 영도가 군중을 이끌지 못하고 또한 중간파들을 포용하지 못하고 있으며, 당에 해외 해내의 모든 혁명적 동지가 집결되지 못하고, 중앙의 개혁과 강화를 각 지방에서 강렬히 요청하고 있다는 지적이 제기되었다. 한편 장안파는 당이 지나치게 폐쇄적으로 운영되며 다른 섹트에 대해서는 과업도 주지 않는다면서 당 지도부를 강하게 비판했다.

당 지도부에 대한 비판이 강하게 일자, 이주하는 잘못만을 말하는 것은 건설적이지 않다면서 박헌영을 중심으로 단합할 것을 제의했다.32) 이에 대해 박헌영은 일을 잘하겠다는 성의는 갖고 있으나 소수

된 것이지 한민당 때문에 결렬된 것은 아니라고 반박했다. 『東亞日報』, 1946년 1월 23일.

30) 한국정신문화연구원 현대사연구소 편, 『遲耘 金錣洙』, 92쪽.
31) 간담회 회의록은 "中央 及 地方同志 聯席懇談會 會議錄," 한림대학교 아시아문제연구소, 『朝鮮共産黨 文獻資料集 1945~46』(1993), 147-172쪽 수록.

중심의 정선(精選)주의로 일을 하는, 수공업적으로 집행한 결점이 있다는 것을 솔직히 시인했다. 그리고 비판에 내재된 정신을 참작하여 문제를 해결하는 데 노력하겠다고 다짐함으로써 가까스로 회의를 마칠 수 있었다. 이처럼 내분위기에 처한 당을 단합하는 데 노력을 아끼지 않음으로써 박헌영은 이주하를 더욱 신뢰하게 되었는데, 이주하는 이에서 그치지 않았다. 박헌영의 리더십을 더욱 확고히 하기 위해 공산당의 조직원리를 해설하고 당이 나아가야 할 방향을 제시했기 때문이다.33)

여기서 이주하는 박헌영의 지도 아래 옳은 정치노선으로 당을 구축하는 데 성공, 민족의 선두에 서서 민족을 지도할 수 있게 되었다고 자부했다. 그러나 당내에 소부르주아 자유주의적 경향이 남아 있어 이와 무자비한 사상투쟁을 전개하지 않으면 안 된다고 주장했다. 그는 또한 사상만의 통일이 아니라 조직의 통일도 필요하다고 강조하고, 위로부터 아래까지 통일되고 명령계통이 서서 활동적이고 민활한 조직으로 만들 것을 제의했다. 당의 볼셰비키화를 위해 사상통일의 투쟁과 조직적 통일이 무조건 요청된다고 주장한 것인데, 이는 당내 반대파들을 겨냥한 것으로 분석된다.

정치적 과오가 없는 현 지도부를 공격하며 당 규율을 깨트리는 것은 단연코 옳지 못하다고 당내 반대파를 비난한 이주하는 당이 나아

---

32) 이 문제에 대해 金鎰洙는 영등포 노동자 입당문제를 포함하여 당내분쟁 문제를 논의하기 위해 비밀 장소에서 당 간부회의를 열었으나, 李舟河 일파의 강경론으로 분열되고 말았다고 주장했다. "김철수 친필 유고," 『역사비평』(1989년 여름), 371쪽.

33) 李舟河는 "볼쉐비키化를 爲하야: 地方組織者인 여러 同志에게"라는 제목의 글을 통해 박헌영 중심으로 뭉칠 것과 중앙집권적 명령 아래 통일할 것 등을 당부했다. 이 글은 『解放日報』, 1946년 4월 10·11일 수록.

가야 할 방향 다섯 가지를 다음과 같이 제시했다. 첫째, 당의 조직단위는 개인이 아니라 세포이므로, 당의 기본은 세포에 있고 세포는 당의 주체이며 당사업의 기초가 됨을 명심할 것, 둘째, 노동자의 당이 되어야 하며 이를 위해서는 노동자에게 문을 열고 들어온 당원을 교양시켜 당을 노동자의 당으로 만들 것, 셋째, 노동자 가운데서, 투쟁 가운데서 성장한 일꾼을 당의 중추에 끌어올리며 과거의 일꾼이 위에 앉아 밑으로부터 올라오는 일꾼의 등용에 방해가 된다면 이러한 낡은 일꾼은 당을 떠나게 할 것, 넷째, 마르크스·레닌주의 학습을 게을리 하지 말 것, 다섯째, 당조직을 중앙집권적으로 통일적이고 신축성 있는 조직으로 만들 것 등이었다.34)

이 같이 당의 볼셰비키화를 요구한 이주하는 당 창립 21주년을 맞아 발표한 글에서 공산당이 아니면 민족의 신뢰를 집중할 수 없기 때문에 강철 같은 규율 위에서 사상적 통일과 조직적 통일을 완성하여 프롤레타리아의 전위적 임무를 다할 것을 다짐했다.35) 이처럼 당의 단결과 규율을 강조하며 박헌영의 지도노선을 따를 것을 강조했기 때문에 박헌영으로서는 누구보다도 그를 신뢰할 수밖에 없었던 것이다.

한편 이주하는 민주주의민족전선(이하 민전)의 결성을 위한 준비위원으로,36) 그리고 1946년 2월 15일 민전이 결성된 후에는 중앙위원과 중앙집행위원으로 선출되었다.37) 그러나 그는 민전의 활동에는 그다

---

34) 李舟河, "볼쉐비키化를 爲하야: 地方組織者인 여러 同志에게," 『解放日報』, 1946년 4월 11일. 이에 대한 보다 자세한 설명은 5장 3 "볼셰비키 조직론"을 참조할 것.

35) 李舟河, "朝鮮共産黨 二十一週年 創立記念에 際하야," 『解放日報』, 1946년 4월 18일.

36) 『解放日報』, 1946년 2월 6일.

지 간여하지 않았는데, 이는 공산당과 관련된 일을 하는데 열중했기 때문으로 분석된다.

3. 위폐사건 부인

1차 미소공동위원회가 무기휴회에 처하고 난 다음인 1946년 5월 15일 미군정은 위조지폐사건에 조선공산당 간부가 관련되었다고 발표했다. 공산당 중앙위원이며 재정부장인 이관술(李觀述)과 역시 당 중앙위원이며 기관지 해방일보 사장인 권오직(權五稷), 그리고 조선정판사 직원 14명이 위조지폐 인쇄에 관여되었다는 내용이었다.38) 조선정판사 직원들이 공산당 기관지 『해방일보』를 인쇄하는 조선정판사 창고에 보관되어 있던 조선은행권의 인쇄 원판을 빼돌려 위조지폐를 찍었는데, 여기에 공산당이 조직적으로 개입했다는 것이다.

미군정이 공산당을 위조지폐사건과 연관시킨 데 대해 박헌영은 5월 16일 군정장관에게 공산당이 위폐사건과 관련이 없다는 것을 강조하는 의견서를 제출했다. 같은 날 이주하는 제1관구 경찰청장인 장택상(張澤相)을 방문하고 공산당과 당 간부는 물론이고 당원 중에도 절대로 위폐에 관련된 사람은 없다고 항의했다. 그리고 만약 관련자가 있다면 그것은 일부러 잠입한 스파이 외에는 아무 것도 아닐 것이라고 주장하고, 반동분자의 모략에 의하여 반동분자에 매수된 악질분자의 무고에 의한 허구의 사실을 기초로 꾸민 것이므로, 사건의 진상

---

37) 『解放日報』, 1946년 2월 19일.
38) 『朝鮮日報』, 1946년 5월 16일.

과 모략적 허구의 진상을 철저히 조사 구명할 것을 요청했다.39)

한편 사회단체로 구성된 위폐사건 진상조사단의 예방을 받은 자리에서 군정 경무부장인 조병옥(趙炳玉)은 위폐사건이 공산당과 관계가 있다고 발표한 일이 없다고 주장했다. 그럼에도 불구하고 각 단체와 신문은 허구(虛構)를 발표한 것처럼 공격하고 있는데, 이는 군정의 본의를 오해한 것이라고 밝히기도 했다.40)

위조지폐사건과 공산당과의 직접적인 관계를 부인한 경무부장의 발언이 있었지만, 1946년 5월 27일 군정청 관리과는 공산당과 조선정판사가 사용하고 있는 건물을 48시간 이내에 비워 줄 것을 요구했다. 이에 대해 공산당은 서기국 명의의 성명을 통해 사건의 진상이 밝혀지지 않았음에도 불구하고 건물에서 퇴거하라고 하는 것은 위폐사건과 무슨 관계가 있는 것 같은 느낌을 주어 더욱 혼란을 초래할 우려가 있다고 반박했다.41) 또한 군정의 조치에 대해 유감의 뜻을 표했는데, 이와 같은 내용의 성명은 전후의 문맥으로 보아 이주하가 작성한 것으로 분석된다. 그는 위폐사건이 여러 차례 공산당과 전혀 관련이 없다고 주장했을 뿐만 아니라 군정 관계자들을 만나 공산당의 결백을 주장했기 때문이다.

이주하는 1946년 5월 31일 다시 장택상을 예방하고 진상 발표가 늦어지는 것에 대해 항의하고, 다음날인 6월 1일에는 기자회견을 갖고 공산당이 위폐사건에 관련되었다는 것은 허구라고 주장했다. 사건에 대한 당국의 진상 발표가 늦어지는 것에 대해 그는 수사를 비밀에 부칠 필요가 없음에도 불구하고 발표하지 않고 있고, 정당의 간부와

---

39) 『解放日報』, 1946년 5월 18일.
40) 『現代日報』, 1946년 5월 22일.
41) 『現代日報』, 1946년 5월 31일.

다수 당원을 관련시켜 발표하였으므로 개인이나 정당의 위신을 위해서도 당국은 속히 발표할 의무가 있다고 지적했다. 또한 발표 지연으로 인해 반동파들의 모략이 횡행하여 인심을 혼란시키고 있으며, 객관적 결과는 고사하고 공명정대하려면 진상이 드러나는 대로 즉시 발표할 의무가 있다는 이유를 들어 사건의 진상을 빨리 발표할 것을 요구했다. 그리고 위폐사건 내용에 대한 당국자 간 발표내용의 불일치, 5월 15일 이후 아무런 후속 발표도 없이 우물쭈물하는 당국의 태도, 그리고 민주주의민족전선(이하 민전) 조사단에 대한 수사당국의 불분명한 답변 등이 위폐사건이 허구라는 것을 증명한다고 강조했다.42)

위폐사건이 발표된 후 이관술과 권오직은 공동명의로 위폐사건은 공산당의 위신을 타락시키기 위한 정치적 모략책동에서 발표된 것으로 전면적으로 허위라고 주장하는 내용의 호소문을 발표했다.43) 호소문에서 이들은 당국의 발표에 의하면 건물 지하실에서 위조지폐를 인쇄하였다고 했으나 지하실에는 인쇄기를 설치한 사실이 없다고 반박하고, 이 사건은 공산당의 위신을 추락시키기 위한 정치적 모략에서 나온 것이라고 주장했다.44) 이들은 또한 당 서기국 앞으로 보낸 서신을 통해 사건은 너무나도 명명백백하므로 안심하고 분투할 것을 당부했다.

사건이 발생하자 공산당은 조직을 동원, 역으로 루머를 퍼뜨리기도 했다.45) 당시 공산당의 재정이 비교적 넉넉한 편이었음을 감안할

---

42) 『朝鮮人民報』, 1946년 6월 2일.

43) 이들의 호소문 전문은 『解放日報』, 1946년 5월 18일 수록.

44) 『解放日報』, 1946년 5월 18일.

45) 공산당은 정판사사건이 터지자, "사실은 김구 선생과 그의 며느리 안미생

때 위험을 무릅써 가며 구태여 위조지폐를 발행할 필요를 느끼지 못했다는 것이 그 이유였다. 이를 입증이라도 하듯이 이주하는 일제시대 가장 열렬히 일제에 반항했고 민족해방을 위하여 투쟁한 혁명가요, 애국자인 이관술을 위폐 발행혐의로 체포한 것은 유감이라고 말했다.46) 그리고 평소의 언행으로 보아 이관술은 청렴결백한 인격자이며 열화와 같은 애국정열을 가진 투사로 그러한 인물이 죄를 짓는다는 것은 있을 수 없는 일이라고 단언했다.47)

4. 자율정부 수립 반대

1946년 5월 들어 1차 미소공동위원회(이하 미소공위)가 무기휴회에 돌입한 이후 정계에는 크게 세 갈래의 흐름이 나타났다. 하나는 우익진영에서 추진하는 것으로 한반도문제에 관해 미국과 소련 사이에 도저히 합의를 이룰 것 같지 않으므로 자율적으로 정부를 수립하자는 이른바 자율정부 수립운동이고, 두 번째는 좌익진영이 전개하는 것으로 한반도문제는 미국과 소련의 합의를 통해서만 해결될 수 있으므로, 미소공위의 재개를 촉구하자는 미소공위 재개운동이었다. 세

(安美生)이 뚝섬에서 위폐를 만든 것이었다"는 내용의 해설사업을 폈다는 증언도 있으나, 이것은 공산당이 역루머를 퍼뜨린 것일 수도 있다고 분석된다. 이일재, "해방직후 대구지방의 조공·전평 활동과 「야산대」," 『역사비평』(1990년 여름), 377쪽.

46) 『朝鮮人民報』. 1946년 7월 11일.
47) 이관술의 생애와 활동에 대해서는 안재성, 『이관술 1920~1950』(사회평론, 2006) 참조.

번째는 중도진영이 미군정의 알선을 받아 구상한 것으로, 극우와 극좌를 배제한 채 중간파들이 합심하여 좌우를 수렴하자는 좌우합작운동이었다. 이 가운데 이주하가 가장 격렬하게 반대한 것은 자율정부 수립운동이었다.

자율정부 수립은 미소공위가 무기 휴회된 이후 자신의 정치구상을 밝히기 위해 전국을 순회하던 이승만(李承晩)이 처음 주장한 것으로, 그는 1946년 6월 3일 전라북도 정읍(井邑)에서 처음으로 남한만이라도 임시정부를 수립해야 한다는 발언을 했다.[48] 이후 그는 기회가 있을 때마다 민족이 자율적으로 정부를 수립해야 한다면서 남한만의 정부를 수립할 필요가 있다고 역설했다.

이러한 이승만의 발언에 대해 공산당과 민전을 비롯한 좌익진영은 '배족적 정체 폭로(背族的 正體 暴露)' 또는 '반동진(反動陣)의 독재몽(獨裁夢)'이라는 극단적 표현을 써 가며 단독정부 수립음모라고 강력히 비난했다. 한국독립당에서도 단독정부 수립설이 유포되고 있으나 자신들은 이에 찬성하지 않는다고 반대의 뜻을 분명히 밝혔다.[49] 그러나 한민당은 좌익진영에서 이 박사가 무슨 역적질이나 한 것처럼 비난하는데 이해할 수 없다면서 이승만의 구상을 적극 지지했다.[50]

---

48) 李承晩이 정읍에서 한 발언은 다음과 같다. "이제 우리는 無期休會된 共委가 再開될 氣色도 보이지 않으며 統一政府를 苦待하나 如意케 되지 않으니 우리는 南方만이라도 臨時政府 惑은 委員會 같은 것을 組織하여 三八 以北에서 蘇聯이 撤退하도록 世界公論에 呼訴하여야 될 것이니 여러분도 決心하여야 될 것이다. 그리고 民族統一機關 設置에 對하야 지금까지 努力하여 왔으나 이번에는 우리 民族의 代表的 統一機關을 歸京한 卽時 設立하게 되었으니 各 地方에 있어서도 中央의 指示에 順應하야 組織으로 活動하여 주기 바란다."『朝鮮人民報』, 1946년 6월 5일.

49)『朝鮮人民報』, 1946년 6월 5일.

이주하는 이승만의 정읍발언을 조목조목 비판했다. 기본적으로 이 발언은 노(老) 파시스트의 조급한 정치적 야망을 폭로한 것으로 민주진영에서만 분노와 반대를 하는 것이 아니라 반동진영 내에서도 반대가 있다고 지적했다.51) 자율 통일정부란 형식적 설명으로는 조선인의 손으로 통일된 정부를 건설하자는 것이지만, 구체적으로 살펴보면 공허한 '사이비 애국적 구호'에 불과하다는 것이다.

우선 '자율'이라는 문구에서부터 '기만적 반동적 본질'이 나타나고 있다고 그는 지적했다. 연합국의 승리로 해방된 마당에 연합국과 아무런 협의도 없이 정부를 수립한다는 것 자체가 환상에 불과하다는 것이다. 일제의 지배에 대해 반항다운 반항도 조직하지 못한 민족이 연합국의 의사를 무시하고 제멋대로 자율적으로 행동하겠다는 것은 어불성설로, 정신이 건전한지 의심하지 않을 수 없다는 것이 그의 첫 번째 비판이었다.52)

그는 또한 조선의 현실이 그렇게 단순하지 않다는 것을 들어 자율정부 수립주장에 반대했다. 우리를 해방시켜 준 미·영·소 3개국이 모스크바에서 외상회의를 열고, 조선에서 파쇼잔재를 청소하고 민주주의적 발전을 도와 명실상부한 독립국가로 부흥시키기로 한 3상결정은 '조선에 관한 연합국의 강령'이므로, 이에 입각해서 정부를 수립해야한다는 것이다. 3상결정은 해방된 조선에서 국제적으로나 국내적으로 가장 현명한 결정으로, 이는 주권침해도 내정간섭도 아니라는 것이 그의 설명이었다.

---

50) 『朝鮮日報』, 1946년 6월 8일.
51) 이는 임시정부 요인들이 주축이 된 한국독립당에서 반대한 것을 염두에 두고 한 발언이다. 『現代日報』, 1946년 6월 12일.
52) 『現代日報』, 1946년 6월 13일.

그리고 이러한 결정에 의해 소집된 미소공위가 의견 불일치로 잠시 휴회된 틈을 타서 '자율'로 문제를 해결해야 한다고 하는데, 이는 "옳은 결정을 어떻게 하면 조선에서 실행치 못하도록 방해할 수 있는가 하는 반동적 본질을 표시함에 불과"하다고 그는 반박했다.53) 그는 또한 이러한 주장의 배후에는 일본적 파쇼질서를 그대로 두어 친일파 민족반역자의 특권을 계속 유지하고 노동자·농민을 착취하려는 음모가 도사리고 있다고 비판했다. 겉으로는 '자율'과 '애국주의'인 듯 보이지만, 근로인민의 애국주의를 부숴버리려는 기도가 내재되어 있다는 것이다.

국제정치사적인 시각에서도 그는 '자율'이라는 용어가 잘못되었다고 주장했다. 즉 제국주의자의 침략적 행동은 항상 약소민족으로 하여금 '자율'이니 '독립'이니 하는 과정을 취하게 하여 다른 국가와의 관계를 단절·고립시킨 다음, 그 민족을 자기 마음대로 착취하는 순서를 취한다는 것이다. 일본이 조선을 병합할 때 청국으로부터 조선을 분리시키기 위하여 '독립'이라는 문구를 삽입했고, 노일전쟁에 이긴 일본이 러시아와 조선의 관계를 끊게 하고 즉시 조선을 병합한 것을 보면, 그 의도를 충분히 알 수 있다는 것이다.

1차 세계대전 이후 유럽에서도 이러한 현상이 일어났었음을 예로 든 그는 '자율'이라는 미명 아래 국제적으로 조선을 고립시키려 하는데, 이는 조선을 다시 제국주의자의 반식민지로 전락시키려는 국제적 반동의 모략이 그 배후에 있는 것이라고 비판했다.54) 조선처럼 파괴와 빈곤에 직면한 국가는 연합국이 상호 견제·협조하는 체제 속에서 발전하지 않으면, 국제적, 모략 즉 제국주의자의 음모에 빠지고

---

53) 『現代日報』, 1946년 6월 14일.
54) 『現代日報』, 1946년 6월 15일.

말 뿐이라는 지적을 통해 그는 간접적으로 미국을 비난했다.

마지막으로 그는 북한의 민주세력이 '자율적 통일'에 반대할 것이므로 자율정부라는 것은 결국 실현될 가능성이 없다고 단언했다. 그리고 설사 이것이 실현된다고 해도 남한에만 그치고 말 것이기 때문에, 남한 단독정부와 다를 바 없다고 지적했다. 결론적으로 그는 자율정부라는 것은 민중을 기만하기 위하여 내놓은, 이른바 '남조선 단독정부 수립' 구호에 불과한 것으로, 국토와 민족과 통일된 경제체제를 양분하여 민족국가의 발전을 막고 민주발전을 파괴하는 효과를 낼 뿐이라고 주장했다.

이처럼 자율정부 수립 움직임의 부당성을 지적한 다음 그는 이러한 구호와 싸우기 위한 방안으로 세 가지를 제시했다. 첫째, 민전의 내부 단결을 더욱 강화하여 반동적 구호에 동요되는 중립진영을 적극적으로 포섭하고 전 민족적인 대중투쟁을 전개하여 반동파의 책동을 파괴할 것, 둘째, 반동진영을 무조건 따르는 군중에게 반동구호의 본질을 선전·교양하여 반동파의 고립을 촉진할 것, 셋째, 민족의 갈 길은 오직 3상결정뿐이므로 미소공위의 조속한 개회를 촉구하는 운동을 전개할 것 등이었다.[55] 그는 이러한 투쟁만이 반동의 매국적 행동으로부터 나라를 구출하고, 민주주의노선으로 민족을 부흥시킬 것이라고 주장했다.

우익진영이 추진하는 자율정부 수립운동에 맞서 좌익진영은 미소공위 속개운동을 대대적으로 전개했다. 그러나 이주하는 자율정부 수립의 부당성을 지적하는 글을 발표한 것 말고는 집회에 참석하거나 연설을 한 일은 없다. 위에서 본 것처럼 단독정부가 이론적으로 성립될 수 없다는 것과 미소공위 속개의 필요성을 역설하는 선에서 그치

---

55) 『現代日報』, 1946년 6월 15일.

고 만 것이다. 각종 집회나 시위의 연사(演士)나 참가자 명단에 그의 이름은 보이지 않는데 이는 서기국장으로서 당을 총괄하는 위치에 있었기 때문이거나, 신전술의 채택과 관련이 있는 것으로 판단된다.

단독정부 수립 반대운동과 미소공위 속개운동을 전개하는 과정에서 공산당은 군정당국과 마찰을 빚기도 했다. 위조지폐사건 이후 당국에서 공산당과 좌익진영이 주도하는 집회를 허가하려 하지 않았기 때문인데,56) 이주하는 이러한 문제를 처리하느라고 글을 발표하는 것 같은 활동과는 거리를 두었을 가능성도 있다.

다른 하나는 공산당의 전술 변경과 관련이 있을 가능성이다. 군정당국과 잦은 마찰이 빚어지자 박헌영은 1946년 7월 26일을 기해 종래와는 다른 새로운 전술을 채택했다.57) "수세에서 공세로, 퇴거에서 진격으로"라는 이른바 '신전술'을 채택한 것인데, 이는 공산당의 조직을 동원해야 하는 것이었다. 따라서 직·간접적으로 이주하가 관련되었을 것이기에 대외활동을 자제했을 것으로 판단된다.

신전술은 전투준비를 급속히 완료하라는 사실상의 전투명령인 셈이었고, 이에 따라 총파업과 항쟁 등 전국적으로 반미운동과 파업·테러 폭동사건이 발생했다.58) 결론적으로 '신전술' 채택은 미군정과의 전면적인 대결을 의미하는 것이었고, 그 결과는 후일 이주하를 포함하여 박헌영 이강국 3인에 대한 체포령으로 나타나게 된다.

---

56) 예를 들어 민주주의민족전선은 1946년 8월 15일을 기해 전국적으로 8·15 기념행사를 개최하고 미소공위 재개 등을 요구하려고 했다. 그러나 서울에서만 집회허가가 났을 뿐 지방은 허가를 내주지 않아 지방의 행사는 파행적으로 치러졌다. 『朝鮮人民報』, 1946년 8월 22일.

57) 박일원, 『남로당의 조직과 전술』(世界, 1984), 30쪽.

58) 신전술 채택 이후 나타난 공산당의 활동양상에 대해서는 김남식, 『南勞黨硏究』(돌베개, 1984), 235-245쪽 참조.

5. 좌우합작 원칙 제시

이주하 본인은 미소공위 휴회 이후 미군정의 알선과 중도진영의 구상으로 추진되는 좌우합작운동에 직접 참여하지는 않았다. 그렇지만 좌우합작위원회가 구성되어 합작운동이 본격적으로 개시되자, 기자회견을 통해 자신의 견해를 직접 밝히거나 간접적으로 서기국 명의의 담화를 발표함으로써 나름대로 영향을 미쳤다.

여기서 그는 좌우합작이라는 것은 동일한 목표를 향해 공동된 행동과 실천을 취하는 것이라고 정의하고, 동일한 목표를 향한 공동된 행동을 하는 데는 행동에 대한 원칙이 있어야 한다고 주장했다. 이와 같은 주장을 하면서 그는 공산당이 그때까지 일관되게 견지해 왔던 원칙을 강조하는 것을 잊지 않았다. 즉 합작에서 친일파 파시스트분자를 제외할 것, 모든 테러의 중지와 구속된 민주주의자를 석방할 것, 3상회의 결정을 총체적으로 지지할 것 등을 내세운 것이다. 그리고 이러한 행동원칙을 떠나면 합작은 고사하고 어떠한 정치적 행동도 있을 수 없다고 그는 단언했다.59)

여기서 한 걸음 더 나아가 그는 자신이 제시한 행동원칙을 떠나서

---

59) 『朝鮮人民報』, 1946년 7월 11일. 박헌영도 이주하와 유사한 내용의 세 가지 합작원칙(3상결정에 대한 총체적 지지, 친일파·민족반역자·파쇼분자 제외, 일체의 테러행위 중지와 테러단체 해산)을 제시했다. 이를 볼 때 공산당은 당 차원에서 합작에 관한 원칙을 준비했던 것으로 분석된다. 朴憲永, "左右合作에 關하여," 『朝鮮人民報』, 1946년 7월 14일.

는 조선의 민주독립은 있을 수 없다고 덧붙이고, 우익이라 하더라도 이 원칙을 승인하고 실천을 보장하기만 한다면 공산당으로서는 기쁘게 합작할 것이라고 주장했다. 이와 동시에 그는 일부에서 좌우합작과 입법기관 사이에 어떤 관계가 있지나 않은가 생각하고 있는데, 양자는 전연 별개의 것이라고 주장했다. 입법기관 때문에 좌우합작을 한다든가 좌우합작 때문에 입법기관이 생기는 일은 결코 있을 수 없으며, 또 있어서도 안 된다는 것이다. 그는 좌우합작은 민족 내부에 대한 문제이고 입법기관은 군정에 관한 문제이기 때문에 전연 별개의 것이라는 논리를 폈다.60)

이처럼 당의 입장을 정리하여 합작원칙을 제시한 이주하는 합작을 파괴하려는 움직임에 대해서 경고를 보내는 동시에 합작의 목표를 나름대로 제시했다. 이는 우익진영 일부에서 단독정부를 수립하는 방향으로 나아갈 태세를 보이는 상황이었기 때문에 이러한 움직임을 제지하기 위한 의도에서 나온 것이라고 분석된다. 여기서 그가 비난한 것은 이승만이 결성한 민족통일총본부로, 이승만이 이를 결성한 것은 통일을 노골적으로 파괴하는 행동이라고 비판했다.61)

이승만에 대한 비판에 이어 그는 입으로는 합작을 부르짖으면서 실제로는 합작을 파괴하는 자가 있다고 지적했다. 그 예로 정부수립 후 탁치문제를 논의하자는 주장이나 입법기관에 들어가기 위해 합작하자는 자 등은 실제로는 합작을 파괴하는 것이라고 비난했다. 그리고 좌우합작은 통일적 임시정부 건설을 목표로 하는 것인데, 이 목표는 미소공위 속개에서 얻을 수 있고, 미소공위는 3상 결정에 대한 총체적 지지에서만 가장 효과적으로 속개될 수 있다고 주장했다.62) 중

---

60) 『朝鮮人民報』, 1946년 7월 11일.
61) 『獨立新報』, 1946년 7월 18일.

도진영 일부에서 입법기관 설치에 동조하려는 움직임을 보이자 이를 비판한 것이다.

좌우합작이 추진되는 과정에서 이주하가 이처럼 이승만의 이름을 직접 거명하며 비난한 것은 앞서 그가 주도한 자율정부 수립운동에 대한 비판의 연장선상에서 나온 것이라고 할 수 있다. 그는 또한 이승만과 김구(金九), 이시영(李始榮) 3인을 민족적 죄악을 범한 자로 규정하고, 이승만은 반연합국 반소(反蘇)운동의 수괴이므로 국외로 추방해야 한다는 내용으로 서기국 명의의 담화를 발표한 바 있다.63)

담화에서 그는 이들이 친일파와 민족반역자, 파시스트를 민족통일전선에서 제외하는 원칙을 깨뜨리고 민족통일을 파괴하는 자들이라고 강하게 비난했다. 이들 3인이 민족의 독립을 보장하고 민주적 발전을 원조하기 위하여 마련된 3상결정을 반대함으로써 정부 조직을 지연시키고 민족을 혼란에 빠뜨리는 민족적 죄악을 범했다는 것이다. 이로 인해 애국투사들이 고통을 받고 있다고 지적한 그는 친일파와 민족반역자를 배제하고 모든 테러를 반대하며 3상결정을 적극적으로 실천하는 민전의 기치 하에서만 통일을 이룰 수 있다고 주장했다. 이것이 바로 통일의 원칙이며, 이러한 것만이 미소공위를 재개시키고 통일정부를 급속히 수립할 수 있다는 것이 그의 논지였다.64)

위에서 살펴본 것처럼 그는 좌우합작과 입법기관 설치문제는 별개라는 입장을 견지했는데, 이는 기본적으로 미군정이 제안한 입법기관

---

62) 『獨立新報』, 1946년 7월 18일.

63) 담화의 전문은 『獨立新報』, 1946년 7월 1일 수록. 이 담화는 후일 민족지도자를 모욕한 것이라고 하여, 검찰에 의해 李舟河를 기소하는 자료로 활용되었다. 이에 대해서는 뒤의 제4장 참조.

64) 『獨立新報』, 1946년 7월 1일.

이 현실에 비추어 볼 때 적합하지 않다는 생각을 갖고 있었기 때문이다.[65] 첫째, 입법기관은 적어도 정부가 수립되었든지 정부수립을 전제로 해야 하는데 현재로서는 그렇지 않다는 것, 둘째, 법을 만들기만 하고 법의 운영을 감시할 기관이 없는 것은 인민의 권리를 소수 관료의 손에 맡기는 꼴이 된다는 것, 셋째, 입법기관의 최종 권한이 조선인에 있지 않고 미군정에 있는데 이는 군정을 강화하는 방법에 불과하다는 것, 마지막으로 그 의도가 군정기관을 구성하는 인물들을 민의로 지지하게 하려는 것이며 이럴 경우 입법기관의 대부분이 한민당원으로 구성될 것이라는 등의 이유를 들어 반대했다.

결론적으로 그는 3상 결정에 규정된 미소공위가 속히 재개되어 민주주의임시정부정부를 수립하는 것 외에는 어떠한 방법으로도 남한의 문제를 해결하지 못할 것이라고 단언했다.[66] 좌우합작이 추진되고 있으나 이 합작의 목표가 3상결정의 총체적 지지에 있지 않는 한 합작은 물론이고 어떤 문제도 결코 해결할 수 없다는 것인데, 그의 이와 같은 예언은 머지않아 현실로 나타났다.

6. 3당합당 추진

합작운동이 좌우 양측에서 비공식적으로 합작원칙을 제시한 채 별다른 진전을 보지 못하고 정체상태에 빠져 있을 무렵, 북한에서 북조

---

65) 이와 같은 견해는 공산당 서기국 명의의 담화로 발표되었다. 담화 전문은 『朝鮮人民報』, 1946년 7월 2일 수록.

66) 『朝鮮人民報』, 1946년 7월 2일.

선공산당과 조선신민당이 합동하여 북조선노동당(이하 북로당)을 출범시키는 일이 발생했다. 좌우합작위원회가 좌우 양 진영이 각각 제시한 5원칙과 8원칙 사이의 공통점을 찾기 위한 방안을 모색하는 도중 전연 새로운 변수가 나타난 것이다. 이로 인해 남한의 좌익진영은 좌우합작을 추진하는 문제와 동시에 공산당, 인민당, 남조선신민당 등 좌익 3당의 합당을 실현하는 문제에 대해서도 깊이 고민해야 하는, 2중적으로 난처한 상황에 처하고 말았다.

좌우합작 추진과 좌익정당 합당이라는 두 가지 과제 중에서 박헌영이 우선순위를 둔 것은 좌익정당의 합당 실현 즉, 3당합당이었다. 박헌영으로서는 민전에서 제시한 5원칙을 우익진영이 수용할 리 없으며, 미군정과 우익에서 관권을 동원하여 강압적으로 합작을 추진하고 있기 때문에 폭력 하의 강제 합작은 절대 반대한다고 밝힌 바 있었다.67) 그리고 복잡다단한 국내외 정세가 인민대중의 통일적 행동과 더욱 확고한 단결을 요구하여 3개의 정당이 1개의 대정당으로 합동이 요청된다고 판단했기에,68) 좌우합작을 포기하고 합당 실현에 나선 것이었다.

공산당뿐만 아니라 인민당과 신민당도 합당에 찬성하기는 마찬가지여서 3당의 합당작업은 순조롭게 진행되는 것처럼 보였다. 각 당이 합당하기로 결정하고 합당 교섭위원까지 선정했기 때문이다. 그러나 합당의 주도권문제를 놓고 박헌영과 여운형이 첨예하게 대립하는 현

---

67) 박헌영은 좌우합작이 친일파 영도 하에 있는 우익의 주장을 실현하기 위해 강제적으로 통일하려는 것으로 분석하고 인민은 이를 절대 반대할 권리를 당당히 갖고 있다고 주장하며 합작을 반대했다. 『朝鮮人民報』, 1946년 8월 6일.

68) 『朝鮮人民報』, 1946년 8월 7일.

상이 나타났다.69) 두 사람 모두 자신이 통합된 정당의 헤게모니를 장악해야 한다고 생각했기 때문이다. 이러한 현상은 3당 내부에까지 파급되었는데, 이로 인해 각 당이 분열상을 나타내면서 합당은 두 갈래로 추진되는 양상을 보였다.70)

　3당 중에서도 공산당의 내분이 가장 심했다. 당내에 여운형을 지지하며 그를 중심으로 합당을 추진해야 한다는 분파가 생겨나, 이들이 별도의 합당을 준비했기 때문이다. 김철수(金錣洙) 강진(姜進) 등이 바로 그러한 생각을 갖고 있었는데, 이들의 대표격인 김철수는 공산당이 영도하는 노동계급과 남조선신민당·인민당이 영도하는 근로인민의 통일 없이는 민족의 해방은 실현될 수 없다고 생각한 점에서는 박헌영과 인식을 같이했다고 할 수 있다.71)

　그러나 이들은 합당을 당 중앙의 몇몇이 결정할 문제가 아니라 민주적으로 결정해야 할 성질의 것이라고 당 간부들을 비난하고 당대회의 소집을 강력하게 요구했다는 점에서는 박헌영과 생각이 전혀 달랐다. 이른바 대회파가 출현하고 이들의 반발이 본격적으로 시작된 것이다. 당내에서 박헌영의 리더십에 반기를 드는 집단이 생겨나자 이주하는 박헌영을 중심으로 합당이 이루어져야 한다고 주장하는 장

---

69) 金錣洙는 합당을 추진하면서 朴憲永이 呂運亨을 제쳐놓고 자신이 직접 하려고 해서 呂運亨이 틀어진 것이라고 증언했다. 한국정신문화연구원 현대사연구소 편, 『遲耘 金錣洙』, 261쪽.

70) 남한에서 합당의 문제를 둘러싸고 전개된 갈등과 대립에 대해서는 沈之淵, 『朝鮮革命論 硏究』(실천문학사, 1987), 70-94쪽 참조.

71) 『獨立新報』, 1946년 8월 14일. 金錣洙는 기본적으로 朴憲永은 세포도 하나 제대로 조직할 능력이 없는 졸병이었는데, 다 잡혀 들어가니까 혼자 남아 돌아다니면서 일을 한 것이라고 생각하고 있었다. 한국정신문화연구원 현대사연구소 편, 『遲耘 金錣洙』, 281-282쪽.

문의 글을 발표했다.72)

여기서 이주하는 제국주의자들은 근로인민이 통일된 정당의 지도 아래 총집결되는 것을 가장 싫어하고 민주진영이 그 역량을 증가시키려는 것을 방해하는데, 조선도 그와 같은 정세에 있다고 전제했다. 그리고 이러한 정세는 공산당과 남조선신민당, 인민당 3당의 합동을 요구하고 있어 긴급하게 합당을 이루어야 한다고 주장했다. 북한에서 합당이 실현됨으로써 당이 확고하고 든든한 근로대중의 토대 위에 서게 되었다고 단언한 그는, 남한에서도 3당이 합동하여 북한에서처럼 시급히 근로인민의 새로운 정당으로 발전하여 북한과 함께 통일된 조직과 통일된 정책위에서 민주주의임시정부를 수립하고 진보적인 개혁을 실행해야 한다고 생각한 것이다.

국내외정세를 분석하며 합당의 필요성을 역설한 그는 제국주의자를 비롯하여 국내외에서 합당에 대한 방해와 파괴공작이 전개되고 있는데, 그중에서도 당이 당면한 가장 중요한 방해공작은 강진을 비롯한 6인의 반당행위라고 주장하고 이들에 대한 당 차원의 징계조치를 옹호했다.73) 이들 반당파에 대한 징계는 당 규약 제9조74)와 제55

---

72) 李舟河가 쓴 글의 제목은 "合黨 促進을 爲하야"로, 이것은 그의 이름으로 신문지상에 발표된 마지막 글이다. 전문은 『靑年 解放日報』, 1946년 9월 2일 수록.

73) 朴憲永은 6인(金鐵洙, 李廷允, 姜進, 徐重錫, 文甲松 金槿)이 반당행위를 하여 객관적으로 이적행위를 하고 있다고 판단해 당 중앙위원회로서는 징계처분을 내리지 않을 수 없었다고 밝혔다. 구체적인 징계내용은 다음과 같다. 제명: 李廷允 무기 정권: 金鐵洙, 徐重錫, 姜進, 文甲松 金槿 『朝鮮人民報』, 1946년 8월 9일.

74) 공산당 규약 제 9조는 다음과 같다. 제9조: 누구든지 당원의 제명은 그가 속한 기본 당 조직의 총회에서 결정되어야 하며, 區위원회나 市위원회의

조에75) 따라 이루어진 것이라면서, 이들이 반당행위를 격화하여 당을 완전히 분열 파괴하려는 기도를 노골화하고 있다고 비난했다.

여기서 더 나아가 그는 문제는 반당파들이 당 기율을 무시하고 당 기관을 파괴하고 당의 위신을 추락시키는 데 그치지 않고, 당 중앙을 제외하고 반당분자를 중심으로 공산당을 대표하여 합당하거나, 인민당·신민당 일부를 분열시켜 2개 합동정당으로 만들려는 분열계획을 세우고 있다고 지적했다. 그리고 이러한 분열행위로 인해 3개 정당이 1개 정당으로 역량을 집중하려는 시점에, 3개 정당을 6개 조직으로 분산시키려는 기도를 감히 저질러 그 죄과가 막중하다고 비판했다.

또한 그는 적의 방해에 의해 당대회 개최가 불가능한 정세임에도 불구하고 반당파들이 대회를 열어 합당문제의 가부를 결정하자고 주장하는데, 이는 옳지 못하다고 지적했다.76) 최대의 긴급한 정세 속에

인준이 있은 후에야 유효하다. 이 결정에 동의하지 않는 당원은 상급 당 조직에 항소할 수 있다. 모든 당 위원회는 당을 배신한 당원을 직접 제명할 수 있다. 제명 결정은 그가 전에 속한 하급 당 조직에 반드시 통지해야 한다. HQ USAFIK, 『美軍政 情報報告書』 제12권(日月書閣, 1986), 542-543쪽.

75) 공산당 규약 제 55조는 다음과 같다. 제55조 : 당과 상급 당 조직의 결정은 신속하고 정확하게 완수되어야 한다. 당 결정에 대한 무시와 당에 의해 비판받은 과오는 처벌된다. 상급 당 조직의 결정과 지시를 무시하는 어떠한 당 조직도 소추되고 해체되며, 개별 당원은 소추되고 경고를 받으며 그 직위에서 일시적으로 해임되며 일정 기간 조사를 받는다. HQ USAFIK, 『美軍政 情報報告書』 제12권(日月書閣, 1986), 555쪽.

76) 당대회 개최문제에 대하여 이주하는 기본적으로 공산당은 그 정세에 의하여 당대회를 거치지 않았어도 공산당인 것은 틀림없으며 이는 국제적으로 유일한 규율이 있는 것이라면서, 정치적으로 큰 과오가 없는 현 중앙을 대회문제 등을 갖고 비난 공격하며 당을 깨트리는 것은 옳지 못하다고 주장한 바 있다. 李舟河, "볼쉐비키化를 爲하야. 地方組織者인 여러 同志에게,"

서 합당작업을 진행시켜야 하느니만큼, 적전상륙과 같은 방식으로 행하지 않으면 적의 방해에 의해 합당은 불가능하다는 이유에서였다. 따라서 당대회에서 합당문제를 결정하자는 것은 실제로는 합당을 지연·반대하는 결론밖에 안 나온다고 단언했다. 그리고 북한에서도 중앙위원회에서 합당을 결정한 만큼, 남한에서도 중앙위원회가 합당을 결정하지 못할 이유가 전혀 없다고 주장했다.

한편 대회파들이 자신을 비롯해서 김삼룡, 이현상 등을 비판하는 것에 대해[77] 그는 당 중앙의 노선이 옳으냐 그르냐를 문제로 해야지 개개인을 문제로 삼아서는 안 된다고 주장했다.[78] 현 중앙의 박헌영 노선이 옳다면 중앙을 청산하기 위한 대회 개최는 필요치 않다는 것이 그가 제시한 당대회 개최 반대의 또 다른 논리 중의 하나였다. 그럼에도 불구하고 감정적으로 대회 소집을 주장하는 것은 밖으로는 미제국주의자와 반동진영의 이익을 도와주는 것이고, 안으로는 합당만 지연시키는 것이라고 그는 비난했다.

3당을 6개 조직의 형태로, 합당을 두 갈래로 추진하게 하는 반당분자들의 책동에 대한 투쟁방법으로 그는 네 가지를 들었다. 첫째, 합당공작을 위에서 진행하는 것에 호응하여 밑으로부터도 급속히 실천

『解放日報』, 1946년 4월 10일.

77) 金鍨洙는 박헌영의 부하인 이주하, 이현상, 김삼룡 등이 모두 못났다고 비판하고, 이들 때문에 박헌영이 편파적으로 되었다고 회고했다. 한국정신문화연구원 현대사연구소 편, 『遲耘 金鍨洙』, 119쪽 및 264쪽.

78) 李舟河도 대회파들이 자신을 비판하는 것을 알고는 있었다. 그는 "경성콤 그룹 중심이니, 이주하 독재니, 김삼룡 혼란이니, 이현상 국제노선이니 하는" 대회파의 비판을 전형적인 선동으로 보고, 개개인을 문제로 삼지 말고 노선의 옳고 그름을 따져야 한다고 주장했다. 李舟河, "合黨 促進을 爲하야," 『靑年 解放日報』 1946년 9월 2일.

해서 합동을 실현해야 하며, 둘째, 반당파의 촉수를 배격하고 당 기관의 파괴를 방지해야 하며, 셋째, 당 규율에 대한 사상을 심각히 침투 교양해야 하며, 넷째, 당면한 모든 임무를 적극적으로 실천해야 할 것 등이 그것이다. 그는 이 방법이야말로 민족의 모든 문제를 성공적으로 해결하는 길이며, 미국과 영국의 영향 아래 있는 모든 국가에서 가장 먼저 근로대중의 정당을 결성하는 최초의 영예를 가질 수 있는 길이라고 주장했다.

당대회 소집을 반대한 이주하의 이와 같은 논리는, 만일 대회를 소집한다면 시일이 지연됨은 물론 당내에 일대 분규가 일어나 합동을 방해하는 결과만 가져올 것이라고 한 박헌영의 주장과[79] 궤를 같이 하는 것이었다. 이처럼 합당을 추진하는 과정에서 이주하는 박헌영의 노선을 적극 지지하고, 반대파들에 대한 투쟁에 앞장서며 이들에 대한 징계를 합리화했다. 박헌영의 리더십에 반대하며 당대회 소집을 요구한 대회파를 징계한 조치에 대해서는 북로당도 결정서를 통해 지지를 보냈다.[80]

북로당 결정서가 발표되자 김철수, 강진을 비롯한 대회파 6인은 성명을 통해 "참괴의 마음을 금치 못하는 바"라고 말하고, 무엇보다도 이주하, 이현상, 김삼룡, 홍남표 등이 퍼뜨린 허언(虛言), 중상(中傷), 이간, 불신 등 추악하게 적을 이롭게 하는 분위기부터 일소할 것을

---

[79] 朴憲永, "合黨과 그 實現方針," 『靑年 解放日報』 1946년 9월 2일.

[80] 반당파를 징계하자, 북로당은 창립대회 참석자 명의로 종파적 분열행동을 일으킨 반당분자를 제명한 남조선공산당 중앙위원회의 결정은 가장 정당하다고 인정한다는 결정서를 채택하고, 신속하게 합당을 진행시킬 것을 호소했다. 1946년 8월 30일 발표된 북로당 결정서의 정식 명칭은 "三黨合同에 關한 北朝鮮勞動黨의 決定書"이며, 그 전문은 『獨立新報』, 1946년 9월 2일 수록.

요구했다. 북로당이 그와 같은 결정을 내리게 된 데는 이주하를 비롯한 박헌영 일파의 모략이 개재되었다는 판단에서였다. 그리고 북로당의 결정서를 정당하게 이용하지 못하고 자색주의(自色主義)를 위해 이용한다면 이는 북한의 결정을 모독하는 것이라고 반박하고, 모두 엄숙하게 자기를 비판해야 할 것이라고 주장했다.81)

이처럼 3당합당을 둘러싸고 공산당 내 간부파와 대회파의 갈등이 본격화되고, 북로당의 개입으로 이 문제가 더욱 확산되는 시점인 1946년 9월 6일 미군정은 박헌영, 이주하, 이강국 3인에 대해 체포령을 내렸다. 내분으로 흐트러진 당조직을 정비하고 합당작업을 마무리해야 하는 이주하와 박헌영으로서는 가장 중요하다고 할 수 있는 시점에 예기치도 않은 체포령이 내려진 것이다.

이들에 대한 체포령이 박헌영 주도로 추진되는 합당을 견제하기 위한 것인지는 알 수 없다. 그러나 결과적으로 미군정의 이러한 조치는 역효과를 냈다고밖에 볼 수 없다. 체포령이 박헌영 반대파들을 돕기 위한 의도가 개입되었다는 오해를 불러일으켰을 수도 있기 때문이다.

---

81) 金鎔洙, 李廷允, 姜進, 徐重錫, 文甲松, 金槿 6인은 북로당으로부터 합당을 방해한다는 비판을 받자, 종래의 대회 소집 주장 대신에 합당은 자색주의를 청산하고 화학적으로 결합되어야 하며, 과거의 섹트성을 청산해야 하며, 일체의 분파의 존재를 허락지 말아야 한다는 등 8개 항의 합당원칙을 연명으로 발표했다. 『獨立新報』, 1946년 9월 4일.

제4장 비공개활동 시기

　3당합당을 성공적으로 완수해 광범위한 근로인민의 정당을 건설하려 했던 이주하는 1946년 9월 8일 미군정당국에 체포되었다. 이로써 합당작업은 순탄하게 이루어질 수 없었다. 서기국장의 신분으로 공산당 조직을 장악하며 당의 진로를 제시하던 그의 공백을 메워 줄 만한 인물이 당내에는 없었기 때문이다. 이와 동시에 미군정이 내린 체포령으로 당의 책임자인 박헌영마저 피신한 상태였기 때문에 합당을 주도적으로 이끌어 나갈 인물이 존재하지 않는 것도 합당작업을 원만하게 추진되지 못하게 한 원인으로 작용한 것으로 분석된다.
　체포된 지 약 6개월여 만에 이주하는 보석으로 출소했지만, 당국의 지속적인 감시를 받고 있어 더 이상 공개적인 활동은 할 수 없었다. 그가 수감되어 있는 동안 결성된 남조선노동당(이하 남로당)은 그를 당 중앙위원으로 선임했다. 그러나 중앙위원으로서 공개적이고 공식적인 활동보다는 무장투쟁의 총책임자로서 비공개적인 활동을 하게 된다. 당의 무장투쟁을 총지휘하는 신분이어서 노출될 수 없었기 때문이다.
　경찰의 추적을 피해 가며 지하활동을 하던 그는 1950년 3월 체포되고 만다. 김삼룡의 은신처에 숨어 있다가 이곳을 급습한 경찰에 체포된 것이다. 이로써 그는 45세를 일기로 파란만장한 삶을 마감하는 비운을 맞이했다.

1. 체포령과 구속

미군정은 1946년 9월 6일 『현대일보』와 『중앙신문』, 『조선인민보』 3개 신문에 대해 무기한 정간조치를 내렸다.[1] 군정은 이들 3개 신문이 조선에 주둔하고 있는 미군의 안전을 위태롭게 한다는 이유로 1946년 9월 7일부터 활동을 조사할 때까지 정간처분을 내린 것이다. 정간조치의 근거로 미군정은 태평양 미국육군최고사령관 포고 제2호를 들었다.[2]

정간처분과 동시에 미군헌병이 신문사 관계자를 체포하고 신문사

---

1) 『獨立新報』, 1946년 9월 7일.
2) 하지 사령관은 군정청 공보부를 통해 발표한 포고에서 3개 신문을 상세히 조사할 때까지 정간하며, 이들 신문을 1945년 9월 7일부 태평양방면 미군사령부 포고 제2호 위반죄로써 군정재판에 기소할 예정이라고 밝혔다. 포고 2호 내용은 다음과 같다.
  "조선국민에 고함
  본관은 본관 지휘 하에 있는 점령군의 안전을 도모하고 점령지역의 공중치안질서의 안전을 기하기 위하여 태평양 미국육군 최고지휘관으로서 左記와 여히 포고함.
  항복문서의 조항 또는 태평양 미국육군지휘관의 권한 하에 발한 포고 명령 지시를 위반한 자, 미국인 기타 연합국인의 인명 또는 소유물 또는 보안을 害한 자, 공중치안질서를 교란한 자, 정당한 행정을 방해하는 자, 또는 연합군에 대하여 고의로 적대행위를 하는 자는 점령군 군법에 의해서 유죄 결정하는 대로 사형 또는 타 형벌에 처함." 『獨立新報』, 1946년 9월 7일.

를 수색한 것으로 알려졌으며, 미군의 이러한 조치에 침묵을 지키고 있던 경찰도 활동을 개시했다. 이들은 시내를 왕래하는 차량을 검색하고 통행인을 심문하는 등 비상경계 태세를 수립하고 수색활동을 전개했다. 미군과 경찰이 이처럼 삼엄한 경계태세를 취한 것은 신문사 간부들을 조사하기 위한 것이 아니라 공산당 수뇌부인 박헌영과 이주하, 이강국 3인을 체포하기 위한 것임이 뒤늦게 알려졌다.3)

이처럼 미군이 직접 출동하여 신문사를 수색하고, 경찰이 총동원되다시피 하여 미군의 지휘 아래 시내에 비상경계망을 펴며 특정인을 추적한 것은 미군이 진주한 이래 처음 있는 일이었다. 대대적인 수색을 편 결과 명륜동에 은닉해 있던 이주하가 체포되었다.4) 9월 8일 오전 9시경이었다. 체포된 이주하는 9월 13일 검찰에 송치되었는데,5) 김삼룡도 한때는 경찰에 검거되었다가 풀려나기도 했다.6)

당시 검거된 사람이 이들만은 아니었다. 3인을 체포하기 위해 미군과 경찰이 물샐틈없이 시내를 수색하는 과정에서 공산당의 간부 최익한(崔益翰), 홍남표, 김근(金槿), 서중석(徐重錫) 등이 경찰에 피검되기도 했으나, 이들에게는 아무런 혐의가 없다는 것이 밝혀져 즉시 석방되는 일도 있었다.7) 이들 외에 남조선신민당 위원장 백남운(白南雲)이 가택수색을 당하기도 했으나, 그도 검거까지는 되지 않았다.8)

그러나 박헌영과 이강국 두 사람의 행방은 묘연하여 도저히 찾을

---

3) 『獨立新報』, 1946년 9월 8일.
4) 『獨立新報』, 1946년 9월 9일.
5) 『서울신문』, 1946년 9월 14일.
6) 『東亞日報』, 1946년 9월 12일.
7) 『獨立新報』, 1946년 9월 11일.
8) 『自由新聞』, 1946년 9월 9일.

길이 없었다.9) 당시 경찰은 시내 주요 거리는 물론 일반 가정까지도 수색하는 전무후무한 활동을 벌였으나, 두 사람에 대해서는 어떤 단서도 찾지 못했다. 단지 박헌영은 잡화행상으로 변장하고 양주(楊洲) 방면으로 탈출했다는 소문이 나돌아, 경찰이 그 방면에 수색망을 폈으나 아무런 소득도 얻지 못했을 뿐이었다.

미군이 이들에 대한 검거에 나서게 된 것은 1946년 8월 31일 하지 미군사령관이 "조선민중에게 보내는 말"이라는 성명에 발표한 데 대해 공산당이 반박문을 낸 때문이라는 추측이 나돌기도 했다.10) 그러나 체포령을 내린 구체적인 이유는 밝혀지지 않았다.11) 경찰이 물샐틈없는 경계태세를 편 것에 대해 제1관구 경찰청장인 장택상조차 자세한 내용은 말하지 않은 채, 미군이 군정을 통하지 않고 직접 사건 조사에 착수하며 지휘한 것은 처음이라고 말할 정도로 이례적인 일이었다.12)

---

9) 朴憲永은 1946년 9월 5일 영구차에 누워 38선을 통과한 것으로 알려지기도 했으나, 후일 재판과정에서 10월 초 안내자를 따라 월북했다고 진술했다. 李康國의 경우 옛 애인이자 미군 헌병사령관의 처인 김수임의 집에 숨어 있다가, 그녀가 제공한 차를 타고 월북한 것으로 진술했다. 이들의 월북에 관해서는 심지연, 『이강국 연구』(백산서당, 2006), 198쪽.

10) 『中外新聞』, 1946년 9월 10일.

11) 하지 사령관은 성명을 통해 어떤 정당이 악선전을 통해 조선을 재건하려는 미국의 노력을 불신임케 하고, 군정의 정책을 식민지화라고 비난하며, 입법기관 설치를 군정의 연장이라고 선동하고, 식량소동을 일으키는 동시에 경찰을 공격하여 혼란을 조장하고 있다고 강력히 비난했다. 성명의 전문은 『朝鮮日報』, 1946년 9월 1일 수록. 이에 대해 민전은 미군이 진실하게 원조하여 준다면 고맙게 접수하겠지만, 민족의 독립과 거리가 있는 정책을 취할 때는 고맙다고 할 수 없다면서 조선민족의 이익을 기준으로 정책을 시행할 것을 미군정에 요구했다. 『서울신문』, 1946년 9월 4일.

3인 중 유일하게 체포된 이주하는 검찰에 송치되어 '안녕질서 위반에 관한 죄'로 기소되었고, 기소 후 그에 대한 재판은 서울지방법원 합의 3부에 배당되었다. 그러나 재판을 기다리던 이주하가 1946년 11월 8일 미군방첩대에 연행되었다가 혼수상태가 되어 업혀 돌아온 일이 발생함으로써 사건은 엉뚱한 방향으로 전개되었다. 부당한 대우를 받았다는 항의의 표시로 그가 일체의 음식을 거절하며 단식에 돌입했기 때문이다.

1946년 11월 8일 미군방첩대는 추가로 조사할 일이 있다고 하여 형무소에 수감되어 있던 이주하를 부평에 있는 미군형무소로 데려갔다. 그곳에서 미군방첩대가 그에게 무슨 주사를 놓았는데, 주사를 맞은 후 갑자기 그가 혼수상태에 빠진 것이다.13) 다음날 의식을 회복한 그는 단식에 돌입하면서 다음과 같이 말한 것으로 기록되었다.14)

> 밥을 먹는 것은 좋으나, 나는 내 自身의 意思를 無視하고 내 身體를 侵犯한 것은 내 個人에 대한 侮辱이라기보다 朝鮮人民, 조선民族에 대한 커다란 모욕이라고 생각한다. 나는 비록 보잘것없는 사람이지만, 나의 半生을 조선民族의 解放운동에 바쳐온 사람이다. 그런데 당신들이 아무 까닭 없이 나의 自由를 빼앗았으니, 나에게는 아무 自由도 없으나 나의 生命을 自由로 할 自由는 있다고 생각한다. 나는 우리 民族과 人民의 名譽와 矜持를 위해서 차라리 깨끗이 죽겠다.

---

12) 『獨立新報』, 1946년 9월 11일. 張澤相은 자신에게도 함구령이 내려졌으며, 경찰이 단독으로 하는 것이 아니라 상부의 명령으로 움직이고 있다고 말할 정도였다. 『東亞日報』, 1946년 9월 10일.
13) 『獨立新報』, 1946년 11월 13일.
14) 『노력인민』, 1947년 6월 28일.

이주하의 단식에 대해 담당검사와 판사는 그를 미군방첩대가 데려 간 것은 자신들이 맡은 사건과는 관계없는 다른 사건에 관해 조사한 것 같다면서 무슨 주사를 맞았는지 조사해 보겠다고 말했다. 그리고 생명이 위독한지에 대해서는 검증할 예정이며 피고인이 의식적으로 단식을 하여 위독하게 되었을 경우 자신들도 어찌할 수 없는 일이라 고 언명했다.15) 김태준(金泰俊)은 이에 대해 '일반대중은 미군이 그를 마취시켜 정신을 빼앗은 후 모든 비밀을 정탐하기 위해 악랄한 방법 을 썼거나, 생명을 빼앗기 위한 방법으로 알고 크게 흥분했다'고 주 장하기도 했다.16)

이주하의 미군방첩대 연행과 단식 소식이 알려지자, 조선민주청년 동맹은 1946년 11월 12일 담화를 발표하고 그의 즉각적인 석방을 요 구했다.17) 다음날인 11월 13일에는 조선문화단체총연맹, 조선부녀총 동맹, 민족혁명당이 그의 석방을 요구하는 성명을 발표했으며,18) 11 월 14일에는 과학자동맹, 문학가동맹을 비롯한 12개 단체가 그의 석 방을 요구하는 공동성명을 발표했다.19) 강제로 주사를 놓아 가사(假

---

15) 『獨立新報』, 1946년 11월 13일.
16) 『노력인민』, 1947년 6월 28일.
17) 조선민주청년동맹의 담화는 다음과 같다. "우리 朝鮮人民의 指導者 李舟 河先生에 對하야 內容 모르는 注射를 強制하야 昏睡狀態에 빠지게 하고 同 先生으로 하여금 斷食을 斷行하게 된 報道를 듣고, 그의 指導밑에 育成 訓 練받아온 朝鮮青年은 憤激의 感을 禁치 못하는 바이다. 이에 先生의 健康에 對하야 當局은 絕對的인 責任을 지는 同時에 無罪한 李舟河先生의 卽時 釋 放을 强硬히 要求하는 바이다." 『獨立新報』, 1946년 11월 13일.
18) 『獨立新報』, 1946년 11월 14일.
19) 12개 단체의 명단은 다음과 같다. 조선과학자동맹, 조선문학가동맹, 조선 연극동맹, 조선영화동맹, 조선미술동맹, 조선음악동맹, 조선과학기술연맹,

死)상태에 빠뜨린 것은 애국자에 대한 박해이며 민족에 대한 모욕이라는 것이 성명의 주요 골자였다. 한편 이주하를 연행한 미군은 그에게 문제의 주사를 놓은 후 박헌영의 행방과 중요 서류의 소재 및 북한과의 연락관계 등에 관해 심문한 것으로 알려졌다.20)

계속된 단식으로 이주하의 건강은 크게 악화되었다. 이에 민전 의장단인 허헌(許憲)과 김원봉(金元鳳) 등은 1946년 11월 14일 대법원장과 검찰총장을 방문, 법적인 문제를 따지기에 앞서 인도적 입장에서 사람을 살려야 한다면서 그의 보석을 허가해 줄 것을 요청했다. 허헌은 민전으로서는 민족의 젊은 지도자요 애국자의 한 사람을 구하기 위해 그의 석방을 교섭하는 것이라고 밝혔다.21) 이처럼 그의 단식이 사회적으로 커다란 파장을 일으키자 형무소당국은 생명이 위태롭다는 의무관의 진단을 받아들여 그 날 저녁 그의 보석을 결정했다.22)

미군방첩대에 연행되었다가 돌아온 후부터 만 6일 동안 단식했던 이주하는 출감 즉시 종로에 있는 내과병원에 입원하여 가료를 받았다. 그의 보석 출감을 보증한 보증인의 한 사람인 한국독립당 노동부장 이두열(李斗烈)은 이주하의 은사여서 사회에 커다란 감명을 주기도 했다. 이두열은 비록 소속 정당과 정치노선은 다르나 사제지간의 정을 발휘, 60이 넘은 몸으로 음식을 들고 여러 차례 형무소로 이주하를 찾아가 단식 중단을 권고한 것으로 알려졌다.23)

조선법학자동맹, 조미문화협회, 산업의학연구회, 산업노동조사소 『朝鮮日報』, 1946년 11월 15일.
20) 『獨立新報』, 1946년 11월 14일.
21) 『朝鮮日報』, 1946년 11월 15일.
22) 『獨立新報』, 1946년 11월 15일.
23) 『獨立新報』, 1946년 11월 16일.

보석으로 출감하여 병원에서 요양 중이던 이주하는 어느 정도 상태가 호전되어 생명에는 지장이 없는 상태가 되었다. 그러나 십이지장염, 폐렴, 침윤 등의 합병증상으로 장기간 치료를 요하는 상태인 것으로 보도되었다.[24] 그러나 1946년 11월 19일 돌연 그에 대한 보석이 취소되어 11월 20일에 그는 다시 서대문형무소로 호송되었다.[25] 그를 "계속하여 구류할 필요가 있다고 인정"된다는 당국의 판단에 따라 출감한지 닷새 만에 서대문형무소에 재수감된 것이다.

2. 재판과 보석

이주하에 대한 첫 공판은 1946년 11월 27일 개최되었는데, 이 날 그는 단식의 후유증으로 혼자 걸을 수가 없어 업혀서 법정에 나왔다. 담당검사는 이주하가 이승만, 김구, 이시영 등이 민족통일의 파괴자며 테러의 괴수라고 비난한 글과 미군정의 식량정책을 비판하는 내용의 글이 실린 1946년 7월 1일자 『조선인민보』와 1946년 7월 18일자 『중앙신문』을 증거로 제시하며, 그가 공공의 안녕질서를 위반했다는 논고와 함께 징역 8월을 구형했다.[26]

1946년 7월 1일자 『조선인민보』에 공산당 서기국 명의로 발표한 글에서 이주하는 이승만, 김구, 이시영 3인이 민족의 독립을 보장하고 민주주의 발전을 원조하기 위해 발표된 3상결정을 반대한 결과,

---

24) 『獨立新報』, 1946년 11월 20일.
25) 『獨立新報』, 1946년 11월 21일.
26) 『朝鮮日報』, 1946년 11월 28일.

정부의 조직을 지연시키고 군정을 무한대로 연장시키며 민족의 통일을 파괴했다고 지적한 바 있었다.27) 이어 그는 이들 3인이 민주진영에 대한 테러를 가하며 분열행동을 끊임없이 감행하면서 민족통일총본부라는 조직을 만들어 민족통일을 가장 열성적으로 주장하는 듯 민중을 기만하고 있다고 비판하고, 반연합국·반소의 수괴이며 분열과 테러의 총책임자인 이승만을 국외로 추방하자고 주장했다.28) 그리고 일제시대 일제에 맞서 용감히 투쟁했던 사람들과 민주진영이 경찰의 폭압을 받고 있는데 그 배후에는 이들 3인이 있다고 단언하고, 이들이 민족분열 행동을 끊임없이 감행하면서 민족통일을 가장 열성적으로 주장하는 듯이 민중을 기만하고 있다고 비난했다.

또한 1946년 7월 17일 기자회견에서 이주하는 남한은 도시와 농촌 구별할 것 없이 식량위기에 있는데, 이는 민족의 반동분자인 지주 간상배 때문이라고 비난했다.29) 자신들의 이익만 옹호하는 반동분자들이 군정기관에 잠입하여 권력을 쥐고, 식량정책을 민족의 생사문제로 취급하는 것이 아니라 지주와 간상배의 이익만을 위하여 정책을 펴기 때문에 식량위기가 왔다는 것이다. 이에 대한 해결책으로 그는 지주와 간상배들로부터 모리적(謀利的) 식량 재고품을 적발·수집하여 인민에게 적절히 배급할 것을 제안했다. 그리고 군정에 잠입하여 권

---

27) 『朝鮮人民報』, 1946년 7월 1일.
28) 공산당은 1946년 6월 13일에도 "파시스트의 狂信者 李承晩을 國外로 追放하라"는 제하의 성명에서 李承晩이 민족을 사멸의 구렁텅이로 몰아넣고 있어 그대로 두는 것은 민족의 치욕이 되기 때문에 즉시 추방해야 한다고 주장했다. 공산당 중앙위원회 서기국 명의로 이 성명이 발표된 것으로 보아 이 역시 李舟河가 작성한 것으로 분석된다. 성명 전문은 『朝鮮人民報』, 1946년 6월 14일 수록.
29) 『中央新聞』, 1946년 7월 18일.

력을 좌우하는 자들이 책임을 지고 그 자리에서 물러나게 하고, 진실하게 인민의 이익을 위해 일할 사람에게 권력을 넘겨주어야 한다고 주장했다.

두 개의 신문기사를 증거로 제시하며 공공의 안녕질서를 위반했다는 검사의 논고에 대해 이주하는 자신은 그 기사를 알기는 하나 발표할 때 없어 자세한 것은 알지 못한다고 말하고, 경찰에서 진술한 것은 경찰이 죄를 뒤집어씌우려 하기 때문에 적당히 대답한 것이라고 주장했다. 그리고 이승만, 김구, 이시영 3인을 테러의 괴수라고 한 것은 우익의 전국조직인 독립촉성국민회를 중심으로 테러가 많았기 때문에 그 최고책임자는 책임을 져야 할 것이므로 그렇게 말한 것이라고 대답했다. 또한 군정의 식량정책을 비판한 데 대해 그는 군정관리가 전부 그렇다고는 믿지 않으나, 군정청에 지주 및 모리배의 이익을 옹호하고 그들과 결탁한 분자가 많이 있는 것이 사실이므로 이를 지적한 것이라고 답변했다.[30] 이 날 검사는 그에게 징역 8개월을 구형했으며, 변호사는 그의 무죄를 역설하는 변론을 했다.[31]

1946년 12월 5일에 열린 선고공판에 이주하는 지난 재판 때 업혀 온 것과 달리 걸어서 출정했다. 이 날 판사는 검찰 검사의 구형대로 그에게 징역 8개월을 선고했다. 재판장은 그가 발표한 담화의 내용에 확실한 증거가 없고 사실에 위반되는 점이 있으며, 그러한 언사에 대해서는 좌우를 막론하고 책임을 져야 한다고 선고 이유를 밝혔다.[32] 8개월 징역형을 선고받은 이주하는 이에 불복하여 12월 7일 상고했고,[33] 그의 상고는 1946년 12월 27일 대검찰청에 수리되었다.[34]

---

30) 『朝鮮日報』, 1946년 11월 28일.

31) 『朝鮮日報』, 1946년 11월 28일.

32) 『獨立新報』, 1946년 12월 5일.

징역형을 선고받은 이주하가 복역 중인 시점에 사회 일각에서 정치범 석방을 요구하자, 미군정당국은 남한에 정치범은 없다고 단언했다.35) 이에 대해 남로당은 민주독립이라는 인민의 정치적 목적을 추구하다가 무허가 집회, 포고령 위반 또는 폭동죄 등으로 구금하고도 정치범이 없다는 것은 이해할 수 없다고 반박하고, 이주하의 경우를 예로 들어 그가 안녕질서 위반이므로 정치범이 아니라는 것은 일제시대 치안유지법 위반자를 정치범이 아니라고 한 것과 정치적 성격에서 무엇이 다르냐고 반문했다.36) 사로당을 비롯한 다른 단체에서도 남로당의 주장에 호응해 이주하 등 정치범의 석방을 요구했다.37)

정치범 석방문제가 이처럼 사회적 이슈로 등장하자, 1947년 2월 27일 남조선과도입법의원(이하 입법의원)의 관선의원인 박건웅(朴建雄)은 입법의원에 정치범 석방건의안을 제출했다.38) 건의안 심의과정에서 한민당 출신 의원들은 남한에 정치범은 없으며, 정치범이라는 미명을 띠고 있으나 실제로는 강도, 폭동을 한 사람이라며 반대의 뜻을 밝혔다.39) 기본적으로 한민당은 공산계열에서 말하는 정치범은 전부가

---

33) 『獨立新報』, 1946년 12월 8일.
34) 『獨立新報』, 1947년 1월 4일.
35) 『獨立新報』, 1947년 2월 25일.
36) 『獨立新報』, 1947년 2월 25일.
37) 『獨立新報』, 1947년 2월 25일.
38) 건의안에서 그는 "犯法者의 多大數가 國家獨立의 未完成으로 政治 及 經濟의 不安 及 恐慌에 起因하였고 더욱이 民生問題의 困難은 全民衆으로 하여금 犯罪의 구렁에 빠지지 아니치 못할 現狀인 것은 숨길 수 없는 現實"이라면서, 정치범적 성질을 가진 죄수는 가급적 형집행정지를 고려해야 한다고 주장했다. 南朝鮮過渡立法議院 秘書處, 『南朝鮮過渡立法議院速記錄』 第27號(1947년 2월 27일), 3쪽.

살인·방화와 파괴적 폭동죄로 기소된 자로서, 그들을 석방한다면 치안과 질서가 교란될 뿐이라는 입장이었기에40) 반대한 것이었다.

한민당의 반대로 정치범 석방건의안은 1947년 3월 4일 입법의원에서 재석 61에 가 24, 부 37로 부결되고 말았다.41) 석방건의안이 부결되자, 해방은 되었으나 국토가 분단되어 주권을 찾지 못한 상황에서 정치범이 없다고 주장하는 것은 '진실로 대담한 결론'이라고 하지 않을 수 없다는 논평이 제기되기도 했다.42) 이로써 이주하를 비롯한 정치범의 석방은 불가능하게 되었으나, 1947년 3월 19일 대법원이 이주하에 대해 두 번째로 보석허가를 결정함으로써43) 그는 형기만료 전에 석방될 수 있었다. 보석 취소결정으로 재수감된 지 4개월 만에, 그리고 형기만료를 두 달 앞둔 시점에서 출소하게 된 것이다.

석방된 후 그에 대한 재판은 다시 열리지 못했다. 1947년 4월 4일로 예정된 상고심이 무기 연기되고44) 6월 6일 열리기로 했던 것도 무기 연기되었다. 석방된 이주하 본인에게 재판일자를 알리는 기일통지서가 송달되지 못했기 때문에 재판이 부득이 연기된 것이다.45) 이를 볼 때 그는 자신의 주거지를 알리지 않은 채 지하생활을 한 것으로 판단된다.

---

39) 南朝鮮過渡立法議院 秘書處, 『南朝鮮過渡立法議院速記錄』 第27號, 14쪽.

40) 『東亞日報』, 1947년 1월 24일.

41) 南朝鮮過渡立法議院 秘書處, 『南朝鮮過渡立法議院速記錄』 第29號(1947년 3월 4일), 25쪽.

42) 朝鮮通信社, 『朝鮮年鑑』 1948年版(朝鮮通信社, 1947), 152쪽.

43) 『獨立新報』, 1947년 3월 20일.

44) 『朝鮮日報』, 1947년 4월 5일.

45) 『朝鮮日報』, 1947년 6월 7일.

이후 이주하는 공개활동은 전혀 하지 않았다. 공개석상에 나타나지 않은 것은 물론이, 신문지상에 그의 명의로 된 글도 전혀 발표하지 않았다. 오랜 기간 대중투쟁과 민족투쟁 속에서 성장하여 대중과 민족이 고난에 빠졌을 때 그들의 선두에 서서 용감히 싸우고 능히 민족과 운명을 같이할 수 있는 사람이라는 평가를 받는 그였지만,46) 당국의 체포를 피하기 위해 공개활동은 극도로 삼갔기 때문인 것으로 분석된다.

3. 수배와 검거

박헌영이 없는 상태에서, 그리고 이주하가 구속된 가운데 진행된 좌익진영의 3당합당은 결국 사회노동당(이하 사로당)과 남로당 두 개의 정당을 출범시키는 것으로 귀결되고 말았다. 박헌영의 정치노선을 따라야 된다는 이주하의 호소와 북로당의 강력한 권고에도 불구하고 여운형을 중심으로 뭉쳐야 한다는 집단과 통합을 이루지 못했기 때문이다. 이로써 남로당과 사로당 두 개의 좌익정당이 출현하는 사태가 빚어졌다.

박헌영의 리더십을 따르기로 한 좌익진영은 1946년 11월 22일과 23일 양일에 걸쳐 남로당 결당대회를 개최하고 대중정당 출범을 선언했다. 결당대회를 성공적으로 마친 남로당은 1946년 12월 10일 당 지도부와 29명의 중앙위원 명단을 발표했는데, 이 가운데는 피신 중인 박헌영과 수감 중인 이주하도 포함되어 있었다.47)

---

46) 金台俊, "民族名譽의 守護者 李舟河선생," 『노력인민』, 1947년 6월 28일.

다른 사람도 아니고 수감되어 있는 이주하를 중앙위원으로 선임했다는 사실은 그 어느 때보다도 당이 그를 필요로 하고 있음을 나타낸 것이라고 할 수 있다. 3당합당을 추진하는 과정에서 주도권문제로 좌익진영은 내부적으로 적지 않은 대립과 갈등을 겪었기에 이를 속히 봉합할 필요가 있었는데, 그가 이 일의 적임자라고 간주된 것이다. 당 조직을 재정비하고 외연을 확대하는 데 그가 필요하다고 판단했기 때문에 그를 중앙위원으로 선임한 것으로 생각된다.

이처럼 남로당으로서는 그의 능력을 여러 모로 감안하여 그를 중앙위원으로 선임한 것이라고 할 수 있다. 그러나 객관적으로 볼 때 아무리 여건상 어쩔 수 없었다고 하더라도, 이러한 식의 인사(人事)는 정상적인 인사라고는 보기 어렵다. 보석으로 출소하기는 했지만 공개석상에 전혀 나타나지도 않았고, 또 나타날 수도 없는 인물이 법의 테두리 안에서 활동해야 하는 대중정당을 이끈다는 것은 부적절하기 때문이다. 그리고 어떤 명목이 되었건 간에 수배 중인 인물이 합법적인 활동을 전제로 하여 결성된 정당 지도부의 일원이 된다는 것 자체가 당의 이미지를 훼손시키는 일이기 때문이다.

이주하가 1947년 4월과 6월에 열릴 예정인 상고심에 출정하지 않아 재판이 무기 연기된 것에서 알 수 있듯이, 그는 공개석상에 나타났을 때 닥칠지도 모를 체포와 같은 불상사를 피하기 위해 공개적으로는 모습을 드러내지 않은 것이었다.[48] 남로당의 인사와 그를 포함

---

47) 남로당은 1946년 12월 10일 합당준비위원 연석회의를 열고 당위원장에 許憲, 부위원장에 朴憲永과 李基錫을 선출하고, 합당한 당원수의 비례대로 중앙위원으로 공산당 14명, 인민당 9명, 신민당 6명, 도합 29명을 선임했다. 『獨立新報』, 1946년 12월 12일.

48) 실제로 그는 합법적인 활동과는 거리가 먼, 밖으로 드러나서는 안 되는

한 남로당 지도부의 이러한 처신은 당원 및 대중으로부터 당을 분리시키는 방향으로, 그리고 당의 노선을 급진적인 방향으로 이끄는 촉매제로 작용했을 것으로 분석된다.

공개석상에 모습을 나타내지 않는 지도부로서는 당원과의 접촉이 불가능해 당원이 처해 있는 상태를 파악할 수 없었고, 이로 인해 당원과 격리되어 거리감이 생길 수밖에 없게 된다. 당원과의 격리는 자연적으로 대중과의 대화 단절로 이어지며, 이는 정세판단에 오류를 초래하게 된다. 현장과 떨어져 있고 당원 및 대중과 격리된 상태에서 전략과 전술을 결정한다는 것 자체가 잘못된 판단을 유도하는 요인이 되기 때문이다.

그리고 이러한 상태는 최종적으로는 당 지도부를 남한의 정치현실로부터 소외시키게 된다. 정치현실에 대한 정확한 판단과 분석에 입각해서 전략·전술을 마련해야 하는데, 그럴 수 있는 여지가 없어졌기 때문이다. 그럼에도 불구하고 은둔해 있는 지도부로서는 자신의 존재를 대내외적으로 과시해야 할 필요성을 느꼈고, 이로 인해 남로당의 노선은 더욱더 급진성과 폭력성을 띠게 마련이었다.

지하활동을 하는 이주하도 그렇지만, 북한에 있는 박헌영의 경우 급진성과 폭력성에 대한 의존은 더욱 커질 수밖에 없었다. 자신을 추종하는 집단의 존재와 그들의 활동을 지속적으로 확인하고 싶은 유혹에 빠졌고, 그럴수록 남한의 정치지형을 자신의 존재를 과시하게 하는 쪽으로 지시하게 되었기 때문이다.[49] 그리고 이를 위해 시위와

무장투쟁을 지휘하는 총책임자였다. 『國都新聞』, 1950년 4월 1일.
49) 박헌영으로부터 지속적인 투쟁 지시가 내려와 이를 수행하는 과정에서 조직역량이 소진되자 김삼룡은 박헌영에게 조직역량의 막대한 타격을 이유로 투쟁의 중단을 건의했으나, 박헌영은 계속 투쟁을 촉구했다. 김민희,

폭력 등 비합법적인 수단이 선택된 것인데, 박헌영의 입장에서는 이것이 다른 방식보다도 더 효과적인 방법이라고 생각했을 것으로 판단된다.

자신의 활동근거지를 떠난 상태였기에 박헌영은 남한의 정치현실에 대해서는 간헐적이고 피상적인 정보에 의존하게 되며, 이로 인해 그는 부정확한 판단을 하기 쉽게 된다. 부정확한 판단을 토대로 박헌영은 남한의 현실에 적실성이 없는 급진적인 지시를 내리게 되고, 이러한 지시를 이행하는 과정에서 남로당 조직은 적지 않게 노출되고 파괴되는 결과를 맞게 된다. 그럼에도 불구하고 당의 투쟁활동은 보고의 과정에서 과장되어 박헌영이 부정확한 판단을 하는 데 일조를 하며, 이것이 다시 그로 하여금 급진적이고 폭력적인 지시를 내리게 하는 악순환의 고리를 만들었던 것이다.

이러한 상황은 이주하에게도 영향을 미칠 수밖에 없었다. 박헌영의 지시대로 무장투쟁을 전개해야 했기 때문인데, 결과적으로 이는 폭력노선을 추종하는 모험주의적 성향을 띠는 것으로 나타났다.50) 이러한 조짐은 이미 1946년 하반기 박헌영이 신전술을 채택했을 때부터 예견된 것이기도 했지만, 1947년 3월 19일 이주하가 보석으로 출소한 후에는 더욱 구체성을 띠게 된다. 1947년 3월 22일에 있었던 24시간 총파업을 비롯하여 7월 27일 전국적으로 개최된 인민대회와 8월 15일에 소집된 대규모 군중대회 등에서 채택된 각종 구호와 결의문이 당원들의 투쟁을 적극 독려한 것에서 이를 확인할 수 있다.51)

『쓰여지지 않은 역사: 인물로 본 사회운동사』(대동, 1992), 60-61쪽.

50) 김남식, "1948~50년 남한내 빨치산 활동의 양상과 성격," 『해방전후사의 인식』(한길사, 1989), 234쪽.

51) 이에 관해서는 김남식, 『南勞黨 硏究』(돌베개, 1984), 278-298쪽 참조.

이처럼 공개활동을 지양하고 지하에서 남로당을 지휘하던 이주하는 1950년 3월 27일 은신하고 있던 서울 시내 예지동의 한 가옥에서 경찰에 체포되었다.52) 그 집은 김삼룡이 평소 잘 가던 곳이었는데, 이에 관한 첩보를 입수한 경찰이 김삼룡을 체포하기 위해 그곳으로 갔다가 생각지도 않았던 이주하를 잡은 것이다.53)

경찰에 체포된 후 이주하는 소지하고 있던 독약을 먹고 자살을 기도했다. 그로서는 "차라리 죽는 것이 마땅하다"는 생각에서 자살을 시도한 것이었으나,54) 경찰의 조치로 생명에는 이상이 없었다. 그가 체포된 다음날인 1950년 3월 28일 김삼룡도 경찰에 체포됨으로써 남로당 조직은 와해의 길로 들어서고 말았다.

4. 교환 제의와 처형

박헌영을 대신하여 남로당을 총괄하던 이주하와 김삼룡 두 사람의 체포는 북한에 피신해 있는 박헌영뿐만 아니라 북로당에도 커다란 타격이 아닐 수 없었다. 1949년 6월 남로당과 북로당이 비밀리에 합당하여 연합중앙위원회를 구성해 놓고 있는 상태였기에,55) 이들의

---

52) 吳制道, 『思想檢事의 手記』(昌新文化社, 1957), 64쪽.
53) 양한모, 『양한모 회고록: 마르크스에서 그리스도에로』(日善出版社, 1992), 221쪽. 李舟河와 金三龍을 체포하기 위해 경찰은 전향한 남로당 서울시위원회 특수부원인 安永達을 이용하는 등 치밀한 공작을 펼쳤다. 이에 대해서는 김민희, 『쓰여지지 않은 역사: 인물로 본 사회운동사』, 63-65쪽.
54) 鮮于宗源, 『思想檢事』(啓明社, 1992), 155쪽.
55) 양당의 합당 경위에 대해서는 方仁厚, 『北韓「朝鮮勞動黨」의 形成과 發展』

체포로 인한 남로당 활동의 위축은 결과적으로 북로당의 역량 손실로 이어질 것이 분명했기 때문이다. 그리고 이로 인해 북로당도 대남전략을 전반적으로 수정해야 했기 때문이다. 이처럼 북로당으로서는 예상치 못한 상황이 초래되자 이들이 체포된 지 거의 두 달 가까이 되는 1950년 5월 24일 조국통일민주주의전선(이하 조국전선)은 중앙위원회 명의로 두 사람의 석방을 요구하는 성명을 발표했다.

성명에서 조국전선은 김삼룡, 이주하 두 사람은 일제 식민통치로부터 조국해방을 위해 불요불굴의 투지로 싸워 온 진정한 애국자이며, 해방 후에도 조국의 평화적 통일독립과 민주를 위한 남반부 인민들의 장렬한 투쟁의 선두에서 가장 열렬하게 싸워 온 애국투사라고 높이 평가했다. 그리고 이들에 대한 체포는 괴뢰정권을 유지하려는 책략에서 나온 것이라고 비판하고 이들을 체포한 데 대해 반드시 심판을 받아야 하며, 피의 대가를 받을 그 날이 반드시 올 것이라고 주장했다. 조국전선은 또한 평화적 통일을 쟁취하기 위해 치열한 구국투쟁을 전개할 것이며, 구속된 애국적 지도자들과 인사들을 석방하기 위해 각종 형식의 투쟁을 다할 것이라고 다짐했다.[56]

조국전선의 이들에 대한 석방 다짐을 마치 실천이라도 하려는 듯이, 북한은 한국전쟁 발발 보름전인 1950년 6월 10일 방송을 통해 체포된 이주하와 김삼룡을 북한으로 보내면, 북에 있는 조만식(曺晩植)을 남한으로 내려 보내겠다고 제의했다.[57] 이와 같은 북한의 교환 제의에 대해 검찰은 이승만 대통령에게 조만식과 이주하·김삼룡을 서

(高麗大學校 亞細亞問題硏究所, 1967), 137-138쪽 참조

56) 조선중앙통신사, 『조선중앙년감』 1951~1952(조선중앙통신사, 1952), 139쪽.
57) 趙靈岩, 『古堂 曺晩植』(政治新聞社, 1985), 70쪽 및 『聯合新聞』, 1950년 6월 17일.

로 교환하는 것이 좋겠다는 뜻을 상신했다.58)

교환 제의를 받아들이자고 검찰이 건의하자 이 대통령은 1950년 6월 16일 기자단과의 회견석상에서 1주일 이내(6월 23일)에 조만식을 먼저 보내면 두 사람을 보내겠다고 말하고, 이 교환에는 어떠한 조건도 붙여서는 안 된다고 단언했다.59) 이주하와 김삼룡 두 사람은 이미 사법당국의 심사가 거의 끝나 단죄를 내릴 날이 가까웠으나, 처단을 1주일간 연기해서라도 조만식 및 그와 함께 감금된 수행원을 보내주면 그들을 살려서 보내겠다는 것이었다.60)

이에 대해 북한은 1950년 6월 20일 정오 12시부터 오후 4시까지 여현(礪峴)역에서 교환하자고 했으나, 정부는 사안의 중대성에 비추어 교환에 관한 절차 일체를 유엔한국위원단(이하 유엔한위)에 일임하기로 했다.61) 한국정부로부터 교환 절차를 위임받은 유엔한위는 이를 승낙하고 6월 15일 방송을 통해 조만식을 개성까지 보내면 건강검진을 마친 후 이주하·김삼룡 두 사람을 북으로 석방하겠다고 밝혔다.62) 그리고 유엔한위로서는 조만식이 연금되어 있는 강계까지라도 갈 용의가 있으므로 6월 22일까지 회신을 하라고 촉구했으나, 북한은 유엔한위가 매개자가 되어 교환을 담당하고 이를 실시하는 것은 반대한다고 방송한 것으로 알려졌다.63)

북한으로부터 별도의 구체적인 제안이 없자, 정부는 6월 20일 오전

---

58) 鮮于宗源,『思想檢事』, 159쪽.
59)『京鄕新聞』, 1950년 6월 17일.
60)『朝鮮日報』, 1950년 6월 17일.
61)『서울신문』, 1950년 6월 21일.
62)『自由新聞』, 1950년 6월 21일.
63)『서울신문』, 1950년 6월 21일.

7시 15분 조만식과 그의 아들을 개성까지 호송해 오면 이주하·김삼룡 두 사람을 월북시킬 것이며, 이러한 교환은 유엔한위에 위임할 것이라는 내용의 대북방송을 했다.64) 그리고 이 조건에 합의하면 6월 22일 자정까지 방송으로 회답하라고 통보했다.

이후 정부는 1950년 6월 23일 오후 1시 방송을 통해 북한에 최후의 통보를 했다. 애국자 조만식 선생과 그의 아들을 구출하기 위해 북한의 교환 제의를 기쁘게 승낙했음에도 불구하고 북한은 시일을 천연하고 조건을 붙이고 있는데, 이는 "양 매국노의 사형집행을 1일이라도 더 연기하려는 장난"에 불과한 것이라고 비판했다.65) 그리고 6월 26일 오후 2시 정각에 38선 이남 1km 지점에 있는 여현역에서 3km 이남으로 조만식을 대동하고 와서 교환하지 않으면 교환할 의사가 없는 것으로 간주하겠다고 밝혔다.

38선 이남으로 조만식을 데려오라는 제의에 대해 북한은 6월 23일 밤 평양방송을 통해 38선상에서 교환하지 않으면 교환을 중지하겠다고 발표했다.66) 이로써 더 이상의 교섭은 진행되지 못했으며 이들의 교환도 이루어질 수 없었다. 6월 25일 북한의 전면적인 남침으로 인해 전쟁이 발발했기 때문이다. 전쟁이 발발하자 정부는 교환하기로 제의했던 날인 6월 26일 남산에서 이주하·김삼룡 두 사람에 대해 총살형을 집행했다.67)

체포된 이주하와 김삼룡은 정태식(鄭泰植)과 함께 이미 1950년 5월 17일 열린 특별군사재판에서 사형을 언도받았었다. 이 날 이주하는

---

64) 『聯合新聞』, 1950년 6월 21일.

65) 『聯合新聞』, 1950년 6월 24일.

66) 『京鄕新聞』, 1950년 6월 25일.

67) 李丙燾 외, 『解放 二十年史』(希望出版社, 1965), 389쪽.

최후 발언을 통해 "할 말은 많습니다. 그러나 단 한마디로 나의 심정을 표현한다면 나의 아이는 앞으로 절대로 정치가는 시키지 않겠습니다"라고 말한 것으로, 김삼룡은 검사의 논고에 아무런 변명도 하지 않고 "나는 아무 할 말이 없소 나를 더 이상 욕보이지 말고 처형해 주시오"라는 말 한마디만 남긴 것으로 알려졌다.68)

이주하는 검거된 후 심경의 변화를 일으켜 자신이 알고 있는 정보를 순순히 털어놓았으며,69) 대북 비난방송도 했다는 기록이 있다.70) 그리고 자신을 취조했던 담당검사를 만나 대한민국을 지지하겠다는 의사와 함께 자기비판을 하겠다는 뜻을 밝혔다는 기록도 있다.71) 이외에도 그는 김일성에 대한 악감정을 갖고 있었기 때문에 생각 끝에 전향할 의사를 표시하고, 김일성과 투쟁할 것을 다짐했다는 증언도 있다.72)

그러나 이주하에게는 거물급의 전향과는 판이한 면이 있다고 증언한 것으로 미루어볼 때, 더욱 면밀한 검토가 필요하다고 생각한다. 왜냐하면 남로당의 일체 행동을 전적으로 옳다고만 주장했던 이주하가 자기비판의 뜻을 표하기는 했으나 고민과 회의가 동반하며 거물급으로서 당연히 있어야 하는 여러 가지 조건의 제시가 있는 법인데, 그에게는 이러한 것이 전혀 없어 그가 위장전향을 시도한 것이 아닌가 하는 의문을 가졌다는 결론을 내리고 있기 때문이다.73)

---

68) 김민희, 『쓰여지지 않은 역사: 인물로 본 사회운동사』, 66쪽.
69) 鮮于宗源, 『思想檢事』, 158쪽.
70) 김민희, 『쓰여지지 않은 역사: 인물로 본 사회운동사』, 66쪽.
71) 吳制道, 『思想檢事의 手記』, 68쪽.
72) 양한모, 『양한모 회고록: 마르크스에서 그리스도에로』(日善出版社, 1992), 222쪽.

당시 조만식과의 교환문제가 논의되고 있는 시점이었고, 그리고 전쟁 발발을 앞둔 시점이라는 것을 그도 어느 정도는 알았으리라고 판단된다. 따라서 그로서는 자신에 대한 처형을 가능한 한 늦춰야 했다. 이러한 측면에서 그가 전향이라는 카드를 썼을 가능성도 있을 수 있기 때문에, 그가 일으켰던 심경의 변화에 대해서는 추가적인 연구가 필요하다고 생각한다.

---

73) 吳制道, 『追擊者의 證言』(希望出版社, 1969), 232쪽.

제5장 정치노선

　이주하가 해방 이후 남한에서 공개적으로 활동한 기간이 10개월도 채 되지 않는 데다 일제시대 그의 행적에 관한 자료는 말할 필요조차 없고 해방 후에도 그가 남긴 글은 그리 많지 않다.1) 이처럼 자료가 부족하기 때문에 그의 정치노선을 체계적으로 분석한다는 것은 무리에 가까운 일일지도 모른다. 그럼에도 불구하고 이를 시도하는 것은 일제시대 그가 주도한 투쟁이나 해방 후 그가 수행한 활동과 역할이 해방정국의 전기에 적지 않은 영향을 미쳤기 때문이다. 그리고 현대

---

1) 직접 이주하 명의로 발표된 것 외에도 공산당 서기국 명의로 발표된 성명이나 담화는 대개 그가 최종적으로 작성한 것이라고 보아도 무방할 것으로 생각된다. 공산당 조직의 특성상 그 부서의 책임자가 사전에 검토하지 않은 채 발표하는 일은 있을 수 없기 때문이다. 예를 들어 1946년 7월 1일자 『朝鮮人民報』에는 "分裂責任者를 追放하라. 李承晩, 金九, 李始榮 等은 테로 魁首"라는 제목의 성명이 공산당 서기국 명의로 발표되었는데, 검찰은 이를 이주하가 작성한 것으로 간주하고 그를 공공의 안녕질서를 위반한 혐의로 기소했다. 이주하가 작성하여 북한 주둔 소련군에게 "남조선 정세에 관한 정보자료"라는 제목으로 보낸 보고서가 러시아 국방성 중앙문서보관소에 있어 이를 번역한 글도 있으나, 사실 여부를 확인할 길이 없어 분석의 대상에서 제외했다. 보고서의 전문은 국사편찬위원회 편, 『소련군정문서, 남조선 정세보고서 1946~1947』(국사편찬위원회, 2003), 336-342쪽 수록.

사에 대한 종합적인 이해를 위해서도 그의 정치노선에 관한 분석은 필요하다고 생각하기 때문이다.

이주하의 정치노선은 크게 혁명주체론과 인민적 민주주의론, 볼셰비키 조직론의 세 가지로 요약할 수 있다. 그는 자신이 직접 관계했던 노동운동과 공산주의운동의 연장에서 해방 후 공산당이 혁명의 주체가 되어야 한다는 이른바 혁명주체론을 제창했다. 이 혁명주체론에 입각해서 그는 근로인민의 이익을 위하는 민주주의의 실현, 즉 인민적 민주주의론을 강조했고, 이러한 과업을 실현하기 위해 공산당은 반드시 볼셰비키 조직론으로 무장되어야 한다고 역설했다.

1. 혁명주체론

이주하가 가장 중시했던 것은 혁명주체론으로, 그는 다른 어느 집단이나 세력보다도 공산당이 조선혁명의 주체라는 것을 강조했다.[2] 만약 공산당이 창립되지 않았더라면 조선은 해방투쟁의 주체를 갖지 못했을 뿐만 아니라 민족 전체가 일제에 굴종과 타협을 일삼았을 것이라는 전제에서 그의 혁명주체론은 출발했다.

공산당이 혁명의 주체라는 것을 입증하기 위해 그는 세계적 혁명조류의 한 구비로서 조선민족이 위대한 투쟁인 3·1운동을 전개했지만, 이의 실패는 조선민족으로 하여금 크게 정치의식을 앙양시켰다고

---

2) 혁명주체론은 이주하가 "朝鮮共産黨 21週年 創立 記念에 際하야"라는 제목으로 『解放日報』에 상,하 두 차례(1946년 4월 17일·18일)에 걸쳐 발표한 글에서 주장한 것이다. 이하 내용에서 이에 대한 개별적인 각주는 생략.

주장했다. 그러나 3·1운동이 실패한 결과 조선민족은 외부에 의존하려는 외력 의존주의를 철저히 포기하고 민족적 자력에 의한 자체의 단결만이 승리를 보장하는 것임을 자각하게 되었는데, 그러한 역할을 주체적으로 한 것이 공산당이라는 논리였다.

또한 그는 3·1운동 이후 일제가 기만적으로 양보함으로써 조선의 부르주아지는 완전히 퇴각, 일제의 그림자 속으로 사라져 민족해방운동에서 불쾌하고 영원히 배반적인 자취를 남긴 데 반해, 3·1운동의 소중한 경험은 프롤레타리아트와 절대다수의 농민 및 혁명적 인텔리에게 계승되어 근로대중의 해방을 위한 투쟁은 발전하였다고 주장했다. 이러한 근로대중의 해방투쟁이 조직과 이론, 그리고 전략과 전술에 있어 비약적으로 발전하여 출현한 것이 1925년 4월 17일 조선공산당의 창립이라고 강조한 그는 반일 민족해방투쟁에서 결정적이며 획기적인 역사적 의의를 가진 것이 바로 공산당의 창립이라고 단언했다. 이러한 의미를 갖는 공산당이 주체가 되어 자주독립국가를 건설해야 한다는 것이 그의 혁명주체론의 골자라고 할 수 있다.

이주하는 공산당 창립의 역사적 의의를 일곱 가지로 정리했다. 첫째, 공산당 창립은 1925년 이전까지 있었던 민족해방투쟁을 총결산한 것인 동시에 앞으로 있을 모든 투쟁의 지침을 밝힌 의의를 갖는다는 것이다. 3·1운동 이후 꾸준히 일제에 투쟁한 계급은 오직 근로대중뿐이며, 자본가는 일제에 투항했다고 지적했다. 그는 이를 볼 때 어느 계급이 투쟁에 적극적이며 진지한지 입증되었다고 주장했다.

둘째, 그는 공산당의 창립은 조선민족에게 혁명적 정당을 갖게 한 것인 동시에 그 정당은 프롤레타리아 정당이 아니면 안 되고, 또한 프롤레타리아 정당뿐인 것을 보여준 것이라고 정리했다. 러시아 10월 혁명의 승리에서 나타나듯이 혁명적 정당에 의해 조직되고 지도된 혁명은 적의 공세를 물리치고 내부의 반동을 극복하여 혁명을 승리로 진출시키는 법인데, 공산당의 창립은 조선민족이 바로 그와 같은 이념 밑에서 건설된 정당을 가진 것을 의미한다는 것이다. 비록 공산당이 단기간적인 존재로서 계속적으로 지도하지는 못했지만, 조선민족이 의지하는 민족적 정당으로 존재했음은 누구도 부인할 수 없는 사실이라고 말한 그는 해방 후 각양각색의 정당이 출현했다고는 하지만, 진실한 민족적 정당은 오직 공산당뿐이라는 것은 역사적으로 증명되었으며 여기에 공산당 창립의 의의가 있다고 주장했다.

셋째, 공산당의 창립은 1925년대 조선사회를 지배하던 공상적·극좌적 혁명이론을 극복하고 불완전하나마 조선 혁명운동의 기본 코스를 내세운 데 큰 의의가 있다고 주장했다. 당시 일부 지도층 사이에는 민족해방투쟁을 경시하고 사회주의혁명으로 돌진하려는 경향과 이론이 성행했는데, 이러한 극히 위험한 경향을 극복하고 당을 창립함으로써 투쟁을 올바르게 전개할 수 있게 되었다는 것이다. 당의 최소강령으로 일제로부터의 민족해방을 제일차적 임무로 규정하고 이를 꾸준히 교양한 결과 6·10만세운동과 같은 반일 대중투쟁을 일으켰듯이, 공산당은 독립을 부정하고 공산주의 실현을 당면과업으로 하는 것이 아니라 독립과 민주주의 과업을 주장하는 정당이라고 그는 주장했다. 그리고 공산당은 민족의 절대해방과 완전독립을 과학적으로 처음 내세운 정당이며, 민주주의적 프로그램을 구체적으로 내세웠다고 강조했다.

넷째, 공산당의 창립은 모든 소분파적 혁명그룹을 집중 단결시키는 계기를 만들었다는 데 의의가 있다고 주장했다. 초기에 지방적으로, 정실(情實)적으로, 감정적으로 상호 분열되어 무원칙하게 분파적 투쟁을 전개했지만, 당의 창립을 계기로 분파투쟁이 청산되고 극복될 토대가 마련되었다는 것이다. 운동의 가장 큰 내적 모순이며 발전의 장애물인 분파투쟁을 극복한 의의가 있다고 지적한 것이다. 오늘날 분파의 잔재가 완전히 소멸되지는 않았으나 내부에서 서로 상극하며 반발하는 일이 극복되는 방향으로 들어섰다는 것, 즉 당의 창립은 주관적 역량을 집결하는 의의가 있다는 것이 그의 분석이었다.

다섯째, 공산당의 창립은 국내뿐만이 아니라 국제적으로도 의의를 갖는 것이라고 그는 주장했다. 당이 창립됨으로써 국제 민주주의운동과 유기적인 연결을 지어 세계의 진보적 선진국가의 프롤레타리아와 국제적으로 단결하게 되었으며, 세계 약소민족 해방운동으로서 그 역할을 다하게 되었다는 것이다. 즉 무정부적 생산과 불균형적 발달을 추구하는 제국주의 경제체제로 인한 인류사회의 파탄을 해결하기 위해서는 제국주의자의 착취와 압박 하에 있는 세계 프롤레타리아와 피압박민족의 단결이 필요하며 조선민족의 해방도 세계 민주세력의 일부로 진출하지 않으면 승리가 불가능한데, 공산당의 창립은 이러한 국제적 연결의 단초를 지은 중요한 의의를 지닌다는 것이었다. 해방이 소련의 위대한 희생과 미국의 거대한 지원에 의해 성립된 것을 볼 때, 이들과의 연결에 의해서만 조선문제를 해결할 수 있으며 바로 이 점에서 당의 창립은 국제적 연결의 단초를 제공한 의의가 있다고 그는 주장했다.

여섯째, 공산당의 창립은 해방투쟁에서 총지도부를 건설하여 장차 있을 모든 해방운동에서 공산주의자가 지도적인 역할을 장악하게 한 의의가 있다고 그는 주장했다. 당의 창립으로 공산주의자들이 일관되게 해방운동에서 중심적인 세력이 되었다는 것이다. 3·1운동 이후 일제에 의해 학살·투옥된 사람의 대부분이 공산주의자들이며,[3] 6·10

---

[3] 일제에 의해 학살·투옥된 사람의 대부분이 공산주의자라는 이주하의 주

만세운동을 비롯하여 원산총파업, 광주학생사건, 각지의 농민투쟁 등이 공산주의자의 손으로 조직되었고, 이외에도 대부분의 항일운동이 당의 직접 지도는 아니라 하더라도 공산당 재건과 밀접히 연관된 투쟁이기 때문에 공산당 창립은 곧 민족해방운동의 주체를 건설한 것이라고 그는 강조했다. 당 재건투쟁을 제외하고는 국내에서 혁명적 의의를 부여할 만한 투쟁이 없었음을 기억할 때 당 창립의 의의가 얼마나 큰지 알 수 있다는 것이었다.

마지막으로 그는 공산당 창립은 소부르주아 지식층에 혁명운동의 활동적 체계를 세워 주었으며, 가장 진보적 계급인 노동계급과 그 동맹자인 농민대중의 주체역량을 발전시키는 획기적인 계기를 갖게 했다고 주장했다. 이것이 당의 창립과 동시에 실현된 것은 아니지만, 당의 발전은 필연적으로 이 방향으로의 발전을 초래했다는 것이다. 그리고 이것이 오늘날 가장 중요한 당의 과제이며 이것이 당 발전에 가장 큰 문제일 것이라고 단언했다. 당의 창립과 끊임없는 투쟁이 없었으면 이 문제가 그렇게 심각하고 중요한 것으로 제기되지 못했을 것이라는 것이다.

이처럼 공산당 창립은 혁명의 주체를 확립하고 노동계급과 농민대중의 주체역량을 발전시킨 역사적 의의를 갖는다고 이주하는 주장했다. 그렇다고 해서 그가 당의 결함을 부인한 것은 아니었다. 이와 반대로 초창기에 결함이 있었음을 그는 솔직하게 인정했다. 그러나 이

장은 과장된 것으로 분석된다. 조선총독부가 1930~35년 사이 5년간 검거된 사람이 1만여 명이고, 이 중 6천 명이 공산주의자라고 한 것을 볼 때, 6 대 4 정도의 비율로 공산주의자들이 많았다고 보는 것이 타당한 것으로 판단된다. 朝鮮總督府 高等法院檢事局思想部, "朝鮮に於ける共産主義運動の近況"『思想彙報』第五號(1935年 12月), 44쪽.

결함이 결코 당 창립의 역사적 의의를 감소시키는 것은 아니라고 말한 그는 결함은 당의 창립으로만 극복될 수 있다고 언명했다. 당이 창립되지 못했다면 결함은 더욱 확대되어 이를 극복할 수 있는 여지는 더욱 멀어졌을 것이기 때문에 당 창립이 민족해방운동사상 창조적인 역할과 의의를 갖는다는 것이었다.

가장 진보적 계급인 프롤레타리아트의 정당인 공산당은 혁명의 주체로 용감히 투쟁을 전개해왔기에 민족을 영도할 수 있다고 주장한 그는 여기서 한걸음 더 나아가 해방 후 애국자처럼 행세하는 부르주아지와 그 추종자들에 대해서는 반성을 촉구했다. 부르주아지가 정국을 주도함으로써 자본의 독점적 발전을 내용으로 하는 자산계급 전제의 자본주의사회가 건설되어서는 결코 안 된다는 것이다.4) 현실적으로 그는 군정기관 내에 이들이 잠입하여 권력을 장악함으로써 빚어지고 있는 폐단을 예로 들었다. 민족의 반동분자들이 민족의 이익을 위하는 것이 아니라 지주와 간상배의 이익만을 위주로 하여 모든 정책을 펴고 있어 식량난이 나타나고 있다는 것이다.5)

부르주아지가 주체가 될 수 없다는 것을 주장한 이주하는 중경 임시정부의 정국 주도에 대해서도 거부한다는 뜻을 분명히 밝혔다. 임정요인들을 만나 본 결과 그들 중에는 고결한 애국자도 있고 오랜 망명생활에도 불구하고 절개를 굽히지 않은 분들도 있으나, 민족의 백년대계를 생각할 때 그들의 주도를 인정할 수 없다는 것이었다. 그 이유로 그는 첫째, 그들은 국제정세에 어두우며 혹 안다고 해도 편견을 가졌으며, 둘째, 편협한 민족주의에 사로잡혀 있고, 셋째, 일당일파만의 전제정권을 꿈꾸고 있으며, 이를 위해 친일파 민족반역자에

---

4) 李舟河, "同胞들에게 呼訴함," 『解放日報』, 1946년 3월 6일.
5) 李舟河, "謀利輩 膺懲하야 配給 確保가 急務," 『中央新聞』, 1946년 7월 18일.

둘러싸여 인민의 소리를 거부하고 있고, 넷째, 비민주적인 조직을 결성하여 인민의 민주주의적인 조직과 대항하였고, 다섯째, 정권욕을 위해 외래세력의 앞잡이도 사양하지 않고 있다는 것 등을 들었다.6)

이처럼 부르주아지와 임시정부의 정국 주도를 부인한 그는 공산당이 창립됨으로써 소부르주아 지식층이 운동하는 데 체계를 세울 수 있게 되었으며, 진보적 노동계급과 그의 유일한 동맹자인 농민대중도 자신들의 주체역량을 발전시킬 수 있는 획기적인 계기를 갖게 되었다고 주장했다. 이러한 현상이 당 창립과 동시에 실현된 것은 아니지만, 당의 창립과 아울러 필연적으로 그러한 방향으로 발전하게 되었다는 것이 그의 확신이었다. 그 중에서도 그는 박헌영의 지도 아래 옳은 정치노선을 견지함으로써 민족의 선두에 서서 민족을 지도할 수 있게 되었다는 것을 강조하고, 그로 인해 공산당은 민족의 지도적 정당이 되었다고 주장했다.7)

아무도 활동하지 못하던 일제의 압박 하에서 공산당만이 홀로 조직되어 잔악한 일제에 반항하고 투쟁한 역사적으로 엄연한 사실이 민족의 신뢰를 받는 가장 큰 조건이며, 민족을 대표할 수 있는 가장 큰 조건이라고 그는 부연 설명했다. 그리고 8·15 이후 재건된 공산당은 조선의 모든 혁명적 전통을 가장 잘 계승하고 민족이 나아갈 길을 가장 정확하게 지시하고 있으므로, 민족의 신뢰를 총집중하고 민족을 영도하는 가장 용감하고 큰 정당이 되었다고 자부했다.

이러한 자신감에 입각해서 그는 공산당은 21년간 일제와 투쟁했던 백절불굴의 정당이며 8·15 후에는 해외에서 투쟁하던 모든 혁명역량을 총집중하고 있다고 단언했고,8) 이러한 논리에 입각하여 박헌영이

---

6) 李舟河, "同胞들에게 呼訴함,"『解放日報』, 1946년 3월 6일.
7) 李舟河, "볼쉐비키化를 爲하야 ①,"『解放日報』, 1946년 4월 10일.

지도하는 공산당이 혁명의 주체임을 주장했다. 그리고 그는 노동자의 정당, 근로인민의 해방을 위한 정당이 공산당이므로 노동자들은 끝까지 공산당을 지키고 함께해야 한다고 강조했다.9)

이와 같은 이주하의 혁명주체론은 그 혼자만의 생각이 아니라, 일제시대 이강국이나 최용달과 함께 토론하고 코민테른의 인민전선전술을 논의하는 과정에서 자연스럽게 도출된 것으로 생각된다. 당시 이강국은 코민테른의 인민전선전술을 이주하에게 설명한 바 있다.10) 또한 최용달은 제국주의에 반대하는 민족해방운동의 전선이 자본계층까지 포함하여 결성되는 상황에서 공산주의자는 노동계급의 이익을 위해서만 활동할 것이 아니라 제국주의에 불만을 갖고 있는 모든 계층을 위해서 활동하지 않으면 안 된다고 분석하고, 이러한 활동은 '주체적 능력' 여하에 의해 제약되는 것이라고 주장한 바 있다.11) 바로 이러한 이론과 논리가 결합되어 해방 후 혁명주체론으로 발전한 것으로 생각된다.

---

8) 李舟河, "朝鮮共産黨 21週年 創立 記念에 際하야 下,"『解放日報』, 1946년 4월 18일.
9) 李舟河, "第六十週年 메-데-에 드림,"『解放日報』, 1946년 5월 3일.
10) 朝鮮總督府 高等法院檢事局思想部, "咸鏡南道元山府を中心とせる朝鮮民族解放統一戰線結成並支那事變後方攪亂事件の槪要," 186쪽.
11) 崔容達, "感想錄," 朝鮮總督府高等法院檢事局思想部,『思想彙報』第二十四號(1940年 9月), 303쪽.

2. 인민적 민주주의론

혁명주체론을 통해 조선공산당이 혁명의 주체임을 선언한 이주하는 다음 단계로 공산당이 혁명의 주체가 되어 실현하고자 하는 민주주의에 대해 구체적으로 설명했다.12) 현재 조선의 정세에 비추어 모든 문제가 민주주의 건설을 중심으로 전개되는 까닭에, 이 문제를 중시하지 않을 수 없다는 이유에서 이를 강조한 것이다.

우선 그는 무지한 사람들은 공산주의라면 민주주의를 찬성하지 않고 조선에 지금 당장 공산주의를 실현하려는 이념인 것처럼 생각하나 사실은 그렇지 않다고 주장했다. 반동분자들이 "공산주의냐, 민주주의냐" 하고 편을 가르며 공산주의가 민주주의와 반대되는 것처럼 역선전을 하여 세상을 혼란스럽게 하고 있다는 것이다. 공산주의는 없애 버려야 문제가 해결된다고 반동파들이 기만적으로 선동하고 있으나, 진실한 민주주의자는 공산주의자이며, 공산주의자는 과거나 현재, 우리나라에서나 전 세계에서, 민주주의의 전취와 건설을 위하여 가장 열성적으로 희생적으로 투쟁해 왔으며 또 투쟁하고 있다는 것이 그의 인민적 민주주론의 출발점이었다.

그는 민주주의를 위해 투쟁한 역사는 조선에서 결코 새로운 것은 아니며, 8·15해방 후 비로소 제기된 것도 아니라고 주장했다. 이를 새

---

12) 이주하는 "우리가 要求하는 民主主義는"라는 제목의 글을 1946년 6월 29일, 30일, 7월 3일, 4일, 5일 총 5회에 걸쳐 『朝鮮人民報』에 연재했다. 이하 내용에서 이에 대한 개별적인 각주는 생략.

로운 과제처럼 생각하는 자는 오직 일제시대 일제와 타협하며 민족을 배반하던 지주와 반동적 자본가뿐이라는 것이다. 조금이라도 민족을 위해, 근로인민을 위해 투쟁한 사람들은 오랜 투쟁의 역사를 통해 민주주의가 민족이 목표로 걸어 온 과제임을 알 것이라고 그는 단언했다.

앞서 본 것처럼 민주주의와 공산주의가 배치되는 개념이 아니라고 주장한 그는 오늘의 조선은 민주주의세력이 크고 민주주의운동이 높은 정도로 전개되고 있는데, 이는 결코 서구 민주주의가 아니라고 단언했다. 서구의 민주주의는 자본계급이 그들을 위한 자유를 보장하는 운동이, 그들이 착취하지 않으면 안 되는 근로인민에게까지 진전되려고 하는 순간에 운동을 중단하고 말았다는 것이다. 그의 설명에 의하면 이는 자본계급이 자기 마음대로 부리고 지배하려고 하는 근로인민의 이익을 위하는 민주주의는 필요치 않다고 생각하고, 이들에게 자유를 나누어 주는 것을 싫어했기 때문이라는 것이다.

왜냐하면 근로인민의 이익을 위하는 민주주의가 발전하게 되면 자본계급이 이들을 착취하고 지배하지 못하기 때문이라는 것이다. 바로 이 때문에 서구의 대자본가들은 민주주의 개혁을 중도에서 포기하고, 타도되어야 할 지주와 봉건귀족 등 반동계급과 타협하여 민주주의의 발전을 배신했다고 그는 보았다. 이런 의미에서 그는 서구의 민주주의는 외형적으로는 누구나 다 자유를 가진 것 같지만, 근로인민은 아무런 자유가 없는 형식적 민주주의, 낡은 구형(舊型)의 민주주의에 불과하다고 비판했다. 토지와 자본이 있는 인간에게는 자유와 권리가 보장되며, 이를 소유하지 못했거나 적은 자에게는 자유와 권리가 보장되지 못하는 제한된 민주주의라는 것이다.

이러한 내용의 구형 민주주의에서 발전을 정체시키게 할 수는 없다고 주장한 그는 역사의 진전은 인류로 하여금 형식적인, 구형 민주주의에 머물게 하지 않았다고 단언했다. 근로대중 전체의 이익을 위하는 새로운 민주주의가 탄생하게 되었다는 것이다. 역사의 발전법칙에 따라 새로운 형태와 내용을 가진 민주주의를 요구하는 노력과 투쟁이 전개되어 2차대전 이후 광범하게 세계에 파급되어 오늘에 이르렀다는 것이다. 즉 평범한 인간이 다 같은 권리로, 다 같은 자유로, 어떤 계급 어떤 계층이든지 다 같이 자유가 보장되는 권리를 가질 수 있도록 요구하는 운동이 일어나, 오늘날 새로운 민주주의가 탄생하게 되었다는 것이 그의 인민적 민주주의론의 전제였다.

그는 새로운 민주주의를 다시 사회주의적 민주주의와 인민적 민주주의 두 가지 형태로 나누었다. 사회주의적 민주주의란 생산이 고도로 발달한 나라에서 프롤레타리아트의 영도에 의해 발전하고 있는 민주주의이며, 인민적 민주주의란 뒤떨어진 나라에서 순수하고 진정한 민주주의 개혁에 의해 추진되는 민주주의라고 해석했다. 두 가지 모두 형식적인 구형 민주주의에 비해 근로인민이 같은 자유와 평등을 누린다는 점에서는 동일하나, 역사발전의 정도와 계단은 다르다고 설명한 그는 조선공산당이 전취하고자 하는 민주주의는 진보적 개혁에 의한 인민적 민주주의라고 주장했다.

그는 인민적 민주주의의 특징을 세 가지로 들었다. 첫째, 인민적 민주주의는 국권을 회복하고 봉건적 잔재를 일소하고 토지개혁을 실시함으로써 경제의 자유로운 발전의 길을 열어 주는 특징을 갖는다는 것이다. 그러나 이는 민족자결권 확보, 토지개혁, 8시간 노동제, 언론·집회의 자유 등 기본적 국가건설에 있는 것이지, 사회주의제도를 건설하는 것은 결코 아니라고 그는 설명했다. 단지 개인의 무제한적 토지소유와 생산수단의 독점을 허용치 않으며, 노동자·농민·소시민·지식층이 응분의 소유와 노력에 의해 모든 권리와 자유가 확보되도록 하는 것이 인민적 민주주의라는 것이다. 각계각층이 소수의 특권 반동분자에게 지배되어 종속되지 않는 경제적 소유관계와 생활 안정을 보장하는 기본 근거가 정치적으로나 경제적으로 확보되는 그러한 체제라고 그는 설명했다.

둘째, 인민적 민주주의는 계급적 근거에서 자본가계급을 포함하여 노동자·농민·소시민·지식층 등 일체의 인민이 다 같이 평등한 자유와 권리를 갖는 제도라는 것이다. 바로 이 점에서 자본가계급의 청산을 주장하고 근로인민의 이익만을 옹호하는 사회주의적 민주주의와 구별되며, 지주·자본계급만 위하고 노동자·농민·소시민·지식층을 희생시키는 부르주아 민주주의와도 구별된다고 그는 설명했다.

셋째, 인민적 민주주의는 정치적 권리에서 노동자·농민·소시민·지식층과 자본가 사이에 계급적 차별은 존재하나, 그 외에 다른 차별은 없다고 설명했다. 성의 차별도, 재산의 차별도, 연령의 차별도, 지식의 차별도 없이 누구나 자신의 대표를 정치에 참가시키고 파견할 수 있으며, 자기의 의사를 주장하고 다수의 의견에만 제한과 구속을 받는 것이 인민적 민주주의의 특징이라는 것이다. 이러한 점에서 인민적 민주주의는 재산을 기준으로 선거권과 피선거권을 엄격히 구별하며, 근로인민은 자신의 의견을 주장할 기회를 박탈하고 자기의 대표를 정부에 보낼 수 없는 부르주아 민주주의와 구별된다고 그는 주장했다.

이처럼 서구 민주주의, 즉 부르주아 민주주의와 인민적 민주주의를 구별한 이주하는 인민적 민주주의와 사회주의적 민주주의의 차이점에 대해서도 구체적으로 설명했다. 사회주의적 민주주의는 모든 생산수단을 사회의 공유(公有)로 만들고 계급에 의한 착취와 압박이 청산되고 자본가 소유는 용인되지 않는 제도로, 인류사회에서 가장 발달하고 진보한 사회제도이기는 하지만, 조선처럼 뒤떨어지고 소규모의 봉건경제가 지배적이고 자본주의가 발달하지 못한 나라에서는 실현 불가능한 제도라는 것이다.

모든 사람이 동등하게 참여하는 인민적 민주주의와 달리, 피착취계급의 이해를 잘 대표하는 노동계급에 건설과 발전의 지도권을 주어 사회건설을 영도하게 하는 것이 사회주의적 민주주의라는 것이다. 즉 사회주의적 민주주의는 근로인민의 대표인 노동자에게 정권을 맡기는 것으로, 인민적 민주주의가 계단을 밟아 높은 정도의 민주주의로 나아가면 사회주의적 민주주의가 된다는 것이 그의 설명이었다.

이러한 내용의 인민적 민주주의를 이 땅에 실현하기 위해 수행해야 할 과업으로 세 가지를 그는 들었다. 첫째, 봉건 유제(遺制)를 청소하고 지주소유제를 숙청하여 토지를 농민에게 분배하는 토지개혁을 실행해야 한다는 것이다. 토지를 지주가 소유하고 농민이 소작인으로 존재하는 사회에서 농민은 자유의사도, 자기 주장도 있을 수 없다는 확신에서였다. 지주 없는 자유로운 경작지에서 자유로운 농민이 자유롭게 경작할 때에만 민주주의는 농민의 것이 된다고 단언한 그는 북한에서 실시된 토지개혁이 바로 이러한 내용을 가진 것이라고 주장했다. 인민적 민주주의의 토대를 실현한 것이 북한의 토지개혁이라는 것인데, 그는 이러한 토지개혁은 생산수단의 사회화나 토지국유화를 가져오는 개혁이 아니라 자유로운 상품생산자로서 농민의 경제토대와 생활을 향상시키는 개혁이라고 보았다.

둘째, 대산업 국유화와 8시간 노동제 실시를 과제로 들었다. 인민적 민주주의는 자본가의 무제한한 이윤착취와 무제한한 독점을 배격하자는 것으로, 독점은 필연적으로 노동계급을 노예화하기 때문에 이를 방지하기 위해서는 대산업의 국유화가 필요하다는 것이다. 대산업의 국유화를 실시하면 산업노동자는 생활이 안정될 수 있으며, 대산업 노동자에 대한 임금 및 대우의 개선은 다시 중소상공업에 대해 지도적·모범적 역할을 할 수 있다는 이유에서였다. 그리고 8시간 노동제는 노동자의 문화생활 영역을 넓히는 기회를 주어 노동계급으로 하여금 정치에 참여할 자격과 기회를 가능케 한다는 이유에서였다. 대산업 국유화와 8시간 노동제 실시는 노동자를 민주주의 생활로 진출시키는 기본조건이 되기 때문에 반드시 실시해야 한다는 것이다.

마지막 과제로 그는 18세 이상의 선거권과 피선거권의 향유 및 언론·출판·집회·결사의 자유 쟁취를 들었다. 이의 보장 없이는 각 계급, 각 계층이 동일한 정치적 발언권과 정치적 생활이 있을 수 없기 때문이라는 것을 이유로 제시했다. 이처럼 이주하는 전 민족이 다 같이 잘 살고, 다 같이 권리를 가지고, 다 같은 자유를 향유하는 것이 인민적 민주주의라고 확신했기 때문에 이의 실현을 주장한 것이다.

그는 이러한 내용의 인민적 민주주의를 반대하는 자는 일본적 사회제도와 질서를 유지하여 이 나라를 반동적 국가나 반식민지로 만들어 암흑과 낙후를 그대로 유지하고, 몇 명 반동 거두의 파쇼독재를 실현하려는 자들이라고 비판했다. 이들이 3상결정을 반대하고, 연합국이 조선의 민주독립을 원조하는 것을 파괴하려 하며, 미소공위를 지연시켜 민주주의 임시정부 수립을 방해하고, 단독정부 조작을 음모하고, 이를 자율통일이라는 기만 속에 감추고 있다는 것이다.

이주하는 더 위험한 것은 이들 반동파가 연합국의 가장 유력한 일원이며 해방의 가장 위대한 은인인 소련과의 전쟁을 선동하고, 민주주의를 위해 일제시대부터 가장 용감히 싸웠으며, 현재도 싸우고 있고, 앞으로도 가장 잘 싸울 공산주의자의 박멸을 기도하고 있는 것이라고 주장했다. 그리고 이들 반동파의 목적은 오로지 인민적 민주주의가 실현될 것이 두려워 이를 파괴하려는 것이라고 그는 단언했다.

이와 같이 인민적 민주주의를 주장하고 이의 실현에 용감히 전진할 것을 주장한 이주하는 민전이야말로 이의 실현을 위한 인민적 투쟁기관이라고 선언했다. 그리고 인민적 민주주의를 저지하기 위해 온갖 수단과 방법을 가리지 않는 세력에 대항하여, 지난 20여 년간 민족해방과 인민적 민주주의를 위해 싸우는 가장 용감한 투사는 공산주의자라고 주장했다. 이에 덧붙여 그는 앞서 제시했던 혁명주체론에 입각하여 공산주의자가 민주주의를 위하여, 특히 민족해방을 위하여 싸웠다는 것을 의심하는 자는, 역사와 현실에 눈을 감은 자들이거나 역사와 현실에 반역하는 반동 외에는 없다고 단언하고, 공산당과 민전의 깃발 아래 단결할 것을 강력히 호소했다.

3. 볼셰비키 조직론

이주하는 인민적 민주주의를 실현할 혁명의 주체인 공산당이 조직적으로 수행해야 할 과제로 당의 볼셰비키화를 들었는데,[13] 이는 조선공산당이 지향하고 있는 목표를 실현하기 위해 내부적으로 반드시 갖추어야 할 조직원리를 제시한 것이라 할 수 있다. 그는 우선 공산당이 부르주아 정당과 다른 점은 그 강령이 진보적인 데 있으며, 그

---

13) 이주하는 "볼쉐비키化를 爲하야"라는 제목으로 지방의 당 조직자에게 보내는 글을 집필, 1946년 4월 10일과 11일 2회에 걸쳐 『解放日報』에 연재했다. 이하 내용에서 이에 대한 개별적인 각주는 생략.

특징은 강철 같은 조직과 규율에 있고 이의 과감한 실천에 있다고 주장했다. 그리고 당의 볼셰비키화에서 당원들에게 자신의 정치적 임무 수행을 보증하는 당생활의 조직형태, 규범, 법규를 명확히 하고 그 원칙 아래 신축성 있게 사업하지 않으면 안 된다고 강조했다.

여기서 일차로 그는 박헌영의 지도노선이 옳다는 것을 강조했다. 그의 지도 아래 옳은 정치노선으로 공산당을 구축하기에 성공했다는 것이다. 이주하는 이로 인해 당은 민족 앞에 큰 정당으로서 민족의 선두에 서서 민족을 지도할 수 있게 되었으며 근로대중의 지도자, 영도자로서 당의 위신은 나날이 증대하고 있다고 자랑했다.

이처럼 당이 민족의 지도적 정당이 되었음을 자부하면서도, 그는 당이 아직도 볼셰비키화하지 못했다는 것을 지적하는 데 주저하지 않았다. 당이 통일된 지 얼마 되지 않았으며, 그것도 형태에 있어서만 되었을 뿐 실천적·사상적 통일은 완전히 이루지 못하였다는 것이다. 당 내부에 과거의 옳지 못한 조류가 바닥에 흐르고 있는데, 이러한 소부르주아 자유주의적 경향과 사상적 투쟁을 전개하는 것을 그는 당 볼셰비키화의 첫 번째 작업으로 들었다.

사상적 통일만 강조한 데 그친 것이 아니라 그는 조직의 통일도 중요하다고 주장했는데, 이는 조직의 통일 없이는 사상적 통일은 공고히 할 수 없다는 이유에서였다. 그에 의하면 공산당이 강철과 같은 규율 아래 중앙집권적으로 조직되어야 함에도 불구하고, 아직도 지방적이며 과거 비합법시대의 잔재와 형태가 그대로 남아 서클처럼 활동하는 분파가 있다는 것이다. 따라서 이러한 조직체계를 위로부터 아래까지 통일적이며 명령계통이 체계적으로 서는 활동력 있는 민활한 조직으로 만들지 않으면 안 된다고 그는 주장했다.

이와 동시에 그는 당내에 당대회를 거치지 않은 중앙이니 당규약

이니 하는 구실 아래 사상적으로는 소부르주아 자유주의적 경향이 횡일(橫溢)하고 있으며, 조직적으로는 규율을 파괴하며 당의 통일을 저해하는 부류가 있다고 비판했다. 그는 공산당이 정세문제로 인하여 당대회를 거치지 않았지만 그래도 공산당인 것은 틀림이 없으며, 이것은 국제적으로도 통용되는 것이라고 주장했다. 그러므로 당의 통일을 저해하는 부류는 그 원인이 어디 있든지 당을 파괴하려는 것이며, 소부르주아 자유주의에 굴복시키려는 행위라고 강하게 비판했다. 정치적으로 커다란 과오가 없는 한, 현 지도부를 당대회 문제로 비난하며 규율을 깨트리는 것은 옳지 못하다는 것이다.

이와 같이 주장한 그는 강철 같은 규율 아래 당을 중앙집권적으로 통일할 것을 강조했다. 그리고 당의 조직상의 결함 다섯 가지를 들고, 이를 시정하는 것이 볼셰비키의 과업이라고 강조했다.

첫째, 당원과 당 지도부 가운데 당세포를 과소평가하는 경향이 있음을 지적했다. 공산당은 대중적인 집단투쟁의 조직인데, 노동계급의 지도부대인 당원은 개별적으로 있을 수 없고 또 그래서도 안 된다는 것이 그의 주장의 핵심이었다. 즉 공산당은 개인을 합해서 조직된 것이 아니라 소집단을 합치고 뭉쳐서 피라미드식으로 집결시킨 통일된 집중체이기 때문에, 당의 단위는 개인이 아니라 세포가 되어야 한다는 것이다. 공산당의 기본은 세포에 있으며, 세포는 당의 주체이며, 세포는 당 사업의 기초이므로 이를 중시할 것을 당부한 것이라고 할 수 있는데, 세포의 중요성에 대한 강조는 "세포에 소속되지 않는 당원은 생명이 없는 당원이나 마찬가지"라고 한 그의 말에서 가장 잘 나타난다.

둘째, 공산당은 노동자의 당, 대중정당이 되어야 하며 이를 위해 각 기관이 노동자를 대량 획득할 목적 아래 열심히 사업을 전개하나,

그 성과는 불충분하다고 지적했다. 이는 지도기관에 있는 동무들이 과거 비합법시대에 한 사람 한 사람씩 골라서 입당시키는 잔재가 남아 있고, 훈련받지 못한 노동자들을 많이 받는 데 따르는 위험성 등을 두려워하기 때문이라고 그는 보았다. 노동자의 투쟁경력을 말하고 이론수준을 말하고 있으나, 그런 식으로 한다면 소부르주아 인텔리밖에는 공산당에 입당할 수 없을 것이므로, 대담히 노동자에게 문호를 개방하여 당원으로 교양시켜야 한다는 것이다. 공산당의 내부적 통일과 볼셰비키화는 노동자의 사회적 구성을 높여 공산당을 노동자의 당으로 만들어야만 이룰 수 있다는 생각에서 그같이 제의한 것이다.

셋째, 노동자 가운데서, 투쟁 가운데서 성장한 일꾼을 대담하게 당의 중추에 끌어올리는 것이 필요하다고 그는 주장했다. 일꾼은 언제든지 남는 법이 없으므로 일꾼이 없음을 탓할 것이 아니라, 노동자를 과감하게 밑에서 끌어올려 일을 시키고 그 가운데서 배우도록 하고, 될 수 있으면 지도적인 자리에 등용해야 한다는 것이다. 과거의 일꾼이 위에 앉아 밑으로부터 올라오는 일꾼의 방해가 된다면, 이러한 낡은 일꾼은 제일선에서 떠나야 한다는 것이 그의 생각의 핵심이었다. 아마도 이는 당 재건 이후 지속적으로 박헌영의 리더십을 부인한 장안파를 겨냥한 것으로 분석된다.

넷째, 마르크스·레닌주의 학습을 철저히 할 것을 그는 당부했다. 학습도 과업이며 사업의 한 부분이므로 지도자는 물론이고 각 기관에서 일하는 동무들에게도 학습시간을 주어 혁명이론을 투쟁 속에서 체득케 하며 투쟁 가운데서 노동자의 좋은 일꾼을 대량 양성해야 한다는 것이었다.

다섯째, 조직은 정치노선을 집행하는 무기이므로, 당 조직의 주요 부서에서 일하고 있는 동무들은 무엇보다도 당의 강철 같은 조직을 위해서 일할 것을 당부했다. 지방적 편협성이나 소부르주아 자유주의적인 조직기구를 당에서 축출하고, 당 조직을 중앙집권적으로 한 명령 아래 통일되고 신축성 있는 조직으로 만들어야 한다는 것이었다.

이처럼 이주하는 공산당은 위로부터 아래까지 중앙집권적으로 조직되어 일사불란한 명령체계를 갖추어야 한다는 볼셰비키 조직원칙을 강조했다.14) 이 중에서도 그는 특히 '다수파에 대한 소수파의 복종'을 강조했는데, 이는 레닌이 일찍이 말한 바 있는 조직원칙을 부분적으로 원용(援用)한 것으로 분석된다.15)

한편 북한에서 북로당의 출현하자 이주하는 남한에도 민주주의정당의 합당이 긴급하고도 중요한 문제로 제기되었다고 주장하고 이를 추진했는데, 이 과정에서 그가 강조한 것은 볼셰비키 조직론이었다. 국내외적으로 반동의 공세가 급격히 강화되고 있는 상황에서 좌익진영의 3개 정당이 시급히 근로인민의 대중적 새 정당으로 발전하여 북한과 함께 전 조선적으로 통일된 조직과 통일된 정책위에서 반동을 분쇄하고 임시정부 수립과 진보적 개혁을 이루어야 하는데, 이를 위해서는 현 중앙인 박헌영의 정치노선에 복종해야 한다는 것이다.16)

---

14) 북한은 이를 '민주주의적 중앙집권제'로 부르고, 이는 "개인은 조직에, 소수는 다수에, 하급은 상부에, 전체 성원과 조직은 중앙에 절대 복종하며 하급기관은 상급기관의 결정을 의무적으로 집행하여야 하며 상급기관은 하급기관의 사업을 계통적으로 지도하는데서만 나타난다"고 정의하고 있다. 사회과학출판사, 『정치용어사전』(평양: 사회과학출판사, 1970), 262-263쪽.

15) 레닌은 "조직 없는 통일은 불가능하다. 조직은 소수파가 다수파에 복종하지 않는 한 불가능하다"고 민주집중제의 원칙에 관해 말한 바 있다. 레닌의 조직원칙에 대해서는 Paul Le Blanc, *Lenin and the Revolutionary Party* (New Jersey: Humanities Press, 1993), 136~137쪽 참조.

16) 李舟河, "合黨 促進을 爲하야," 『靑年 解放日報』, 1946년 9월 2일.

이처럼 중앙과 다수에 대한 복종의 필요성을 역설한 그는 강진을 비롯한 일부 반당분자들이 당을 분열하여 자기의 조직을 갖고 당 전체에 대항하려는 행동을 하고 있는데, 이는 전혀 용서할 수 없는 죄과라고 비난했다. 이들이 별개의 지도부를 꾸려 중앙이 모르게 열성자대회를 소집하고, 기관지를 도용하고, 지방으로 별개의 지령을 내리며, 따로 대회까지 소집하려 하는데, 이는 볼셰비키 조직론에 위배된다는 것이다. 그는 만약 공산당이 이와 같은 별개의 조직적 행동을 용인한다면 이는 공산당의 역사와 이름을 모욕하는 것이라고 주장, 볼셰비키 조직론에 입각하여 반대파를 공격했다.

한편 반당파의 당대회 소집요구에 대해 그는 대회 소집은 밖으로는 미제국주의자와 반동의 이익을 도와주는 것이고, 안으로는 합당만 지연시키는 것이라고 반박했다. 적의 방해에 의하여 대회 소집이 불가능함에도 불구하고 이를 요구하는 것은 합당을 반대한다는 결론 외에 아무 것도 아니라는 것이다. 그리고 "대회 한번 못하고 당을 없앨 수 없다"는 식으로 감정을 선동하는 것은 혁명과는 아무런 상관이 없는 것이라고 그는 비난했다.[17]

이와 같이 당의 통일과 단결을 요구한 이주하의 볼셰비키 조직론은 1945년 9월 11일 조선공산당 재건 발표 이후 발간된 당 기관지 『해방일보』에 실린 '주장'과 일치하는 측면이 있다. "黨과 볼쉐비키 規律 鋼鐵가튼 統制에 服從하자"라는 제목의 글에서 공산당은 강철 같은 규율과 당원의 헌신적 희생적 투쟁을 무조건 요구하고 있으며, 강철 같은 규율이 없는 당은 생명이 없는 단체라 주장하고 8개 항의 볼셰비키 규율을 들었다.[18] '주장'은 또한 "당원은 그 생활을 볼셰비

---

17) 李舟河, "合黨 促進을 爲하야," 『靑年 解放日報』, 1946년 9월 2일.
18) 공산당이 제시한 볼셰비키 규율 8가지는 다음과 같다. 1. 당원은 당의 강

키 규율화하자"는 것이 당의 가장 큰 슬로건의 하나라는 말로 끝을 맺고 있는데, 이를 볼 때 그의 볼세비키 조직론은 이러한 당의 방침을 철저히 실천하려 한 것이라고 할 수 있다.

령과 규약에 털끝만치라도 어그러진 일을 하여서는 아니 된다. 2. 당원은 절대 개인행동이 있어서는 아니 된다. 3. 당원은 상부기관의 지령과 소속기관의 결의에 절대 복종하여야 한다. 4. 대회의 토론은 가장 민주주의적으로 하되 한번 결정된 문제에 대하여는 절대 비난의 자유를 포기하여야 될 것이다. 5. 당원은 상부의 지령 또는 소속기관의 결의를 대중 속에서 용감하게 신속하게 실천하여야 될 것이다. 6. 당원은 그 개인생활에 있어서도 노동자 농민에게 모범되는 자각적 의식적 생활을 하여야 될 것이다. 7. 당원은 항상 강렬한 자기비판 위에 서서 모든 문제를 관찰하며 해석할 줄 알아야 될 것이다. 8. 당원은 당의 비밀을 엄수하여야 할 것이다. 『解放日報』, 1945년 9월 25일.

제6장 반론과 평가

　이주하에 대한 평가는 매우 신중하게 이루어질 수밖에 없다. 일차적으로 그의 생애에 관한 기본적인 자료가 거의 존재하지 않을 뿐만 아니라, 남아 있는 자료도 극히 제한된 양에 불과하기 때문이다. 또한 개인이 견지하고 있는 이념과 노선에 따라 그에 대한 호오(好惡)가 분명해, 해방 후의 활동에 대해서는 극찬에서부터 모멸적인 폄하에 이르기까지 아주 극단적인 평가가 나와 있는 실정이기 때문이다. 그리고 무엇을 기준 삼아 그의 정치노선을 분석할 것인지, 정치활동에 대한 평가기준은 어디에 둘 것인지 하는 것도 논란의 여지가 아주 많아 이 문제를 더욱 어렵게 만들고 있는 실정이다.
　그렇다고 해서 우리의 현대정치사에서 엄연히 한 획을 그을 정도로 큰 비중을 차지하고 있는 인물의 존재를 무시하는 것도 온당한 처사라고는 생각되지 않는다. 비록 시도에 그치는 한이 있더라도, 그의 정치노선의 실체를 규명하고 이것이 현실에 부합되는 적실성이 있는 것이었는지에 관해 분석하는 것이 현대사 연구의 활성화를 위해서 필요하다고 생각되기 때문이다. 이와 동시에 그의 정치활동에 대한 평가가 시기적으로 이른 것이라고 한다면, 일차로 그에 대해 내려진 평가를 비교·종합하는 것만으로도 어느 정도 의미가 있다고 생각하기 때문이다.

1. 정치노선에 대한 반론

이주하의 정치노선은 혁명주체론과 인민적 민주주의론, 볼셰비키 조직론의 세 가지로 요약된다. 공산혁명의 실천을 최종 목표로 한 이주하의 입장에서는 이들 노선이 가장 현실적인 대안이라고 확신했지만, 당 내외에서 그에 대한 반론도 적지 않았다. 공산당이 결정한 정치노선과 이론적으로 배치되는 내용이 있으며, 당시의 정치현실을 고려할 때 적실성이 없는 부분이 들어 있었기 때문이다. 민족진영과 연합해서 정부를 수립해야 한다는 연합전선론과 좌·우익의 정치적 연합을 강조하는 연합성 신민주주의론, 그리고 내부에 자색주의를 청산하는 화학적 결합론이 바로 이와 같은 비판적 입장에서 제시된 노선이었다.

1) 연합전선론

이주하는 가장 치열하게 항일투쟁을 전개했기 때문에 공산당이 해방 후 혁명의 주체가 되어야 한다는 혁명주체론을 전개했다. 창립 이래 일제의 탄압에도 굴하지 않고 지속적으로, 그리고 철저하게 일제에 대항했으며, 노동자·농민의 이익을 위해 헌신적으로 투쟁해 온 것 등으로 미루어 볼 때, 다른 어느 집단보다도 공산당이 조선혁명을 주체적으로 이끌어 나가야 한다는 것이다. 이러한 내용의 혁명주체론은 공산당이 중심이 되어 공산혁명을 수행해야 하는 관점에서 볼 때는 타당한 것이라고 할 수 있다. 그러나 해방 후의 정치현실과 공산당이 설정한 부르주아민주주의 혁명단계라는 혁명단계론에 비추어 볼 때는 정합성(整合性)이 떨어지는 것이었다.

우선 해방 후 남한에는 공산주의혁명을 수행하기에는 불리한 환경이 너무나도 많이 조성되어 있었다. 우리 민족이 주도적으로 일본군의 무장을 해제시킬 만한 역량을 갖추고 있지 못한 데다 건준의 결성이 총독부의 의뢰로 이루어진 것이었기에1) 민족적 총의를 모으는 데 한계가 있을 수밖에 없었기 때문이다. 건준을 결성한 여운형의 의도는 그렇지 않았겠지만, 건준 자체가 패망한 일제와의 타협이나 야합의 산물로 간주되는 태생적인 한계를 벗어나기 어려웠다는 것이다.

이와 동시에 미·소의 합의에 의해 미군의 진주가 예정되어 있는 지역에서 공산혁명을 시도한다는 것은 유럽의 예에서 보듯이 불가능에 가까운 일이었다. 그런 데다 진주한 미군은 어떠한 국내외의 정치단체에 대해서도 정통성을 인정하지 않고 군정을 실시한다고 선포했다. 이로 인해 중경 임시정부는 말할 것도 없고 건준을 모체로 선포된 조선인민공화국(이하 인공)도 정부의 기능을 발휘할 수 없었다.

이러한 내외적인 상황에서 초기에 공산당은 미군의 성의에 감사를 표하며 미군정과 우의적인 친선관계를 맺으려고 노력했다.2) 이는 변

---

1) 종전을 앞두고 조선총독부는 종전 대책으로 조선인에게 치안을 맡기기로 하고 呂運亨, 安在鴻, 宋鎭禹 3인의 의사를 타진, 최종적으로 呂運亨에게 치안유지를 의뢰했다. 森田芳夫, 『朝鮮終戰の記錄』, 67-69쪽. 한편 宋鎭禹는 총독부 측이 여러 차례 치안유지를 의뢰했으나, 거절했다고 주장했다. 古下先生傳記編纂委員會, 『古下 宋鎭禹先生傳記』(東亞日報社, 1965), 295-299쪽.
2) 朴憲永은 3상결정의 실천을 위해 1차 미소공위가 열리는 기간까지 좌익의 정책은 미군정에 우의적인 친선방향이었다고 주장했다. 朴憲永, "十月 人民

혁이 일어나고 있는 시기에는 한 사회나 국가에 2중정부가 늘 존재했다는 것을 예로 들어 미군정과 인공 사이에 아무런 모순도 있을 수 없다는 논리에3) 바탕을 두고 나온 것이었지만, 미군의 생각은 이와 달랐다. 변혁과는 정반대되는 현상유지를 기본으로 한 정책을 견지했고, 이를 추진하기 위한 방편으로 한민당을 비롯한 보수진영과 손을 잡은 것이다.4)

이렇게 조성된 정치상황에서 공산당이 취할 수 있는 길은 김철수의 지적대로 가급적 미군과 충돌을 피해 가면서 당의 조직과 선전을 공개적으로 하고, 민족주의자들과 온화하게 접촉하는 것뿐이었다.5) 미군이 점령하고 있는 상황에서 민족주의를 표방한 정당들과 연합하는 길을 모색해야 한다는 것이다. 그럼에도 불구하고 그 반대의 길로 나아간 것에 대해 김철수는 비판을 멈추지 않았다. 과거의 투쟁경력에 의존, 공산당이 혁명의 주체라는 것을 강조하고 배타적으로만 나갈 것이 아니라 민족진영과 연합전선을 결성하여 정부수립에 나섰어야 한다는 것이다.6) 결과적으로 이주하의 혁명주체론은 민족주의자

抗爭," 김남식·심지연, 『박헌영노선 비판』(世界, 1986), 435쪽에서 재인용.
3) 李康國은 1871년 3월 파리코뮌 정부와 베르사유 정부가 그랬고, 1917년 3월부터 러시아의 소비에트 정부와 케렌스키 정부가 그러했으며, 중국에서 1912년 孫文정부와 淸朝 정부가, 그리고 1926년 武漢 정부와 北京 정부가 일종의 2중정부라고 말하고, 이러한 이유로 해서 남한에 인공과 군정이 동시에 존재하는 것이 하등 이상할 것이 없다고 주장했다. 李康國, 『民主主義 朝鮮의 建設』(朝鮮人民報社 厚生部, 1946), 25-26쪽.
4) 미군정의 현상유지 정책 및 보수진영과의 제휴에 관해서는 沈之淵, 『朝鮮革命論 硏究』(실천문학사, 1987), 17-22쪽 참조.
5) 한국정신문화연구원 현대사연구소 편, 『遲耘 金錣洙』, 35쪽.
6) 이균영, "김철수와 박헌영과 3당 합당," 『역사비평』(1989년 봄), 273쪽.

와 연합해야 한다는 연합전선론보다는 적실성이 결여된 노선이었다고 할 수 있다.

혁명주체론은 또한 "8월테제"에서 박헌영이 제창하여 공산당의 '잠정적 정치노선'으로 결정된 부르주아민주주의 혁명론과도 논리적으로 어긋나는 측면이 있음을 지적하지 않을 수 없다. "8월테제"는 조선이 부르주아민주주의 혁명단계를 걸어가고 있다고 선언했다. 이는 공산당의 입장에서 당시의 정치적·경제적 여건을 반영하여 주장한 것이라고 할 수 있는데, 이러한 부르주아민주주의 혁명단계에서는 원칙적으로 민족부르주아지를 배제해서는 안 되는 것이었다. 그럼에도 불구하고 박헌영은 물론이고 이주하도 이들을 배제하는 우(愚)를 범해 공산당은 자신이 규정한 정치노선과 모순되는 방향으로 나아가고 말았다.

이론적으로 볼 때 부르주아 민주주의혁명은 어디까지나 사회주의 혁명이 아니며, 생산수단의 사적 소유 일반을 없애는 것을 직접적인 목적으로 내세우지 않는다는 점에서 부르주아혁명의 범주에 속하는 것이다.[7] 따라서 마땅히 소수의 친일파를 제외한 대다수를 포용할 수 있는 노선을 제시했어야만 했다. 당시 민족부르주아지들에게 부르주아 민주주의혁명에 참여할 수 있는 여지를 주었어야 했는데, 이들을 타도의 대상으로 설정함으로써 이주하의 혁명주체론은 스스로의 입지를 좁히고 만 것이다. 지나치게 주체에 집착한 결과 빚어진 현상이었다.

---

[7] 사회과학원, "부르죠아 민주주의혁명," 『정치용어사전』(평양: 사회과학출판사, 1970), 293쪽.

2) 연합성 신민주주의론

인민적 민주주의론의 특징 세 가지와 이를 위한 기본 과업을 제시했던 이주하는 전 민족이 다 같이 잘살고, 다 같이 권리를 가지고, 다 같은 자유를 향유하자는 것이 곧 인민적 민주주의라고 요약하고, 이의 실현을 위해 민주세력이 총집결된 것이 민전이라고 주장했다. 그리고 민전이야말로 인민적 민주주의를 실현하기 위한 인민적 투쟁기관이며, 공산주의자가 민주주의를 위해 싸우고 있는 것을 의심하는 자는 역사와 현실에 반역하는 자라고 그는 비난했다.8)

이주하가 이처럼 인민적 민주주의론을 주장하며 민전과 공산주의자의 주도적 역할을 높이 평가한 데 대해 남조선신민당 위원장인 백남운은 연합성 신민주주의론을 펴며 민족 부르주아지의 역할을 강조, 공산당과 이주하의 노선을 직·간접적으로 비판했다. 우선 백남운은 민전 외에는 민주주의적 요소가 없다고는 결코 규정할 수 없다고 단언,,9) 민주세력의 총집결체가 민전이라는 이주하의 주장을 정면으로 반박했다.

백남운은 자유민주주의는 유산층 본위의 민주주의이기 때문에 이를 우리 사회의 현단계에 그대로 적용할 수 없다고 주장했는데, 이 점에서 그는 낡은 구형 민주주의를 배척한 이주하와 견해를 같이했다. 그러나 조선은 나름대로 특수성이 있기 때문에 민주주의의 세계사적 발전형태의 어느 범주도 그대로 조선에 적용할 수 없다고 한 점

---

8) 李舟河, "우리가 要求하는 民主主義는 ⑤," 『朝鮮人民報』, 1946년 7월 6일.
9) 白南雲, 『朝鮮民族의 進路』(新建社, 1946), 3쪽.

에 있어서는10) 이주하와 견해를 달리했다. 민족해방과 사회해방이라는 2중의 정치적 과제가 부여된 조선민족은 무산계급과 일부 유산계급이 연합해야 하기 때문에,11) 민족의 절실한 요구를 대행하는 책임자로서 좌우의 정당에게는 '좌우익 정치협의위원회'를 구성하여 적극 협력하는 연합성 신민주주의가 요청된다는 것이다.

좌·우익이 자기비판을 하고 정치적 연합을 형성해 과도적인 형태로 연합성 민주주의를 이룰 때만 민족적 통일과 자주독립을 수행할 수 있으며, 이것만이 민주정치와 민족경제 문제를 동시에 해결할 수 있다는 것이 백남운의 지론이었다. 이를 위해서는 상대방에 대한 불필요한 자극을 말이나 필설로 도발하는 것은 민족을 위한 것이 아니라 자당(自黨)이나 자기 선전에 불과하다고 함으로써,12) 그는 공산당만이 혁명의 주체가 되어 인민적 민주주의를 실천할 수 있다는 독선(獨善)에 가까운 이주하의 주장을 반박했다.

백남운은 또한 조선은 조선민족의 생산지대인 만큼 정치도 우리 손으로 운영할 것이고, 경제도 우리가 구성할 것이며, 문화도 우리 손으로 수립해야 할 것이라고 주장하고, 자력으로 부족한 것을 보충하기 위한 정도와 범위 내에서만 타력을 요청하는 것이 정당하다고 했다. 그가 이런 말을 한 것은 국제노선에 지나치게 의존하려는 공산

---

10) 白南雲, 『朝鮮民族의 進路』, 11쪽.
11) 李舟河도 한때는 이와 유사한 주장을 했다. 그는 근로인민의 생활향상과 민족문화의 발전을 위해 어느 일당일파의 전정(專政)이 아니라 근로대중과 양심적 기업가의 '연합'으로 정권을 수립해야 한다고 주장하기도 했으나, 공산당 창립기념일을 계기로 공산당이 혁명의 주체임을 주장하고 난 후부터는 이 용어를 전혀 쓰지 않았다. 李舟河, "同胞들에게 呼訴함," 『解放日報』, 1946년 3월 6일.
12) 白南雲, 『朝鮮民族의 進路』, 16쪽.

당을 비판하기 위한 것으로 분석된다. 이와 동시에 미국식의 자유민주주의도, 소련식의 프롤레타리아 민주주의도, 구라파식의 인민적 민주주의도, 형성과정에 있는 중국의 민주주의도 조선에 그대로 적용하는 것은 적절치 않다고 생각했기 때문이다.13)

백남운으로서는 이주하가 주장한 인민적 민주주의는 유럽에서 대두되고 있는 것으로, 이를 조선의 현실에 적용하는 것은 바람직하지 않다는 생각이었다. 조선에 완전 자주독립이 실현되는 순간까지는 양심적인 일부 유산계급도 민족해방을 위한 혁명세력의 일부를 대표하고 있는 만큼 무산계급과 연합하는 과도적 형태를 취할 수 있다는 것이고, 이러한 형태를 실현한 것이 백남운이 주장한 연합성 신민주주의론의 골자였다.

이처럼 백남운이 인민적 민주주의론을 비판하며 좌우의 정치적 연합을 주장하자, 공산당은 즉각 반격에 나섰다. 좌익은 민주진영이고 우익은 반민주진영이며, 이들 좌·우익이 생사를 걸고 투쟁하고 있는 마당에 좌우의 연합을 주장하는 것은 현실을 제대로 파악하지 못한 학자의 관찰에 불과하다는 것이다.14) 논리적으로 앞뒤가 맞지 않으며 정치적으로 기회주의적 성격을 띤 이론이라는 비판이었다. 이것 말고도 연합성 신민주주의는 대체로 지주나 자본가의 편에서 그들의 혁명성을 입증하기에 편리한 대로 자의적 용어를 구사한 것이며, 망명정치인의 겸손치 못한 심경을 나타낸 것이거나 과오와 경솔로 주변으로 밀려난 불평정객의 대변에 불과하다는 비난도 제기되었다.15)

---

13) 白南雲, 『朝鮮民族의 進路』, 14쪽.

14) 李基洙, "白南雲氏의 「聯合性 新民主主義論」을 駁함," 『新天地』 1권 5호 (1946년 6월), 45쪽.

15) 金南天, "白南雲氏 「朝鮮民族의 進路」 批判 ①," 『朝鮮人民報』, 1946년 5월

이러한 비판에 대해 백남운을 지지하는 측은 '격정과 경솔'에서 인민적 민주주의라는 용어로 결전에 나왔으나, 이론적 빈곤만 나타냈을 뿐이며 연합성 신민주주의를 논리적으로 극복하지 못했다고 반박했다.16) 인민적 민주주의론을 둘러싸고 전개된 양측의 이러한 노선투쟁은 3당합당이 추진되면서 더 이상 진전되지 못하고 수면 아래로 가라앉고 말았다. 3개의 좌익정당이 하나의 거대정당으로 통합이 요청된다는 상황에서 더 이상 논쟁을 전개할 수 없었기 때문이다.

3) 화학적 결합론

이주하는 박헌영의 옳은 지도노선을 충실히 따를 것과 공산당을 중앙집권적으로 한 명령 아래 사상적·조직적으로 통일할 것을 주장하고, 볼셰비키로서 마땅히 해야 할 과업을 열거한 볼셰비키 조직론을 주장했다. 이는 박헌영을 중심으로 한 중앙집권적인 명령체제를 수립하려는 의도에서 나온 것이었지만, 이러한 노선을 강조하는 과정에서 민주집중제의 원리를 부분적으로만 제시하고 적용했다는 문제점을 안고 있었다.

레닌이 제시한 민주집중제의 내용 중에는 이주하가 주장한 부분도 물론 들어 있다. 그러나 문제는 레닌이 강조한 다른 원칙, 예를 들면 민주적 선거에 의한 총회 및 당 중앙의 구성, 전략·전술의 공개적

10일.

16) 남조선신민당 중앙위원인 許允九는 연합성 신민주주의를 비판한 글이 나오자 5회에 걸쳐 이를 반박했다. 許允九, "「朝鮮民族 進路」의 「批判」의 「재비판」," 『獨立新報』, 1946년 5월 25·26·27·28·29일.

토론, 그리고 민주선거에 의한 모든 문제의 결정 등의 원칙이17) 누락되었다는데 있다. 기본적으로 민주집중제는 민주주의원칙에 기초하고 있는데, 이는 모든 지도기관이 하부로부터 상부에 이르기까지 민주주의적으로 선거되며 선출된 이들이 사업에 대해 자신을 선출한 당원 앞에 책임을 지는 것을 의미하는 것이다.18) 당 중앙이나 다수에 대한 복종을 강조하기 이전에, 민주주의적인 선거에 의해 당 지도부를 구성해야 한다는 원칙을 실현해야 함에도 불구하고, 이주하는 여건상 당 대회를 개최할 수 없었다는 구실로 민주적인 선거원칙에 대해서는 언급하지 않았다.

이 때문에 당 대회 소집을 2차례나 건의했는데 유야무야 매장하고 말았다는 비판이 반대파로부터 제기됐으며,19) 당 중앙의 옳지 못한 실천노선과 종파주의적 사실(事實)에 대한 비판이 제기되었고,20) 당 대회 소집준비위원회의 구성을 촉구하라는 지적을 받았던 것이다.21) 이뿐만 아니라 당 중앙의 부서나 인원조차 반대파에게 공개하지 않아 간담회 석상에서 이를 박헌영에게 묻는 현상마저 나타나기도 했다.22)

---

17) 민주집중제(Democratic centralism)에 관해 레닌은 8개 항의 원칙을 제시한 바 있는데, 이에 대해서는 Paul Le Blanc, *Lenin and the Revolutionary Party*, 136~137쪽 참조.
18) 사회과학원, "민주주의적 중앙집권제," 『정치용어사전』, 262쪽.
19) 한림대학교 아시아문제연구소, 『朝鮮共産黨 文獻資料集 1945~46』, 158쪽.
20) 한림대학교 아시아문제연구소, 『朝鮮共産黨 文獻資料集 1945~46』, 159쪽.
21) 한림대학교 아시아문제연구소, 『朝鮮共産黨 文獻資料集 1945~46』, 168쪽.
22) 공산당 중앙 및 지방 동지 연석간담회에서 대회파의 한 사람인 李廷允이 중앙의 부서는 어떻게 되느냐고 묻자, 朴憲永은 정치국, 서기국, 간부국, 선전선동국이 있고 각 부서가 있으며 중앙간부는 25명이라고만 답변했다. 한

당 대회 소집은 합당을 반대하는 결론에 불과하므로 정치적 과오가 없는 현 당 중앙을 중심으로 단결해야 한다는 이주하의 주장에 대해서도 대회파는 화학적 결합의 필요성을 역설하며 반대했다. 이들은 대회를 먼저 소집하여 당 중앙을 민주적으로 개선한 뒤, 그 중앙에서 대표를 선출하여 합당을 추진해야 한다고 주장했다.23) 그리고 합당은 각 당이 상호 평등한 입장에서 추진되어야 하며, 각 당 내부의 자색(自色)주의자를 완전히 청산하고 화학적으로 결합하지 않으면 안 된다고 단언했다.24) 각 당은 각자 당내 전부를 들어 전체로서 결합하여야 하며, 새로운 당의 지도부는 각 당의 총의가 적절하게 집중되고 반영되어야 한다는 것이다. 박헌영과 콤그룹 위주로 진행되는 합당이 강압에 의한 물리적 결합임을 지적하고, 이를 반대한 것이다.

대회파가 이처럼 화학적 결합을 위한 당 대회 소집을 요구했지만, 박헌영을 중심으로 한 중앙간부들은 대회파의 요구를 물리치고 별도로 당 대회 소집준비위원회를 구성했다.25) 이들은 그 이유로 일부 분파가 당 대회를 소집하지 않고는 완전한 합당은 성공할 수 없다고 주장하며 대회 소집을 요구했으나, 중앙의 결정으로 거부되었기 때문에 하는 수 없이 당규에26) 의해 당 대회 소집준비위원회를 자발적으로

림대학교 아시아문제연구소, 『朝鮮共產黨 文獻資料集 1945~46』, 70쪽.
23) 이균영, "김철수와 박헌영과 3당합당," 279쪽.
24) 『獨立新報』, 1946년 9월 4일.
25) 『獨立新報』, 1946년 9월 8일.
26) 당 대회를 규정한 공산당 규약 제 26조는 다음과 같다. "26조 : 당 대회는 당의 최고기관이며, 정규 대회는 최소 2년에 한 번 중앙위원회에 의해 소집된다. 특별 대회는 지난 대회에 대의원으로 참석한 당원 3분의 1 이상의 요청에 의해 중앙위원회가 소집한다. 대회와 대회의 강령은 대회 한 달 전에 미리 통지한다. 특별 대회의 초청은 한 달 반(半)전에 미리 통지한다."

구성했다고 설명했다.27) 이로써 합당은 두 갈래로 추진되었는데, 이러한 양상을 당시의 한 신문은 '일보전진 이보퇴각'으로 묘사하고 대중과 분리된 지도자들의 무책임한 행동이라고 비난하며 책임을 져야 한다고 지적했다.28)

2. 정치활동 평가

이주하의 정치활동에 대한 평가는 개개인이 견지하고 있는 이념에 따라 극명하게 엇갈린다. 특히 해방정국에서 그의 활동과 관련해서는 더 그렇다고 생각되는데, 이는 해방 후 우리의 정치가 극단적인 이념 대립과 갈등 속에서 전개되었기 때문이다. 이러한 대립과 갈등뿐만 아니라 정부수립 후 동족상잔의 전쟁마저 치렀기 때문에, 그에 대한 평가는 정치적으로 극명하게 대비될 수밖에 없다고 생각한다.

이와 같이 상반된 시각이 존재함에도 불구하고 그에 대한 평가를 시도하는 것은, 그의 활동 중에는 이념의 좌우를 떠나 많은 사람들이 공감할 수 있는 부분이 적지 않다고 생각하기 때문이다. 일제 식민통치 시기 일제의 탄압에 과감하게 맞서 투쟁한 활동이 바로 그것으로, 이 부분은 개인의 이념적 성향과 관계없이 높이 평가해야 한다고 생각한다. 어린 나이에 독립을 쟁취하기 위해 3·1독립만세운동에 참가한 것이라든지, 청년시절 노동자의 생존권을 확보하기 위해 적색노조

HQ USAFIK, 『美軍政 情報報告書』 제12권, 545-546쪽.
27) 『獨立新報』, 1946년 9월 8일.
28) 『獨立新報』, 1946년 9월 12일.

이긴 하지만 노동조합운동을 전개한 것이라든지, 지부 차원이기는 하지만 신간회 조직을 확대하기 위해 노력한 것 등은 독립운동의 범주에서 빼놓을 없는 사항이기 때문이다.

이처럼 이주하의 생애에는 비교적 논란의 대상에서 벗어나 높이 평가할 만한 부분이 분명히 있다고 생각되지만, 오늘날 그 부분에 대해서는 제대로 논의조차 이루어지지 않고 있다. 이는 그의 해방 이후 활동에 대한 비판에서 비롯되었다고 생각되는데, 이러한 현상은 남한에서만 나타나는 것이 아니라 북한에서도 마찬가지이다. 한때 북한은 조만식과 교환을 요구할 정도로 그에 대해 높은 관심을 보였지만, 그 후에는 이상하다고 할 정도로 그에 대한 평가는 전혀 하지 않고 있다. 이런 의미에서 그와 같은 노선을 걸었던 김태준(金台俊)29)과 김오성(金午星)30)의 평가를 참조하는 것도 일제 식민통치기 그의 활동을 이해하는 데 적지 않은 도움을 줄 것이라고 생각한다.

김태준은 만주사변이 일어나고 중일전쟁이 발발하여 일제의 탄압이 가중되자 독립운동에 나섰던 대부분의 사람들이 검거되거나 투항했다면서, 8·15 이전까지 일제에 항거하며 꾸준히 인민의 이익을 위

---

29) 평안북도 영산 출신인 金台俊은 경성제대를 졸업했으며, 1939년에는 경성 콤그룹 인민선전부장을 역임했고, 비밀리에 연안으로 가서 독립동맹에 합류했다가 해방 이후에 귀국했다. 귀국한 후 그는 공산당 서기국원, 남로당의 중앙위원 겸 문화부장으로 있었으며, 1949년 지리산에서 문화공작대를 이끌고 활동하다가 체포되어 사형을 당했다. 김남식, 『南勞黨研究』(돌베개, 1984), 544쪽.

30) 평안북도 용천 출신으로 일본대학 철학과를 졸업한 金午星은 조선인민당의 선전부장, 민전 중앙상임위원 겸 선전부장으로 활동했고, 3당합당 후에는 남로당 중앙위원이 되었다. 월북 후 그는 최고인민회의 대의원이 되었다. 김남식, 『南勞黨研究』, 547쪽.

해 싸운 사람은 극히 적었다고 단언했다. 이런 가운데 남한에서는 박헌영과 이관술이, 북한에서는 이주하가 지하운동의 기록을 깼으며, 우리가 취할 수 있는 기술문제를 집대성해서 최고도로 발휘한 사람들이라고 높이 평가했다.31)

김태준은 또한 민족해방운동의 퇴조기인 1937년에 모든 민족주의자들이 반역하고 대다수의 민주주의자들까지 이탈·탈락·변절했지만, 이주하야말로 서북지방의 중심 지도자였다고 주장했다. 코민테른의 "12월테제"가 조선에서 가장 정확히, 그리고 가장 먼저 원산 노동자들에 의해 실천된 것은 바로 이주하가 있었기 때문이라는 것이다.32) 일제에 맞서 지하에서 끝까지 투쟁한 사람은 아주 적었는데, 이주하가 바로 그 중 하나였기에 '조선의 가장 큰 애국자 혁명투사의 한 사람'이며 자기를 희생하겠다는 진정한 혁명가였다는 것이 김태준의 평가였다.

김오성도 이주하를 아주 높이 평가했다. 그 역시 김태준과 마찬가지로 1930년대까지는 사회운동의 전성기여서 혁명투사가 되기가 그리 어려운 일은 아니었다고 전제했다. 많은 혁명투사들이 그 당시까지의 경력만을 내세우고 그 이후에 대해서는 말이 없는 것도 바로 그러한 까닭이라고 그는 판단했다. 그러나 1930년 이후부터 일제는 침략전쟁을 수행하기 위해 온갖 사회운동을 잔혹하게 탄압하여 그 후부터는 혁명투사가 되기가 어려웠는데, 이주하는 계속 투쟁했기 때문에 전 민족이 숭앙해야 할 민족적 영웅이라는 것이다.33)

---

31) 金台俊, "李舟河論,"『朝鮮人民報』, 1946년 4월 17일.
32) 金台俊, "熱血의 人·鋼鐵의 人: 민족명예의 수호자 李舟河선생,"『노력인민』, 1947년 6월 28일.
33) 金午星, "李舟河論,"『指導者群像』, 103쪽.

5년간 복역하고 나온 1936년부터 다시 원산을 중심으로 노동조합을 결성하여 투쟁했고, 1938년 이후에는 북한 각지의 공장지대를 변장하고 돌아다니며 노동자들에게 반전·반일사상을 고취한 것 등을 볼 때, 이주하야말로 진정한 인민의 지도자가 아닐 수 없다고 김오성은 주장했다. 조선에 자칭 지도자는 무수히 많으나, 그 대부분이 인민과는 하등의 연락도 없이 해외에서 표랑(漂浪)생활을 한 것을 망명정객의 절개인 것처럼 내세우면서 온갖 전락의 길을 걸어온 사람들이 지도자의 탈을 쓰고 나타난 것인 데 반해, 이주하는 그들과 달리 일제의 탄압과 위협에도 굴하지 않고 싸워 온 진정한 민족투사 가운데 한 사람이라는 것이다.34)

이처럼 김태준과 김오성 두 사람은 이주하의 일제시대 투쟁경력을 높이 평가하고 있지만, 이 부분에 대해서 이주하는 객관적으로 평가받지 못하고 있다. 우선 해방 후 그의 주요 활동무대였던 남한사회에 그가 견지했던 노선과는 반대되는 체제가 수립되었기 때문이다. 그로서는 타도해야 할 대상으로 간주했던 세력이35) 남한사회에서 권력을 장악하는 바람에 일제에 항거하며 투쟁했던 그의 경력마저도 정당한 대우를 받지 못하고 있는 것이다.

북한에서도 그의 항일투쟁에 관한 언급은 나오지 않고 있다. 이는 북한의 역사가 김일성의 혁명활동을 중심으로 한 것으로 바뀌고 김일성과 관련된 모든 활동은 '혁명전통'으로, 그리고 그에 대한 학습이 '혁명전통교양'으로 강조되었기 때문에 나타나는 현상이다.36) 이

---

34) 金午星, "李舟河論,"『指導者群像』(大成出版社, 1946), 102-103쪽.
35)『朝鮮人民報』, 1946년 7월 6일.
36) 북한의 '혁명전통' 및 '혁명전통교양'에 대해서는 사회과학원 철학연구소,『철학사전』(평양: 사회과학연구소, 1970), 702-706쪽 참조.

로 인해 연안파나 남로당계열, 그리고 국내 공산주의자들의 항일운동은 모두 말소되는 운명에 처해졌고, 이 과정에서 고난에 찬 이주하의 항일투쟁도 설 자리가 없어진 것이다.

해방 후 이주하의 활동에 대한 평가는 극단적으로 대조가 된다. 일차로 남한사회에서는 그가 신봉했던 공산주의에 동조하는 측과 이를 타도해야 한다는 측의 상반된 평가가 나오고 있다. 김태준과 김오성처럼 이주하가 전개했던 활동에 동조했던 측의 평가와 이를 저지하고 그를 체포하는 데 앞장섰던 측의 평가가 크게 대비가 되는데, 이는 이념적 갈등으로 인해 필연적으로 생길 수밖에 없는 현상이다.

이주하의 노선에 대해서 동조하는 측은 그를 따뜻한 동지애와 넓은 포용력을 가진 인물이며 민족해방과 근로인민의 이익을 위해서만 살아온 혁명투사로,37) 그리고 대중과 민족이 고난에 빠졌을 때 그들의 선두에 서서 용감히 싸우고 능히 대중과 민족과 운명을 같이할 수 있는 사람으로38) 묘사했다. 민중과 함께 울고, 함께 웃고, 함께 싸울 수 있는, 인간미가 흘러넘치는 인물로 평가한 것이다.

이와 반대로 그의 노선을 용납할 수 없다고 본 측은 그의 두뇌가 공산주의로 짜여 있기 때문에 스탈린이나 레닌 이외의 말에는 모두 마이동풍인 사람이라거나,39) 남로당이 무장봉기 단계로 돌입한 이래 무장 총책임자로서 총지휘하던 반역의 거두(巨頭)라거나,40) 또는 '매국 도배(徒輩)'로41) 그를 아주 나쁘게 평가했다. 남한에 수립된 체제

---

37) 金午星, "李舟河論," 『指導者群像』, 112쪽.
38) 金台俊, "熱血의 人·鋼鐵의 人: 민족명예의 수호자 李舟河선생," 『노력인민』, 1947년 6월 28일.
39) 吳制道, 『追擊者의 證言』(希望出版社, 1969), 230쪽.
40) 『國都新聞』, 1950년 4월 1일.

를 지켜야 하는 입장에서 볼 때 이주하는 반드시 처형해야 할 거물급 반역자에 지나지 않았던 것이다.

그렇다고 해서 이주하가 인민적 민주주의 토대가 실현되었다고 확신했던 북한이 그를 높이 평가한 것도 결코 아니었다. 남로당계에 대한 숙청이 있은 후에는 물론이고 그보다도 훨씬 전인 1948년 3월에 개최된 북로당 2차 대회에서 이미 그는 '원산의 종파잔재'라는 낙인이 찍혔기 때문이다.

2차 북로당대회 둘째 날인 1948년 3월 28일 토론에 나선 북로당 중앙위원 한일무는 강원도에 많이 있던 지방주의가 원산의 종파잔재와 결합하여 당을 파멸시키려고 한 점이 많았는데, 당 검열위원인 최용달이 여기에 끼어 들어갔다고 비판했다.42) 죽어가는 공산주의자들이 처음에는 이주하에게 매달렸다가 최용달에게로 넘어갔는데, 최용달은 이들 원산 종파잔재들이 제공한 자료를 갖고 자신을 심문하듯이 추궁하였다는 것이다. 한일무는 이주하뿐 아니라, 이강국에 대해서도 그가 종파분자를 보호했다면서 비판을 아끼지 않았는데,43) 아마도 이는 남로당 계열에 대한 최초의 공개적인 비판이었던 것으로 분석된다.

'원산의 종파쟁이들'이 자신에게 매달렸다는 비판에 대해 최용달은 그 지적이 방식에서 적절치 못하다고 비판했다. 자신은 "원산 동

---

41) 『京鄕新聞』, 1950년 6월 25일.
42) 國土統一院, 『朝鮮勞動黨大會 資料集』 第1輯(1980), 163쪽.
43) 한일무는 이강국이 조중화라는 공산주의자도 아니고 노동당원도 아닌 파당쟁이를 보호하는 일을 했다고 지적하고, 이러한 행위는 종파분자를 보호한 것이며 사상도 옳지 못한 것이라고 비난했다. 國土統一院, 『朝鮮勞動黨大會 資料集』 第1輯, 163쪽.

무들이 한일무 동지가 마치 리주하 동무와 사업하던 사람이면 무조건적으로 사업으로부터 배제한다는 듯이 생각하는 경향을 가지고 있다는 것"44)을 말한 데 불과하다고 밝혔다. 그리고 최용달은 그날 서로 아무런 의견상, 감정상 불쾌한 것도 없이 헤어졌으면서도 한일무가 그런 비판을 한 것은 이상스럽다면서, 불쾌한 내면적 감정을 갖고 내심의 의심을 가지는 사람이 아니라면 이런 일은 없을 것이라고 생각한다며 반박했다.

한일무의 비판이 있었기 때문인지 확실한 근거는 알 수 없으나, 최용달은 2차 당 대회 후 발표된 당 간부 명단 어디에도 나타나지 않고 있다. 이주하가 한때 김일성을 체포했던 일로 인해, 그와 절친했던 최용달과 이강국마저 비판을 받는 분위기가 이미 조성되고 있었다고 밖에는 설명할 도리가 없다.

상황이 이러했기에 북한에서 이주하에 대한 객관적 평가는 더욱 기대하기 어렵게 되었다. 단지 이승엽 등을 재판하는 과정에서 그들의 죄상을 무겁게 하기 위한 방안의 하나로 "남로당의 지하당 책임자였던 김삼룡, 리주하 등도 이 일당의 밀고에 의하여 1950년 3월에 체포되어 학살되였다"고,45) 아주 짧게 기록하고 있을 뿐이다. 생애나 활동에 대한 아무런 언급도 없이 단지 '남로당 지하당 책임자'라는 호칭만이 이주하에게 주어졌을 따름이다.

---

44) 國土統一院, 『朝鮮勞動黨大會 資料集』第1輯, 203쪽.
45) 사회과학원 력사연구소, 『조선전사』 27(평양: 과학·백과사전출판사, 1981), 283쪽.

제7장 맺음말

　가난한 집안에서 태어나 어렸을 때부터 민족운동에 눈을 떴던 이주하는 성장하면서 노동운동을 거쳐 공산주의운동에 투신한 식민지시대의 전형적인 투사 가운데 한 사람이었다. 그와 동시대에 살았던 많은 사람들이 일신상의 안일을 추구하여 일제의 식민통치 아래 평범한 생활을 하며 민족운동과는 거리를 둔 것과 달리, 그는 온갖 탄압과 박해에도 굴하지 않고 민족운동과 노동운동에 투신했다. 그리고 자신이 한때 신봉했던 이념과 노선을 버리고 일제와 타협하며 굴종적인 삶을 마다하지 않았던 사람들과도 달리 공산주의에 대한 믿음을 버리지 않았다. 이로 인해 그는 5년간 옥고를 치르기도 했지만, 결코 운동선상에서 이탈하지 않았다.

　해방 후에도 그는 기존에 견지했던 이념과 노선을 버리지 않고 끝까지 투쟁현장을 지킨 몇 안 되는 정치인이었는데, 바로 이 점에서 북한으로 떠난 공산주의자들과도 달랐다. 이것이 현장을 지켜야 한다는 박헌영의 지시에 따른 것인지, 아니면 그 스스로의 판단에 의한 것인지 자세한 내막까지 알 수는 없다. 그러나 온갖 역경과 어려움에 처해 있으면서도 이를 피하려 하지 않고 자신이 지향했던 사회를 실현하기 위해, 그리고 자신이 구축해 놓은 조직의 와해를 막기 위해 끝까지 노력하다가 목숨을 잃은 것만은 틀림이 없는 사실이다.

또한 정규적인 교육과는 거리가 먼 간헐적인 교육밖에는 받지 못했음에도 불구하고 그는 나름대로 체계적으로 논리를 전개하기도 했다. 반론과 비판이 제기되기는 했지만, 혁명주체론이라든지 인민적 민주주의론, 볼셰비키 조직론이 바로 그것으로, 이는 오랫동안 투쟁과 조직생활을 했던 경험에서 도출된 것으로 분석된다. 지식인이 흔히 빠지기 쉬운 현장과는 동떨어진 곳에서 생성된 사색활동의 결과가 아니라 현장에서 직접 보고 느끼고 몸으로 체험한 것들을 종합하여 체계화한 것이다.

그가 주창한 혁명주체론은 일제시대 가장 큰 고통과 박해를 받으면서도 가장 열심히 투쟁한 정치세력이 정국을 주도해야 한다는 인식에서 나온 것으로, 해방 후 공산당의 정국주도를 합리화하는 데 내용적인 면에서나 형식적인 면에서 조금도 손색이 없는 이론이었다. 더군다나 혁명주체론에서 그가 정치적 의미로 처음 사용한 주체라는 말은 북한보다 10년이나 앞선 것이어서,[1] 그가 얼마나 선구적이었는가를 알 수 있다.

남로당 출신들이 권력투쟁에서 패배하고 처형된 후에 가서야 비로소 북한에서 주체라는 말이 사용되기 시작한 것을 보면, 북로당이 남로당 앞에서는 감히 그 말을 쓸 수 없는 상황에 있었다는 것을 간접적으로나마 짐작할 수 있다. 그렇지만 그는 공산당의 주체성을 지나

---

[1] 북한에서 주체라는 말이 처음 나온 것은 김일성이 1955년 12월 28일 "사상사업에서 교조주의와 형식주의를 퇴치하고 주체를 확립할 데 대하여"라는 제목으로 한 연설에서이다. 북한은 이 연설을 한 시점에 커다란 의미를 부여하여 "우리 당의 력사에서 1955년은 사대주의, 교조주의를 반대하는 투쟁에서의 전환의 해로 특징지어진다"고 기록하고 있다. 고정웅·리준항, 『조선로동당의 반수정주의 투쟁경험』(평양: 사회과학출판사, 1995), 59쪽.

치게 강조하는 바람에 연합해야 할 대상마저도 배제하는 우(愚)를 범했다는 지적을 면하기는 어려웠다.

민주주의를 설명하면서 그가 제창한 인민적 민주주의도 반봉건적인 당시의 현실에서 어느 정도 설득력을 갖는 것이었다. 발전단계가 낮은 상태에서 무리하게 프롤레타리아혁명을 추진하려 했던 당 내외의 일부 급진주의자들과 달리 그는 일차적으로 근로인민의 이익을 위하는 방향으로 개혁을 시도해야 한다고 주장했다. 또한 서구 민주주의가 근로인민의 이익을 보장하는 데 미흡하다는 지적에 대해서는 당시 어느 정도 사회적 공감대가 형성되어 있었다.

그러나 방법론적인 면에서 급진주의와 차별성을 보여주지 못하는 바람에, 그리고 좌우의 협력이 필요하다는 사실을 간과하는 바람에 그의 인민적 민주주의론은 급진주의와 마찬가지로 배척의 대상이 되고 말았다. 인민적 민주주의론에서 그는 이론적으로는 급진주의를 배격했지만, 그가 속한 남로당 자체는 실천적인 면에서는 급진적인 노선을 추구하는 모순을 드러냈기 때문이다.

그는 또한 볼셰비키 조직원리에 따라 당 조직은 세포를 중시하고 노동자를 당의 중추로 이끌어야 한다고 주장했다. 그리고 사상의 통일도 중요하지만 조직의 통일이 무엇보다도 중요하다고 역설했는데, 이는 후일 박헌영 중심으로 3당합당을 추진해야 한다는 논리적 근거의 하나가 되기도 했다. 그렇지만 그가 추진했던 합당은 외형적인 합동, 즉 물리적 결합에 그치고 말아 화학적 결합을 요구하던 반대파를 수용할 수 없었다.

그리고 레닌이 제창한 민주집중제 원칙을 부분적으로만 원용함으로써 당내민주주의를 소홀히 했다는 비판을 받게 되며, 남로당의 출범이 그의 이론에 근거해서 이루어진 것이 아니라 북로당의 지원에 의한 것임을 감안할 때 그의 볼셰비키 조직론은 한계를 나타냈다고 할 수 있다.

초기에 민족문제에 대한 관심에서 출발한 그의 반일투쟁은 노동운동과 결합되면서 보다 구체성과 혁명성을 띠게 되는데, 양자를 사상적으로 연결시킨 것은 일본 유학시절 습득한 공산주의였다. 그리고 조직적인 면에서 양자를 연결시켜 준 것은 화요회 계열의 공산주의자였다. 바로 이 때문에 그는 공산주의이념을 버리지 않았으며, 박헌영 위주로 공산당 조직을 이끌고 박헌영이 중심이 되는 방향으로 좌익진영의 통합을 성사시키기 위해 끝까지 노력했던 것이다.

공산주의이념을 신봉하면서 그는 노동문제와 민족문제는 분리할 수 없는 것임을 깨달았을 것으로 분석된다. 일제로부터의 해방이라는 민족모순의 해결은 기본적으로 민족의 대다수인 노동계급의 해방 없이는 불가능하다는 확신에 도달했기 때문에, 그는 노동과 자본의 모순을 보다 근본적인 모순으로 설정했다. 그리고 보다 근본적인 모순의 해결을 위해 노동운동에 관심을 갖고 적색노동조합 건설에 적극 나선 것이다.

그가 이러한 생각을 갖게 된 것은 원산을 비롯한 각지의 노동현장에서 일제 식민당국과 마찬가지로 민족 부르주아지들도 노동자들을 착취하고 있는 것을 직접 목격한 데서 비롯되었을 것으로 생각된다. 이 때문에 그로서는 노동해방운동은 민족해방운동의 지름길이라 확신했고, 민족문제는 노동문제의 해결을 통해 해결한다는 입장을 고수할 수밖에 없었을 것으로 생각된다. 공산주의를 매개로 노동문제와 민족문제의 동시적 해결을 모색한 것이다.

이와 같은 그의 입장은 해방이 되면서도 바뀌지 않았다. 비록 해방은 되었으나 일제 잔재와 반봉건적 유제(遺制)는 그대로 남아 있다는 판단에서였다. 그리하여 그는 이와 같은 요소를 없애는 일은 일제와 유일하게 맞서 투쟁했으며 강철 같은 규율로 조직된 공산당이 주체가 되어 추진해야 한다는 논리를 폈던 것이다. 그리고 위대한 역사와 전통을 가진 공산당이 제반 과업을 효율적으로 수행하기 위해서는 무엇보다도 박헌영의 옳은 정치노선을 따라야 한다고 주장했다.

  이러한 확신에서 이주하는 자신이 옳다고 믿었던 일을 한 치의 흔들림도 없이 수행해 나갔다. 그러나 내외의 여건은 이주하로 하여금 마음 놓고 그의 이념과 노선을 실천하도록 내버려두지는 않았다. 남한에 그의 이념과는 배치되는 정부가 수립되고 있었기 때문인데, 이 과정에서 끝내 그는 목숨을 잃고 만다. 공산주의운동을 통해 식민지적 현실을 타파하려 했던 한 정치지도자의 이상이 현실의 두꺼운 벽에 부딪쳐 무산되고 만 것이다.

  이러한 현상은 북한이라고 해서 예외가 된 것은 아니었다. 북로당이라는 또 하나의 거대한 벽이 민족해방과 혁명에 대한 그의 업적을 송두리째 앗아갔기 때문이다. 이로써 결혼도 하지 않고 독신으로 지내며 조국과 민족의 미래를 위해 바쳤던 그의 번뇌와 열정은 오늘날 어디에서도 찾을 길이 없어지고 말았다. 한반도 분단이 낳은 또 하나의 비극이라고 할 수 있다.

부록

이주하 관련 자료

제 1 부

1. 同胞들에게 呼訴함

3천만 조선 동포들이여!

조선의 자주독립을 원조하기 위하여 임시 민주주의정부를 수립할 미소공동위원회가 개최되는 이때에 나는 조선민족이 나갈 오직 한 길에 대해서 동포 여러분에게 말씀드리고자 합니다.

조선민족의 당면과업은 무엇인가?

조선은 일제의 지배 아래 식민지 반봉건의 사회였습니다. 정치적으로나 경제적으로나 문화적으로 조선민족은 자유발전의 길은 저지되었었습니다. 조선은 민주주의 연합국의 승리를 기회로 해방은 되었으나, 일제의 잔재와 반봉건적 유제는 아직도 그대로 남아 있습니다. 이 화근을 근본적으로 삼제(芟除)하여야만 조선의 자유발전의 길은 열리는 것입니다. 조선의 건설은 자본주의 발전의 길로 나가야 합니다. 그러나 그것은 자본의 독점적 발전을 내용으로 하는 자산계급 전제(專制)의 자본주의 사회 건설에 있는 것은 아닙니다.

국가의 강력한 통제 아래 대은행, 대공장, 광산, 철도 등은 국가경영으로 하고 개인자본이 국민생활을 조종하는 독점자본의 발전은 허용하지 않아야 할 것이며 국민생활 향상을 위한 건설을 기본으로 개인의 자본의 발전을 허용하는 것입니다. 대토지소유자의 토지는 필요한 방법으로 토지가 없거나, 혹은 적은 농민에게 토지를 분배하여 농촌에서 반봉건적 유제를 청소하는 것입니다. 근로인민의 생활은 향상시킬 것이며 일제의 장구한 침략 아래 유린되었던 민족문화의 발전을 도모해야 할 것입니다. 이 과업은 어느 일당 일파의 전정(專政)이 할 것이 아니라 근로자, 농민, 소시민 등 근로대중과 양심적인 기업가의 연합으로 정권을 수립할 것이오, 거기서 이 과업을 수행해야 하는 것입니다. 여기에서 민족통일이 요청되는 것입니다.

민족통일은 어찌하여 분열되었는가. 막사과 3상회의 결정은 세계 민주주의노선의 발전이오, 조선문제의 구체화인 것입니다. 막연히 약속되었던 조선의 독립은 구체적으로 결정되었으며, 이 결정의 실천은 조선 민주주의 발전의 토대요, 자주독립의 토대인 것입니다. 조선 현실을 객관적으로 관찰할 때 공허한 자주독립의 구호에만 날뛸 것이 아니라 이 결정을 급속히 완강히 우리의 힘으로 실천함으로써 일방으로 국제민주주의의 협조 발전시키는 것이오, 타방으로는 조선 자주독립의 구체적 건설은 실현되는 것입니다.

내가 각 정당 대표와 만나고 임시정부 요인들과 만나 본 결과 정당에는 고결한 애국자도 보았고, 임정에서는 오랜 망명생활에서도 절개를 굽히지 않은 분들을 보았습니다. 그들을 인간적으로 존경하고 과거의 망명생활을 존경하였습니다. 그러나 국가 민족의 백년대계로 볼 때에는 그들의 견해에 찬성할 수 없었습니다. 위선 1. 국제적 정세에 어둡고 혹은 안다고 하여도 편견을 가지었고 2. 편협한 민족주의에 사로잡혔고 3. 일당일파의 전제정권을 꿈꾸고 있고 그래서 그것을 위하여는 친일파 민족반역자 일부 특권계급에 옹위되어 조선인민의 소리를 거부하였고 4. 비민주주의적인 조직을 하여 인민의 민주주의적 조직과 항쟁하였고 5. 정권욕을 위하여는 외래세력의 앞잡이도 사양치 않았습니다.

민족통일을 위한 4당 대표 간담회에서 결정된 콤뮤니케가 그 이튿날 거부되었고 5당 회합을 분열시키고 비상국민회의로, 그래서 심지어 남부 조선민주의원에까지 전락하고 말았습니다. 그분들은 조선인민의 민주주의 과업을 모르고 오직 일당일파의 전제정권을 꿈꾸면서 민족분열을 지었고, 이분들을 민족영웅으로 내세우는 일부 비민주주의 진영의 의도는 결과에 있어 이분들을 정치적 몰락으로 이끌었습니다. 민족영웅은 민주주의적 과업을 영웅적으로 인민의 선두에 서서 실천함으로써 인민이 추대하는 것이오, 자기로써 자처하거나 일부의 인사의 급조로써는 되어지는 것은 아닌 것입니다. 조선의 전 인민은 친일파 민족반역자 국수주의자를 제외하는 민주주의민족전선에 광범히 참가하여야 합니다.

민주주의민족전선이 무원칙한 통일을 거부하는 것은 일당일파의 전제정권을 몽상하는 이들의 무원칙을 용인하면 민주주의 과업을 실천하기 불가능한 까닭이오, 민주주의민족전선을 조직한 것은 민주주의 과업을 실천하는 광범한 인민의 토대 위에서만 조선문제가 민주주의적으로 통일적으로 해결되는 까닭입니다.

우리는 국제 민주주의 지도국가의 협조를 협위하는 행동과 언사를 삼가야 합니다. 소련은 전 세계 인류와 약소민족을 복리와 행복으로 이끄는 선두에 서는 나라입니다. 조선의 영토를 침략하거나 인민을 노예로 할 생각을 절대로 가진 나라는 아닙니다. 우리는 蘇·美·英 민주주의 국가의 승리로 말미암아 조선이 해방되었다는 것을 깊이 알아야 합니다. 요즈음 인민들 가운데 반소 반공의 선전을 하는 이들이 있고 이것을 학생들이 수종(隨從)하여 국제 민주주의 국가 간의 협조를 파괴하려는 경향이 보이고 있습니다.

소련은 조선인민에게 해방을 주었고 현재 북부에 있어 민주주의 과업을 원조하고 있지 않습니까? 조선의 자주독립을 원하는 이들로 그들을 배격할 이유가 어디 있습니까? 이것을 배격하는 것은 민주주의 과업이 실시되면 숙청되는 친일파 민족반역자이거나 조선의 민주주의 발전을 저지하는 일부 특권계급일 것입니다.

한편으로 공산당을 극렬분자의 집단이라고 공격하는 이들이 있습니다. 공산주의자는 일제의 탄압 아래 불굴(不屈)하고 조선민족 해방을 위하여 싸웠으며 조선 무산계급의 이익을 위하여 많은 희생을 내었습니다. 조선이 해방되어 여러 계급이 연합하여 민주주의 연합정권을 세우는 마당에 있어 근로자의 정당인 공산당을 배격하는 것은 민족통일을 거부하는 것이오, 근로자의 정치적 진출을 저지하는 것이오, 그래서 조선인민의 민주주의 과업을 방해하는 것입니다.

이들은 새로운 민주주의 발전의 시기에 역사를 과거로 돌리려는 반동에 지나지 않는 것입니다. 지금에 있어 국제협조를 방해하거나 반소 반공의 기치를 들고 나서는 정당이거나 개인은 결국 역사의 발 앞에 짓밟히어 몰락하고 말 것입니다.

지금 조선인민은 가장 중요한 정치적 모멘트에 서 있습니다. 임시민주주의정부를 우리의 손으로 세워야 합니다. 일당일파의 전정이나 영웅주의를 고집하지 말고 조선을 자주독립시키려는 국제 민주주의 지도국가와 협조하여 그 원조를 받을 것이오, 비민주주의적인 조직과 이념을 버리고 민주주의민족전선에 결집해야 합니다. 인민은 현재 경제적으로 파탄에 직면하였고 먹을 것과 입을 것과 집 없이 기아선상에 서 있습니다. 조선의 산업을 부흥시키고 농민에게 토지를 주고 인민의 생활을 향상시키기 위한 시책이 지금 당장 서야 합니다.

조선인민은 모래를 씹으면서라도 조선의 자주독립을 우리의 손으로 건설해야 합니다.

여러분! 문은 열리었습니다. 민주주의민족전선에 의하여 조선민족의 만대기업(萬代基業)으로 민족의 역량을 기울여 건설합시다.

『解放日報』, 1946년 3월 6일

2. 단도직입, 정계에 질의 - 朝共 李舟河씨

문: 미소공동위원회에 대한 기대는?
답: 민주주의정부를 수립해 줄 것으로 믿는다.
문: 3상 결정을 지지하는 이유는?
답: 조선의 민주주의적 독립국가 건설을 보장하는 때문이다.
문: 임정의 수립에 있어서 우익세력과의 합작이 가능한 경계선은?
답: 인민을 위한 진정한 민주주의자로서 말로 표방을 일삼는 자가 아니고 민주주의를 실천하는 자와 노력하고, 막부 3상 결정을 반대하는 자와는 제휴할 수 없다.
문: 반탁운동 전개 이후 국내의 테러와 혼란에 대한 책임은 누구에게?
답: 반탁운동의 지도자들, 즉 한민당, 국민당, 민주의원, 반탁학생연맹, 애국부녀동맹, 한청, 반탁국민총동원연맹, 독립촉성중앙협의회, 대동신문 등의 지도자들에게 있다.
문: 한민당을 비난하는 이유는?
답: 친일파의 소굴이며 친파쇼분자로 지도되고 조선인민의 이익을 무시하는 행동을 하기 때문이다.
문: 인공 지지의 진의와 금후 그에 대한 태도는 여하?
답: 우리 인민의 자발적이며 민주적인 주권의 형태이므로 관념상으로 이를 지지하고 또 앞으로 수립될 임시 민주주의정부도 이 형태를 취함이 가장 옳다.

『中央新聞』, 1946년 3월 28일

3. 볼쉐비키화를 위하야

1. 공산당이 다른 부르주아 정당과 다른 점은 물론 그 강령이 진보적인 데 있고, 그 특징은 강철 같은 조직과 규율에 있고, 그 과감한 실천에 있는 것이다. 우리 당은 당활동의 역사적 조건에 응하여 자기의 정치적 임무의 수행을 보증하는 당생활의 조직형태, 규범, 법규를 명확히 하고 그 원칙 아래 신축성 있게 사업하지 않으면 안 된다.

2. 우리 당은 박헌영 동무의 지도 아래 옳은 정치노선으로 오늘의 우리 당을 구축하기에 성공하였다. 우리 당은 민족 앞에 큰 정당으로 민족의 선두에 서서 민족을 지도할 수 있게 되었으며, 근로대중의 지도자, 영도자로서 그 대중적 위신은 나날이 증대되고 있는 것이다. 오늘의 조선공산당은 전 민족의 지도적 정당이 되고 있는 것이다. 그러나 우리 당은 아직도 볼쉐비키화하지 못하였다. 당은 통일된 지 얼마 되지 않았으며, 그것도 형태에 있어 된 것이오, 실천적으로 사상적 통일이 완전히 되지 못하였다. 요컨대 당의 볼쉐비키화는 그만한 역사와 투쟁을 요하는 것이다. 우리 당 내에는 과거에 옳지 못한 조류가 저류(底流)로서 흐르고 있다. 우리는 당내에 있어서 이 소부르주아 자유주의적 경향과 무자비한 사상적 투쟁을 전개하지 않아서는 안 된다.

3. 당은 사상적 통일만으로 불충분하다. 조직의 통일이 없이는 사상적 통일을 공고히 할 수 없다. 우리 당은 전국적으로 또는 지방적으로 완전히 공산당의 강철 같은 규율 아래 중앙집권적인 조직이 되

어 있지 못하다. 아직도 지방적이오, 써클식 과거 비합법시대의 잔재와 형태가 남아 있다. 이것을 완전히 위로부터 아래까지 실제적으로 통일적이오, 명령계통이 서고 활동력 있는 민활한 조직으로 하기에 성공하지 않아서는 안 된다. 옳은 지령이면 받는다는 류(流)의 옳지 못한 경향은 단호히 극복해야 한다. 여기에는 사상통일의 투쟁과 조직적 통일이 무조건 요청되는 것이다. 당대회를 거치지 않은 중앙이니, 당규약이니 하는 구실 아래 사상에 있어 소부르주아 자유주의적 경향이 당 내부에 횡일(橫溢)하고 있으며 조직의 규율이 파괴되어 공산당의 강철 같은 통제 있는 통일을 저해하는 류는 그 원인이 어디 있든 그것은 공산당을 파괴하려는 것이며, 소부르주아 자유주의에 굴복시키려는 옳지 못한 사상인 것이다. 조선공산당은 그 정세에 의하여 당대회를 거치지 않았어도 공산당인 것은 틀림없으며 이는 국제적으로 유일한 규율이 있는 것이다. 정치적으로 큰 과오가 없는 현 중앙을 당대회 문제 등을 가지고 비난 공격하며 당 규율을 깨트리는 것은 단연코 옳지 못한 것이다.

4. 우리 당은 재건된 역사가 오래지 않다. 그러므로 아직까지 조직에 있어 여러 가지 결함이 많다. 위선(爲先)

① 우리 당원들과 각 기관 지도자들 가운데 당세포를 과소평가하는 경향이 있다. 공산당원은 있으나, 당세포가 충분히 조직되어 있지 않으며 당세포가 충분히 활동치 못하고 있는 데가 있다. 공산당은 대중적인 집단투쟁의 조직이다. 노동자계급의 지도부대인 당원은 개별적으로는 있을 수 없고 또 있어서는 안 된다. 다수자의 집단으로서만이 그 기능을 발휘할 수 있는 것이며, 따라서 그것은 절대적인 조건이 되는 것이다. 공산당은 개인을 합해서 조직된 것이 아니라, 소집단을 합치고 뭉쳐서 피라미드식으로 총집결시킨 통일된 집중체인 것

이다. 그러므로 당의 조직의 단위는 개인이 아니라, 세포인 것이다. 공산당의 기본은 공장세포에 있는 것이니, 생활조건이 같고 투쟁조건이 같은 노동자의 전위들이 한데 뭉치어 노동자대중을 지도하고 조직하는 투쟁조직인 것이다. 그러므로 당의 기본은 세포에 있는 것이며 세포는 당의 주체인 것이며, 그 세포는 당사업의 기초가 되는 것이다. 세포에 소속치 않는 당원은 생명이 없는 당원이며, 당세포가 없거나 미약하거나 또는 활동력이 부족한 것은 그만큼 당이 미력(微力)한 것이다.

② 우리 당은 노동자당이 되어야 할 것이며 대중당이 되지 않으면 안 된다. 우리 당은 노동자당원을 대량적으로 획득할 목적 아래 각 기관은 열심히 사업을 전개하고 있다. 그러나 아직까지 그 성과는 불충분하다. 그것은 특히 지도기관에 있는 동무들이 아직까지 과거 비합법시대의 한 사람 한 사람 골라서 받아들이는 그 잔재가 남아 있는 것이며, 한편으로 훈련받지 못한 노동자들을 많이 들이는 위험성을 말하는 등에서 그 원인이 있는 것이다. 투쟁경력을 말하며 이론 수준을 말하고 있으나, 이렇게 한다면 지금 정세에 있어 여기에 선출되는 자는 소부르주아 인테리겐차뿐일 것이다. 우리는 대담히 노동자에게 문을 열 것이며 들어온 당원을 교양시키기에 전력하여 우리의 당을 노동자의 당으로 사회적 구성을 높일 것이며 대중당으로 하지 않아서는 안 된다. 우리 당의 통일과 볼쉐비키화는 오직 이 실천을 과감히 하는 데 있는 것이다.

③ 우리는 노동자 가운데서, 투쟁 가운데서 성장한 일꾼을 대담히 당 중추에 끌어 올려야 한다. 우리 가운데서는 일꾼이 없는 것을 말하는 동무들이 많다. 물론 일꾼이 적은 것은 사실이다. 그러나 일꾼은 언제든지 남는 법은 없는 것이다. 요는 일꾼들을 양성할 것이며,

대담히 뽑아 쓰는 데 있는 것이다. 노동자를 대담스러히 밑으로부터 끌어올려 일을 시키고 그 가운데서 배우도록 할 것이며 그리고 될 수 있으면 지도적인 자리에 등용하여야 할 것이다. 우리 당은 대담히 일꾼을 잘 등용함을 알아야 할 것이며, 과거의 일꾼이 위에 앉아서 밑으로부터 올려오는 일꾼의 등용의 방해가 된다면 이러한 낡은 일꾼은 제일선에서 떠나야 할 것이다. 그것은 투쟁의 공로를 말하고 그렇다고 능력도 없이 또 능력 있다고 하여도 당의 성장 발전을 저해하는 지도자이기 때문이다.

④ 맑스·레닌주의 학습을 게을리 말아야 한다. 학습도 과업이요, 사업의 한 부분인 것이다. 지도자는 물론이요, 각 기관에서 일하는 동무들의 학습시간을 주어 혁명이론을 투쟁 속에서 체득하며 투쟁의 가운데서 노동자의 좋은 일꾼을 대량으로 양성하여야 할 것이다.

⑤ 조직은 정치노선을 집행하는 무기이다. 조선의 당조직의 주요 부서에서 일하고 있는 동무들은 무엇보다도 당의 강철 같은 조직을 위하여 일할 것이다. 지방적인 편협성이나 소부르주아 자유주의의 조직기구를 당내에서 축출하고 강철 같은 당조직을 중앙집권적으로 한 명령 아래 통일이 있고 신축성 있는 조직으로 하기에 성공하여야 할 것이다. 이것이 우리의 과업인 것이며 우리 당의 볼쉐비키화 대중화의 기본인 것이다.

『解放日報』, 1946년 4월 10·11일.

4. 조선공산당 21주년 창립 기념에 제하야

1925년 4월 17일은 조선공산당 창립일이다. 1917년 10월혁명의 승리는 세계 피착취계급과 피압박민족에 크게 영향하여 혁명적 조류는 전 세계를 동요하였다. 1919년 3·1운동은 이 세계적 혁명조류의 한 구비로서 조선민족이 일본제국주의에 대한 위대한 투쟁이였었다. 3·1운동의 실패는 조선민족으로 하여금 크게 정치의식을 앙양시키어 일방으로 벨사이유 기만(欺瞞)에 의한 외력 의존주의를 철저히 양기(揚棄)하고, 타방으로 민족적 자력에 의한 자체 단결만이 승리를 보장하는 것임을 자각하였다. 그러나 3·1운동 후 일제의 기만적 양보는 조선 부르주아지를 타협의 선으로 완전히 퇴각시킴에 성공하였었다. 1920년으로부터 조선 부르주아지는 일제의 그림자 속으로 하나씩 둘씩 사라져 조선 민족해방사상 그 불유쾌하고, 그 배반적인 자취를 영원히 남기게 되었었다.

이와 반대로 이 3·1운동의 피의 투쟁으로 얻어진 귀중한 경험은 오직 새로이 발전되는 프로레타리아와 절대다수의 농민과 및 일부 혁명적 인테리겐차에게 계승되어 이 근로대중의 해방을 위한 투쟁은 발전하였다. 이러한 투쟁의 첫째, 조직에 있어, 둘째, 이론에 있어, 셋째, 전략과 전술에 있어, 비약적으로 발전한 것이 곧 1925년 4월 17일 우리 당의 창립이다. 이 당의 조직이야말로 조선민족의 반일제 민족해방투쟁에 있어 결정적이며 획시기적인 위대한 역사적 의의를 가진 것이다.

첫째, 조선공산당의 창립은 조선민족이 해방을 위한 투쟁에 있어 1925년까지의 역사를 총결산한 동시, 장래할 모든 투쟁역사의 지향을 밝힌 것이다. 3·1운동 이후 일제를 반항하여 그때까지 꾸준히 맹렬하게 투쟁하여 온 계급은 오직 근로대중뿐이었었고, 자본가는 전면적으로 일제에게 투항하였다는 것을 결산하여 장래할 모든 투쟁에 어느 계급만이 이 투쟁에 있어 적극적이며 진지할 것인가를 민족에게 증명한 것이다.

둘째, 이 당의 창립은 조선민족에게 혁명적 정당을 가지게 한 동시, 이 정당은 프로레타리아의 정당이 아니면 아니 되고 또한 프로레타리아 정당뿐인 것을 보인 것이다. 혁명적 정당이 없이는 혁명투쟁은 승리할 수 없음은 어느 혁명사든지 다 증명하는 바이다. 대중은 그 경제적 정치적 요구에 의하여 혁명의 어느 단계까지는 자연발생적으로 진출할 수 있으며, 진출하는 것이다. 그러나 그 혁명이 적의 진영에서 공세가 심하여지고 이 공세가 위협과 회유를 병행되는 때에는 혁명진영 속에서 중도 퇴각하는 반동적인 부분이 반드시 산출되어 적의 공세에 합류되는 것이다. 이리하여 이 혁명투쟁이 만약 강철 같은 단결과 정확한 전략 전술을 가진 지도적 부분, 곧 혁명적 정당이 없을 때에는 그 혁명은 적의 공세와 내부적 반동에 의하여 실패되는 것이다. 이것은 우리의 3·1운동도 웅변으로써 이 진리를 증명한 것이다. 이와 반대로 그 혁명이 혁명적 정당에 의하여 조직되고 지도되면 그 혁명은 능히 적의 공세를 물리치고 내부적 반동을 극복하여 그 혁명을 승리로 진출시키는 것이다. 이것은 10월혁명의 승리로써 우리는 잘 배우고 있는 것이다. 그런데 우리 당의 창립은 조선민족이 처음으로 이러한 이념 밑에서 건설된 자기의 정당을 가진 것이다.

조선민족은 그 후 21년간 비록 이 당이 단기간적 존재로서 계속적인 지도를 가지지 못하였다 하더라도 항상 그들이 의귀(依歸)하며 기대하는 오직 한 이인 민족적 정당으로써 존재되었던 것은 누구나 부정할 수 없을 것이다. 더욱 8·15 이전에 있어서는 우리 민족은 다른 계급은 어느 계급을 물론하고 그 정당을 한 번도 가진 자 없고 오직 프로레타리아만이 그 정당인 이 당을 가졌다는 것을 우리는 다시 한 번 명기하여야 된다. 그러므로 8·15 이후 비록 우리 민족 앞에 각양각색의 정당이 족생(簇生)되었다 할지라도 진실한 민족적 정당은 오직 이 프로레타리아의 정당인 공산당만이라는 것을 역사적으로 증명한 것이며 이곳에 우리 당의 창립의 의의가 뚜렷한 바 있다.

셋째, 우리 당의 창립은 1925년대 조선사회를 지배하던 공상적 극좌적 혁명이론을 극복하여 불완전하나마 우리 혁명운동의 기본 코스를 내세움에 큰 의의가 있었던 것이다. 당시 우리 민족에게는, 특히 일부 지도층에는 민족해방투쟁을 경시하고 사회주의혁명으로 돌진하려는 경향과 이론이 성행하였었다. 이것은 극히 위험하며, 극히 공상적이었었다. 그 당시의 모든 문헌이 증시(證示)함과 같이 혁명단체의 프로그람은 거의 이러한 위험한 공상적 사상을 가졌었다. 이러한 경향을 극복함은 용이한 사업이 아니었었다. 그러나 이 경향을 극복치 않고는 우리의 투쟁은 바로 전개될 수 없었으며, 따라 실패에 돌아갈 수밖에 없었을 것이다. 당의 창립은 이 경향을 극복함에 결정적 계기를 지었었으니, 당을 그 최소강령에 일본제국주의에서 조선민족의 절대 해방을 그의 제일차적 임무로 규정하여 모든 민주주의 과업을 내세웠다.

이것이 당 창립 후 꾸준한 교양사업과 아울러 1926년 6월 10일 당의 지도로써 일어났던 반일제 대중투쟁으로써 완전한 우리의 혁명의 노선을 민족의 앞에 결정시키기에 성공하였던 것이다. 오늘에 이르러서는 이 의의가 더욱 큰 바 있으니, 반민주주의의 괴수 이승만 박사는 자주 우리 당을 중상하여 "공산당은 조선에서 공산주의를 실시하려 한다" 하여 민족과의 고립을 책동하고 있지 아니한가. 이것이 얼마나 큰 기만적 비방인 것은 상기(上記)한 해명에서 완전히 분쇄될 줄로 안다. 조선민족 앞에 그의 역사적 과업으로 민족의 절대 해방과 완전독립을 과학적으로 처음 내세운 자 누구이며, 민주주의적 프로그람을 구체적으로 내세운 자가 누구인 것을 조선의 해방투쟁사에 조금이라도 관심이 있는 자면, 우리 당이었었다는 것을 부정할 자 없을 것이다. 모든 부르주아지는 일제의 품속에서 그 생명을 유지하고 그 기름을 살찌우려 할 때 피의 학살을 무릅쓰고 이 과업을 내세운 자는 오직 공산당뿐이었었다는 것을 기억하라!

공산당은 조선독립을 부정하고 공산주의 실현을 당면과업으로 하는 자가 아니라, 독립과 민주주의 과업을 주장하고 이 과업을 위하여 가장 용감히 투쟁한 자이며, (투쟁)하는 자인 것을 이 박사는 한번 다시 인식하여야 될 것이다. 공산당의 이 주장을 무시하는 자는 민족의 이 대과업 자체를 근본적으로 부정하는 자임을 알아야 될 것이다.

넷째, 이 당의 창립은 조선의 모든 소분파적 혁명그룹을 당의 대시하(施下)에 집결시키어 혁명적 역량을 집중 단결함에 가장 힘 있는 계기를 지은 것이다. 조선의 초기 운동은 실로 지방적으로, 정실적으로, 감정적 대립으로, 호상 분열되어 분파적 투쟁이 무원칙하게 성행하였었다. 이 분파적 투쟁은 조선운동의 내적 모순의 가장 큰 유일한 존재였으며, 그 발전에 가장 큰 장애물이었었다. 이 문제는 참으로 조선혁명사를 떠들 때에 우리로 하여금 가장 예리하게, 무자비하게, 자비판(自批判)함을 요구하고 있는 문제이며 이 분파투쟁이 오늘 우리 당에 계속 혹은 생산되지 않는가 하여 가장 경계와 주의를 요구하는 문제이다. 21년 전 당 창립시기에 있어서는 각 그룹의 가장 용감한 투사들이 분파투쟁을 가장 용감히 하는 자가 그 '영예'를 차지하였으며, 가장 용감히 이 분파투쟁을 하는 그룹이 가장 '위대'한 역량을 가진 것처럼 자처하였던 추태조차 없지 아니하였다.

그러나 이 분파투쟁도 이 당의 창립을 계기로 그 청산과 극복의 토대가 지어졌었다. 모든 우수한 콤그룹은 어떠한 방법으로든지 이 당으로 집중 결합되지 아니하면 아니 되게 되었다. 물론 그 후 혹은 오늘까지 이 분파의 잔흔이 완전히 소멸되지는 못하였다 하더라도 조직으로서 대립하여 적과 싸움보다 내부에서 서로 상극하는, 혹은 민족의 앞에 조직을 서로 갈라가지고 호상 반발함은 이 창립을 일기(一期)로 하여 극복의 일로로 들어섰던 것을 부정치 못할 것이다. 이에 당의 창립은 주관적 역량을 집결함에 위대한 역할의 의의가 있는 것이다.

다섯째, 당의 창립은 다만 국내 제문제에만 그 의의를 가진 것이 아니요, 조선 민주주의운동을 국제 민주주의운동과 유기적인 연결을 지어 세계 진보적 세력인 선진 제국가의 프로레타리아와의 국제적 단결을 하였으며 모든 세계 약소민족 해방운동의 일부분으로써 그 역할을 다할 수 있게 되었음에 또한 그 의의 지대하다. 제국주의의 경제체계는 세계시장을 위요하고 강고한 착취의 선(線)을 늘리고 있다. 이 세계 제국주의의 체계는 자본주의경제의 무정부적 생산과 불균형적 발달에 의하여, 또는 소수 금융 과두정치 발생에 의하여 부절히 그 내부적 모순과 충돌이 일어나고 있다. 더욱 습래(襲來)하고야 마는 공황과 시장 등 분할의 요구는 이 충돌을 전쟁으로 함입시키어 인류는 대파탄으로 들어가게 된다. 이러한 인류사회의 대파탄을 반대하고 이 모순을 근본적으로 해결하려면 이 제국주의자의 갖은 착취와 압박 하에 있는 세계 프로레타리아와 피압박민족의 단결이 필요하게 되는 것이다. 조선민족의 해방도 그 종국에 있어서는 이 세계 민주세력의 일부로써 진출치 아니하면 그 승리가 불가능할 것으로 국제 민주주의운동과 굳은 연결을 가지는 것은 필요불가결의 조건이다. 당의 창립은 이 국가적 연결을 지은 기본조건이다.

8·15해방이 쏘베트 연방의 위대한 희생과 아메리카 합중국의 거대한 지원에 의하여 성립된 것을 볼 때 우리는 국제적 민주주의 세력이 이 시기에 있어 진보적 역할을 대표하고 이 진보적 세력과 연결함에서만 조선문제의 해결을 더욱 명확히 실물적으로 알 수 있다. 이 점에서 우리 당의 창립이 이 국제적 연결의 단초를 지은만큼 민족해방에 더욱 그 의의 중요한 것이다.

여섯째, 우리 당의 창립은 조선 해방투쟁에 있어 총지도부를 건설하여 장래할 모든 해방운동에 공산주의자로 그 지도적 역할을 장악케 하였다. 조선 해방운동은 그 후 일관하여 공산주의자에게 그 중심세력이 있었으며 그 지도역할이 장악되었다. 3·1운동 이후에 있어서는 수많은 일제에게 학살 검속 투옥된 자는 거의 전부가 이 공산주의자였으며 그 후 일어난 수없는 반일투쟁도 6·10만세사건을 위시하여 원산총파업, 광주학생사건, 각지 농민투쟁 등은 다 이 공산주의자가 지도 조직한 것이다. 이러한 모든 투쟁의 지도조직은 이 공산당이 직접 지도한 것도 있으며, 비록 당의 직접 지도는 아니었다 하더라도, 또한 이들이 공산당의 재건투쟁과 긴밀히 결성된 것이었다. 실로 당의 건설은 조선운동의 주체를 건설한 것이었다. 8·15 이전까지 조선에는 이 당과 이 당의 재건투쟁을 제외하고는 혁명적 의의를 부여할 조직은 국내에 있어서는 그 그림자도 없었던 것을 우리는 다시금 기억하면 이 당의 창립이 얼마나 그 의의 큰 것을 알 수 있을 것이다.

　만약 이 당이 창립되지 아니하였더라면 또한 이 당의 재건을 위한 투쟁이 없었더라면 조선민족은 그 해방 투쟁세력 주체를 가지지 못할 뿐 아니라, 민족 전체가 일제에 굴종과 타협을 일삼았었다고 비판하지 아니치 못할 것이다. 8·15 이후 애국자의 탈을 쓰고 민족 앞에서 가장 열렬한 애국적 호소를 하는 대부르주아 및 이에 추종자들은 스스로 반성하기를 충고한다. 위대한 이 날을 위하여 그대들은 모름지기 그 반민주주의적 태도를 버리고 이 당의 지도의 슬로건에 공명하고 지지하여 역사적 건설사업에 바른 노선으로 걸어가라!

　일곱째, 이 당의 창립은 우리 혁명운동이 소부루 지식층에 그 활동적 체계를 세웠던 것을, 참으로 가장 진보적 계급인 노동계급과 그의 유일한 동맹자인 농민대중에게 그 주체역량을 발전시키는 획기적 계기를 가졌다. 물론 이러한 발전은 당의 창립 즉시로 실현된 것은 아니었었다. 그러나 당의 창립과 아울러 모든 당내 당외 발전은 필연적으로 이 방향으로 발전함을 요구하였었다. 그리하여 오늘에 있어서도 이 문제가 가장 중요한 당의 과제이며 아직 앞으로도 오랫동안 이 문제가 당내 발전의 가장 큰 문제일 것이다. 그러나 당의 창립이 없었으면 이 문제는 오늘에 이르러 우리에게 우리가 조직하고 투쟁함과 같은 그렇게 심각하고 중요한 것으로 제기되지 못하였을 것을 누가 보장할 것인가! 당이 창립되어 부절한 투쟁만이 우리에게 이 위대한 진리를 빨리 가르친 것을 잊어서는 아니 된다.

　우리 당의 창립은 일반적 조선민족 해방사에 있어 특수하게 프로레타리아 투쟁사에 있어 이러한 위대한 역사적 의의가 있다. 물론 이것은 우리 당이 창립시기에 있어 아무 결함이 없다는 것은 아니다. 물론 초창기에 있는 당이 어찌 결함이 없었을 것이냐. 그러나 이 결함은 결코 역사적 의의를 감소시킴이 아니요, 오히려 이 결함을 당이 조직되기 전에 객관적 주관적 조건에 의하여 존재하였던 그것을 반영한 것인 만큼 이 반영에서 발생된 결함의 극복이 오직 이 당의 창립으로써만 극복되며 청산될 수 있는 점에서 더욱 당의 창립이 그 의의가 큰 것을 지적하는 바이다. 만약 그 당시에 당이 창립되지 못하였다 하면 그 결함은 더욱더욱 확대되어 그것을 극복할 여지는 더욱 멀어졌을 것이다. 이 점에 우리 당의 창립이 우리 해방사상에 창조적인 역할과 긍정적 의의를 가지는 소이(所以)다.

8·15 이후 우리 당은 재건되었다. 이 재건된 당은 모든 조선의 혁명적 전통을 가장 잘 계승하고 우리 민족의 나아갈 길을 가장 정확히 지시하고 있다. 우리 당의 역할과 존재를 우리 민족으로는 적게 보는 자 없을 것이다. 우리 당은 실로 민족의 신뢰를 총집중하고 민족을 영도하는 가장 용감하고 가장 큰 당인 것은 의심할 여지도 없다.

이러한 당이 8·15 이후 갑자기 형성될 것인가. 그것은 누구나 상상치 못할 것이다. 다른 모든 정당보다 우수한 존재인 것은 다른 모든 조건이 없지 아니하나 그 중심 되는 조건은 우리 당이 다른 모든 당이 형성의 생각과 계획이 아직도 활동도 못하던 일제의 압박 하에서 홀로 조직되어 이 세계 무비의 잔독(殘毒)한 일제를 단독으로 반항한 그 역사가 있음에 있다. 우리 당은 일제시대에 일제를 독력으로써 투쟁하던 당이다. 그 시대에는 대립된 당도 없었고, 우당도 없었다. 이것이 우리 당이 민족에게 신뢰되는 가장 큰 조건이며 민족을 대표할 수 있는 큰 조건이다. 따라 우리 당이 8·15 이후 모든 정당이 아무리 족출(簇出)할지라도 그 사이에서 독자적으로 그 정치적 노선을 옳게 세워, 일부 당파가 일정한 정치적 노선이 확립치 못함에 불구하고, 또한 반동적 반민주주의적 경향으로 달아남에 불구하고, 우당과 굳은 제휴 밑에서 민주주의 조선 건설을 위하여 조금도 흔들림이 없이 나아가게 되며 나아갈 수 있는 것이다.

　우리 당은 조선에 가장 진보적 계급인 프로레타리아의 정당이다. 우리는 21년간 일제를 반항하여 불같은 투쟁 속에서 백절불굴의 정당이다. 이 정당은 더욱 8·15 이후 해외에서 불요불굴하게 일제를 향하여 투쟁하던 모든 혁명역량을 총집중하고 있다. 이 당이 아니면 누가 조선민족의 신뢰를 집중할 수 있을 것인가!

　우리는 우리 당의 창립 21주년을 당하여 우리 당의 창립에 힘쓴 제선배에게 감사하는 동시 우리 당을 강철 같은 규율 위에서 더욱 사상적 통일과 조직적 통일을 함께 완성하여 이 민족을 지도하는 유일한 당이 되는 동시, 참된 프로레타리아의 전위적 임무를 다할 것을 민족과 및 프로레타리아 앞에 약속하는 바이다.

　　조선공산당 창립 21주년 기념 만세!
　　조선공산당 만세!
　　민주주의 임시정부 급속 수립 만세!
　　조선 완전독립 만세!

『解放日報』, 1946년 4월 17·18일.

5. 제69주년 메- 데- 대회에 드림

1. 친애하는 노동자 동무들!

위대한 세계 노동계급의 투쟁의 날, 시위의 날에 동무들의 이 장엄한 집회를 접할 때 참으로 감개무량합니다. 36년간 일본제국주의자의 철제(鐵蹄) 하에 우리 민족이 짓밟힐 때 동무들은 동무들의 날인 이 날을 한 번도 기념하지 못하였습니다. 그뿐만 아니라 이 날을 기념키 위한 투쟁에서 수많은 동무들이 감옥에서, 고문에서 잔독(殘毒)한 고초를 받던 것을 회고할 때 오늘의 이 대중적이고 합법적인 이 집회가 더욱 그 의의가 심장한 것을 느끼지 아니할 수 없습니다.

동무들, 이 날이 동무들의 투쟁의 날로 정하여지기는 62년 전이었고 이 날에 실제적으로 노동자들이 가두에서 투쟁을 처음으로 전개한 것은 60년 전입니다. 시카고의 형제들의 8시간 노동제를 위한 힘찬 소리는 전 세계 형제들을 분기시켰습니다. 1889년 국제사회당이 조직되고 이 대회에서 5월 1일을 전 세계 노동자의 투쟁일로 결정하였습니다. 1900년 전 세계 노동자는 이 날을 맞이하여 물결처럼 일어났습니다. 륜돈(倫敦)에서만 24만인의 노동자가 8시간 노동제의 실시와 침략전쟁 반대의 스로건 밑에서 시위행렬을 하였습니다. 이때에 이 장엄하고 맹렬한 영국 형제들의 투쟁을 보고 우리의 최대의 지도자요, 교사인 엥겔스는 그의 돌아간 친우 칼 맑스와 함께 그 광경을 보지 못한 것을 생각하고 눈물의 감상문을 썼다 합니다.

"만국 무산자는 단결하라." 이 위대한 진리, 이 위대한 사업은 1년

1차 이날을 통하여 전세계 우리들의 흉금을 울리며 전세계 우리들의 형제들로 하여금 국경선을 넘어 계급적 연대성과 계급적 단결력을 굳게 하며 검사하고 있습니다. 우리의 무기는 오직 단결뿐입니다. 이 무기는 세계의 반동세력의 최후의 아성을 뚜드려 깨칠 위대하고도 예리하고 가장 큰 무기입니다. 아무리 최신식 무기가 과학의 힘으로 발달된다 하여도 칼 맑스와 엥겔스가 먼저 준 이 단결의 무기에는 필적할 자 없고, 이길 자는 없을 것입니다. 이 무기는 착취와 피착취가 있는 동안, 계급과 계급이 대립하여 있는 동안, 더 나아가 인류가 영원한 발전과 무한한 진보 속에서 대자연의 속 끝까지 정복할 동안에는 이 무기만은 녹슬 리 없고, 무딜 리 없을 것입니다.

오늘은 이 무기를 다시 한번 가는 날이며 이 무기를 전세계 우리 형제들이 다 같이 쓰는 날입니다. 조선의 우리들도 이날의 역사가 있은 후 처음으로 대중적으로, 전국적으로, 합법적으로 이 무기를 한번 다시 갈고, 다시 한번 검사하고, 다시 한번 쓰는 것이 이날의 집회의 의의이며 이 기념의 의의입니다.

2. 그러면 우리는 어떠한 과업을 실현키 위하여 이 단결의 무기를 굳게 무장하고 돌진하여야 할 것입니까?

동무들! 우리의 앞에서 가장 큰, 가장 긴급한 과업은 우리 민족의 정부를 수립하는 것입니다. 우리 민족의 앞에 선 최대 최급의 과업은 첫째도 정부의 수립이요, 둘째도 정부의 수립이요, 셋째도 정부의 수립입니다. 그러나 이 정부의 수립은 그 원칙에 있어서, 그 방법에 있어, 그 정강정책에 있어 우리 민족 사이에는 반드시 의견이 일치되지 않습니다. 비록 한줌도 되지 못하는 소수일지라도, 이승만, 김구 등 반동적 일파는 반민주주의적으로 친일파 민족반역자들을 포함한 피쇼적 소수 특권계급의 독재정부의 수립을 계획하고 음모하고 있습니다.

테러의 살륙, 파괴행동, 모리, 사기적 행동, 국제 민주주의노선 배반적 행위, 최근에 이르러 노동계급 분열의 음모 등등은 다 이 계획을 실현하기 위한 한 개의 수단에 불과합니다. 이 반동적 반민주주의적 세력의 철저한 격파가 없으면 우리의 정부는 참으로 민주주의적 원칙 위에 수립될 수 없습니다. 우리 무기는 첫째 이 투쟁이 있어야 합니다.

3. 둘째, 우리는 우리의 정부를 참으로 민주주의적으로 수립하려면 이 나라에 가장 선구적이요, 가장 진보적이요, 가장 중심적인, 모든 생산을 두 어깨에 짊어진 우리 노동계급이 민족의 선두에 서서 이 정부에 기본적 토대가 되고, 이 정부 수립에 지도적 역할에 참가 내지 영도하여야 할 것입니다. 이러한 역할을 전취하려면 우리 형제들의 선진부대들이 먼저 굳은 단결로써 우리 계급의 이익을 위하여 용감히 투쟁하여야 합니다.

우리 계급 중 뒤떨어지고 조직되지 아니한 모든 부대를 더욱 광범하게 단결하고 우리의 주위의 모든 피착취 대중을 결집시켜야 합니다. 특히 농민을 결합하여 이 단결의 무기를 더욱 크게 하고, 더욱 권위 있게 하고, 더욱 날카롭게 하여야 합니다. 그리하여 우리는 기어코 이 역할을 전취하고 이 토대를 이루어야 할 것입니다. 이러한 때라야 이 정부는 민주주의적이 될 것입니다.

4. 그러면 이 정부는 어떠한 정강을 실행하여야 할 것입니까. 이 정부는 그 실천하는 정강에 의하여 비로소 민주주의정부냐, 반민주주의정부냐가 결정되는 것입니다.

이 정부는 반드시 8시간 노동제를 실시하고, 대 생산기관을 국유화하고, 토지의 봉건유제를 전국적으로 일소하고, 보편적인 선거권·피선거권을 성년 인민에게 고루 주는 정부가 되어야 합니다. 이 네 가지는 무엇보다도 중요한 민주주의적 과업입니다. 이러한 과업을 실행하는 정부가 되려면 우리가 우리 단결을 굳게 하여 아무 유혹에도, 아무 위협에도 동요되지 않아야 됩니다. 그래서 수립되는 이 정부로 하여금 또한 동요 없는 실행을 하도록 하여야 될 것입니다.

5. 우리의 민족 앞에는 민주주의정부 수립이라는 큰 과업이 서 있습니다. 이 과업의 실현은 노동자 농민 기타 근로대중이 그 토대가 되어야 할 것입니다. 이 정부가 기본적 민주주의 정강을 실행하는 것은 오직 우리 형제들의 단결의 힘 여하에 달렸습니다. 즉 우리 무기의 준비 여하에 의하여 결정되는 것입니다.

동무들! 조선공산당은 오직 동무들의 무기를 정예롭게 하기 위하여, 동무들의 이익을 옹호하기 위하여, 동무들과 기타 일체 근로대중의 해방을 위하여, 참된 민주정부 건설을 위하여 싸웠으며, 싸우고 있으며, 싸울 것입니다. 조선공산당은 노동자의 정당, 즉 동무들의 당입니다. 동무들이 이 당의 깃발 아래서 용감히 나아갈 때라야만, 또한 이 당이 동무들로써 가득 채워질 때라야만 우리 민족에게 지워진 모든 역사적 사명이 해결될 것입니다. 당은 끝까지 동무들을 위하여 존재하며 싸울 것입니다. 동무들은 끝까지 이 당을 지키며, 이 당과 함께 나가야 할 것이다.

제 60주년 메- 데- 만세!
조선 노동계급 및 일체 근로대중 단결 만세!
조선 민주주의임시정부 수립 만세!
쏘미공동위원회 성공 만세!
조선 완전독립 만세!
노동계급 해방 만세!

근로대중은 조선공산당의 깃발 아래로!
만국 무산자 단결 만세!

『解放日報』, 1946년 5월 3일.

6. 어린이날을 맞이하여 사랑하는 어린이에게 줌

사랑하는 어린 동무들이여.

나는 조선공산당을 대표하여 해방 후 처음 맞이하는 오늘 어린이날에 온 조선 어린 동무들에게 축복의 인사를 드립니다. 조선은 서른여섯 해 동안 일본제국주의에게 삼천리강토를 빼앗기고 우리 백성들은 그들의 종이 되었습니다. 큰 공장이나 광산이나 철도나 다 그들이 차지했습니다. 그리고 여러분의 아버지나 형님들이나 누나들은 그들의 종이 되었습니다. 그래서 조선 사람은 가난하고 헐벗고 잘 먹지 못했습니다. 어린 동무들은 학교에 가는 이가 적었고, 많이는 공장에 가서 일하거나, 농촌에서 소나 먹이면서 공부도 못하고 살아 왔습니다.

욕심 많은 일본제국주의는 조선뿐만 아니라, 중국이나 그 외의 여러 나라의 땅을 빼앗고 백성을 종으로 만들고 평안히 더 잘 살려고 전쟁을 일으켰습니다. 그들이 전쟁을 할 때 우리는 잘 먹지도 못하고, 입지도 못하고, 전쟁에 쓰는 돈을 내었습니다. 그뿐만 아니라 여러분의 형님을 전쟁에 내보내고, 아버지를 공장에 징용을 보내고, 여러분의 누나를 공장에 정신대로 내보냈습니다. 일본제국주의는 여러분의 성을 갈고, 조선말을 하지 못하게 했습니다. 여러 어린 동무들도 이 악독한 지배를 원망하고 싫어했습니다.

오늘 이 악독한 일본제국주의를 쫓아버리고 우리는 자유롭게 기를 펴고 기쁘게 어린이날을 맞이하고 있습니다. 이것은 누구의 덕택입니까? 첫째로, 히틀러의 독일, 무소리니의 이태리, 덴노 일본이 남의 나라를 빼앗고, 백성을 종으로 만들려고 일으킨 전쟁을 쏘련, 미국, 영국, 중국의 인민들이 전쟁에서 이긴 까닭입니다. 둘째로, 조선의 혁명가들이 감옥에서 징역을 하고, 사형을 받아 죽으면서도 조선을 독립하겠다고 싸운 까닭입니다. 오늘의 자유와 해방은 이 덕택입니다. 우리들은 우리를 해방하여 준 여러 나라와 피를 흘린 혁명가들에게 뜨거운 감사를 올려야 합니다.

어린 동무들!

우리 조선도 이제부터는 남과 같이 잘살 수 있는 좋은 조선이 되게 되었습니다. 지금 덕수궁에서 열리고 있는 쏘미공동위원회는 우리 조선 사람의 민주주의 정부가 서도록 노력하고 있습니다. 우리 조선 사람은 누구나 다 이 정부가 서도록 힘써야 합니다. 그러나 불행하게 일본 지배자들의 앞잡이로서 조선 백성을 못살게 굴던 친일파들과 욕심쟁이들이 아직도 남아 있어 정부가 서는 것을 방해하고 조선 사람들이 모두 잘살 수 있는 일이라면 기어코 못되도록 방해하고 있습니다.

이런 사람들은 정부에 들어오지 못하게 하지 않으면 안 됩니다. 왜 그런고 하면 이런 사람들이 정권을 잡으면 일본제국주의 시대처럼 온 백성이 종이 되어야 하고, 언제 또 조선을 다른 나라에 팔아먹을는지 모르기 때문입니다.

그러므로 새로운 정부는 일본제국주의 앞잡이가 없고, 욕심쟁이가 없는 조선 백성들이 자유롭게 잘살 수 있는 정부라야 합니다. 가난한 사람들이 직업을 가지고, 먹을 것 먹고, 입을 것 입을 수 있는 정부라야 합니다.

나는 어린 동무들에게 몇 가지 부탁이 있습니다.

1. 어린 동무들은 우리를 해방하여 준 연합국의 어린이들과 온 세계 어린이들과 친선해야 합니다. 조선 사람이 세계에서 제일 잘났다고 남의 나라 사람들을 얕보고 배척해서는 안 됩니다. 이것은 독일의 히틀러와 이태리의 무소리니와 덴노 일본이 남의 나라 사람을 종으로 하려던 못된 버릇에서 나온 것입니다.

  2. 남의 나라 어린이들이 잘하는 것을 배우고 남보다 뛰어난 어린이가 되도록 힘써야 합니다. 그러려면 공부를 열심히 하고 착한 사람이 되겠다고 애써야 합니다.

  3. 여러 어린 동무들은 학교에 있거나, 집에 있거나 동무들끼리 서로 도와가며 훈련하고 연구하며 성장하여야 합니다.

  학교에 있어서 자치회를 조직하여 자립할 수 있는 훈련을 할 것이오, 애국소년단에 참가하여 단체적 훈련을 받아야 합니다. 그래서 피어오르는 조선의 새싹들이 되어야 합니다.

  4. 법률로써 어린이들을 공장에서 노동하는 것을 금지시키고, 어린이들은 누구든지 학교에 다닐 수 있게 하여야 합니다. 어린이들이 가난해서 공장에 다니며 학교에 들 수 없어서 공부 못하는 것이 얼마나 애달픈 일입니까.

  5. 학교에서 배우는 공부는 일본제국주의가 조선 사람을 종으로 만들기 위한 노예교육이 아니라 새로운 조선의 새로운 토대가 되는 어린이들을 자유롭게 퍼져 나가고 커갈 수 있는 교육으로 하지 않아서는 안 됩니다.

  6. 가정에서는 어린이라고 얕 보고 구속될 것이 아니라, 어린이들을 존중히 하고 착하고 늠름하게 커가도록 되어야 합니다.

  어린이들이 자유롭게 잘 커야 조선도 커가고 발전될 수 있는 것입니다.

어린 동무들이여!

여러분은 새조선의 생명이며 보배입니다.

우리나라의 미래는 여러분의 것입니다.

착하고 튼튼한 사람이 되어야 합니다. 씩씩하고 무쇠같이 단련된 어린이들이 되고 민주주의의 빛나는 어린 병사들이 되어야 합니다.

새조선의 씩씩한 일꾼이 되어야 합니다.

『解放日報』, 1946년 5월 7일.

7. 지폐위조사건에 관한 진상 규명코져 李舟河동무 張 경찰부장 방문

조선의 경제를 교란하며 민중생활을 위협하는 알미운 지폐위조사건에 관한 5월 15일 군정청 공보부 발표가 마치 우리당에서 관계한 것과 같은 인상을 주어 우리당의 명예와 위신에 관한 중대 문제인 만큼 우리당에서는 즉시 중앙위원회의 이름으로 성명을 발표하였고 또 어제 16일 오전 9시 우리당 총비서 朴憲永 동무가 러취 군정장관에게 우리당은 지폐위조사건에 절대로 관계가 없다는 것을 강조한 의견서를 제출하였고 다시금 동일 오후 3시경 우리당 李舟河 동무는 張 경찰부장을 방문하고 지폐위조사건에 우리당과 그 간부는 물론이고 당원 중에는 절대로 없는 것이다. 만일 있다면 그것은 일부러 잠입한 '스파이' 이외에 아무것도 아닐 것이다. 그리고 이는 반동분자의 모략에 의하여 반동분자에게 매수된 악질분자의 무고에 의한 허구의 사실을 기초로 된 것이니 지폐위조사건의 진상과 그 모략적 허구의 진상을 철저히 조사 구명할 것을 요청하였다. 이에 대하여 張 경찰부장은 공평한 입장에서 조사할 것을 언명하였다.

『解放日報』, 1946년 5월 18일.

8. 위조지폐사건 진상 속히 발표하라

위조지폐사건은 공보부로부터 일부의 단편적 발표가 있을 후 경찰 당국에서는 극비리에 진상을 탐구 중에 있어 대략 일단락을 지은 듯한 모양으로, 5월 31일에 조선공산당 이주하씨는 장(張) 경찰부장을 예방하고 위조지폐사건 진상 발표 지연에 대하여 항의를 하였다 하며 금(今) 1일에 기자단과의 사이에 이에 관한 다음과 같은 문답이 있었다.

문: 작일 장부장에 대한 항의 내용 여하.
답: 내가 요청한 것은 그 취조 진상을 속히 발표하여 달라는 것이니 5월 15일 이후 일체 함구하는 것은 옳지 못하다고 생각한다. 그 이유는 첫째, 15일 발표는 수사관계를 비밀에 부칠 필요가 없을 만치 된 것이니 계속하여 발표할 수 있는 것이다. 둘째, 적어도 한 정당의 간부와 다수 당원을 관련시켜 발표하였으니 그 개인이나 정당의 위신을 위하여 당국자에게는 속히 발표할 의무가 있는 것이요, 우리는 속히 발표를 요구할 권리가 있는 것이며, 셋째, 발표의 지연으로 인하여 반동파의 모략은 단말마적으로 횡행하여 인심을 혼란시키고 있다. 당국으로는 이 책임을 충분히 느껴야 될 것이며, 넷째, 객관적 결과는 고사하고 당국 자신으로도 공명정대하자면 진상이 드러나는 대로 즉시 발표할 의무가 있는 것이다. 이상 이유에 의하여 하루라도 속

히 발표할 것을 요망한 것이다.

문: 그러면 귀당 간부와 당원 다수가 관련되었다는 것이 확실한 허구인 증거가 있는가.

답: 물론이다. 당국자간의 발표에 대한 심대한 불일치, 15일 발표 후 지금까지 우물쭈물하는 태도, 민전 조사단에 대한 불분명한 답변 등은 허구라는 것을 증명하는 것이 아닌가. 그리고 진짜 위조사건은 우리 조사단이 그 정체를 파악한 지 오래며 그에 대한 증거재료를 충분히 가지고 있는 것을 부언한다.

문: 그 사이 위폐사건에 대하여 여러 가지 보도가 많았는데 여하히 생각하는가.

답: 일언으로 말하면 모략은 모략자 자신은 속일지언정 대중은 속이지 못하는 것이다. 하물며 친일 주구와 민족반역도배들의 악질적 모략이야 더 말할 것 없지 아니한가. 이에 대한 구체적 방침은 다음 말하겠다.

『朝鮮人民報』, 1946년 6월 2일.

9. 소위 자율 통일정부 수립의 음모

1

국내적으로 미소공위가 휴회되고 국제적으로 4국 외상회의가 결렬된 이래 반동 거두들은 비상한 용기와 교활한 지혜를 짜내어 물실차기(勿失此機)라는 태세를 취하며 온갖 음모를 다하고 있다.

5월 28일 러취 군정장관의 최근 정치회합이 있을 것이요 그 회합에 대하여는 개최자들에게 책임이 있다는 막연한 경고가 있은 후 누구에게든지 반동 거두들이 드디어 최후 발악의 소리를 지름이 머지 아니하였구나 하는 예상을 주었던 것이다. 마침내 6월 4일 이승만은 정읍에서 남조선단독정부 수립 기도를 발표하여 그 노(老) 파시스트의 조급한 정치적 야망을 스스로 폭로하였다. 그러나 이 노 파시스트의 발표는 다만 민주진영에만 분노와 반대를 일으킨 것이 아니라, 반동진영 자체 내에서도 적지 아니한 충격을 주어 이곳저곳에서 반대의 소리를 지르게 된 것은 참으로 흥미 있는 일이라 아니할 수 없다.

그러면 이 노 파시스트의 뿌린 남조선 단독정부의 구호는 왜 반동파 자체 내에서도 공연한 반대를 받는가. 그 이유는

첫째, 그 구호가 너무나 그 반동성을 노골적으로 표시하여 이러한 구호로는 민족을 속일 수도 없으며 친일파 민족반역자 지주 반동자본가의 일국(一掬)도 못되는 무리를 제외하고는 전민족의 반대를 조우(遭遇)할 것을 알만치 영리하였든 때문이다.

둘째, 이것이 이승만의 입을 통하여 나왔음으로써이니 오늘날 이

승만은 완전히 그 전제정치를 노골적으로 강요하고 조선의 정권을 제 마음대로 팔아먹어 외래자본에 조선을 다시 반식민지로 종속시키려는 행동을 감행하여 그 인기가 일락천장(一落千丈)으로 된 까닭에 이승만과 동일한 행동을 취함은 일방으로 이승만의 야욕을 방조함에 불과하고, 타방으로 잘못하면 이승만과 같이 아주 민족에게 배제될 것을 우려한 때문이며

셋째, 반동파가 민주진영을 공격함에는 무원칙한 연합전선을 꾸미어 나오지만 저희들끼리 정권을 요리함에는 살륙적 전투가 있는 것은 누구나 다 아는 바이다. 예하면 송진우의 죽엄도 이러한 싸움에 그 원인이 있는 것이다.

그런데 이 기도가 이승만에 의하여 발표된 것은 이승만계와 한민(韓民)계는 그것을 지지할 것이나, 그의 적수 우익 내 다른 일파는 그 구호를 반대하는 것은 그들 내부에 모순과 대립에 있음을 의미한다.

이에 임정(臨政)계 반동진영에서는 다른 구호를 내놓고 똑같이 작란을 시작하여 일방으로 이승만의 구호와 대립시키어 이승만과의 정권쟁탈을 유리하도록 하고, 타방으로 민중을 기만하고 민주진영에 결전을 준비하고 있다. 그러면 그 구호는 무엇이냐. 이것이 곧 "자율적 통일정부 수립"의 구호이다. 이 일파는 이 구호를 중심하여 최근 똑같이 회합이 연(連)하여 개최되고 그 기세를 올리기에 열중하고 있다. 재작일 소위 비상국민회의, 민주의원, 대한독립촉성회의 3각회의를 비롯하여 11일, 12일 소위 대한독촉국민회의 등등은 다 이 임정계의 인물이 "새로운" "자율 통일정부 수립"의 구호를 중심하여 최후 단말마적 광태(狂態)를 연출하려 함이다.

2

　그러나 이 "자율 통일정부"라는 정체는 "남조선 단독정부"에 민중이 그 반동성을 잘 알아보지 못하도록 껍질을 한 겹 씌운 데 지나지 않는다. 똑같은 반동적 내용을 이승만은 내용을 그대로 내놓았고, 이보다 더 영리한 일파는 그 반동성을 감추기 위하여 기만이라는 보자기 하나를 더 씌워 내놓은 것이다. 그러므로 우리는 이러한 때 이승만과의 투쟁은 비교적 용이하나 임정계의 이 기만적 미혹적(迷惑的) 가장(假裝) 속에 들어 있는 반동 구호와 투쟁하기는 더욱 곤란하며 더욱 진지하고 명확한 해설로써 민중을 교양 계몽하여 그 갈 길을 바로 인도하여 이 반동 거두의 기만적 술책 속에 속아 넘어가지 않도록 적극적으로 노력하여야 할 것이다.

　"자율 통일정부 수립"

　이것은 그 형식적 설명에 있어서는 조선인의 손으로 통일된 정부를 건설하자는 것이다. 그러므로 이것을 구체적으로 현정세에 비추어 보지 않는다면 옳은 듯도 하고 애국적인 듯도 하다. 그러나 이러한 공문구(空文句)의 사이비 애국적 구호처럼 민중에게 유해한 것은 없다. 이것은 직접 민중의 눈에 모래를 뿌림과 같은 역할을 하는 때문이다.

　그러면 우리는 "자율"이라는 문구에서부터 그 기만적 반동적 본질을 천명하기로 하자.

　첫째, 일제의 식민지이던 조선이 연합국의 승리로써 해방된 오늘 연합국의 아무런 협의가 없이 조선인의 손으로 그 정부를 조직할 수 있을 것인가. 더욱 2차대전 후 세계는 3대 국가인 미·소·영의 파쇼전(戰)의 가장 희생이 많은 국가들의 튼튼한 협조와 원조의 노선 위에서 건설되며 부흥되지 아니하는가? 이러한 때에 조선만이 국제적 제약 특히 미·소 양국의 의사를 무시하고 소위 자율적으로 문제를 해결할 수 있을 것인가? 중국은 이런 전쟁에 있어 8년간 그 위대한 역할을 놀았음에 불구하고 마샬 원수의 지도하에서 국내 통일을 행하고 있지 아니한가. 일제의 지배에 대하여 어떠한 반항운동도 조직치 못한 조선민족으로 연합국의 의사를 무시하고 제멋대로의 "자율적"으로 행동한다 함은 그 "자율"을 부르짖는 당파와 인물 자체가 스스로 자기 자신을 회고할 때 자기의 정신이 건전한가를 의심치 아니치 못할 것이 아닌가. 그러므로 조선의 역사적 현실에 있어서는 이 반동분자의 "자율"이라는 것은 일종의 공문구나 환상에 불과한 것이다.

둘째, 전후세계는 그 건설과 부흥에 있어 어느 나라를 물론하고 민주주의노선으로 걸어가지 아니하면 아니 될 세계적 역사적 발전과정에 놓여 있다. 조선만이 이 과정을 역행할 수 없는 것이다. 그러면 이 민주주의적 발전이라 함은 한개 추상적 존재가 아니요, 현실로 우리 조선이 걸어가지 않으면 아니 될 길이 아닌가. 그런데 조선은 장구한 일제 식민지로서 있었고 일제의 연합국 특히 소·중·미·영에 대한 침략기지로서 존재하였던 까닭에 이러한 국가에 일본의 해독, 곧 일본적 파쇼분자, 파쇼적 경제정치체계, 파쇼적 문화세력 등이 뿌리 깊이 존재하고 있고 이것이 민주발전을 방해한 것은 불가피의 사실이다. 그러면 파쇼분자는 어떤 것이냐. 일제시대에 일제와 타협하고 일제의 침략전쟁을 적극 협력하여 일제로부터 "온화"하고 "행복"스러운 생활특권을 얻었던 친일파 민족반역자 지주 반동적 대자본가이며, 파쇼적 경제체계는 고도의 소작료를 받아 농민을 무참히 착취 압박하던 주주 대 소작인 관계(이것은 일제의 침략이 없었으면 조선농민의 힘으로 전세기 말에 해결할 수 있었을 것이다)를 비롯하여 무제한의 노동시간과 노예적 임금제로써 비인간적 착취 위에 건설된 전산업의 생산관계 그것이며, 파쇼적 정치체계는 일제 식민지 통치배의 무제한의 권위를 보장하여 인민을 노예적으로 천대하며 구속하던 모든 법률 습관 언론 출판 집회 결사 신교 등 자유의 박탈, 중세기적 고문 및 검거, 무제한적 검속, 암흑재판, 관존민비 등등의 정책체계가 그것이다.

이러한 파쇼적 잔재의 실례는 문화방면에 있어서도 그 뿌리가 깊이 침투된 것을 우리는 얼마든지 볼 수 있다. 허위, 기만, 악질적 데마 등으로 등장하는 대동신문과 같은 언론기관 등을 비롯하여 민족 고유의 미덕과 세계문화의 진보성을 부인하는 것은 다 민족문화 발전에 가장 큰 해독을 끼치는 것이다.

3

셋째, 조선의 현실은 다만 이렇게 단순한 것은 아니다. 이번 조선을 일제에서 해방하여 준 미·소·영 3대 국가가 막사과에서 그 외상회의를 열고 어떻게 하면 조선에서 일본 해독, 곧 파쇼잔재를 끝까지 청소하고 민주주의 발전을 도우며 명실(名實)이 서로 맞는 독립국가로서 부흥시킬 것인가 하는 문제를 구체적으로 결정하여 3대 국가와 조선과의 관련을 국제헌장적으로 결정하였으니 그것이 곧 3상결정이고, 조선에 관한 연합국의 강령이라고 할 것이다. 이 3상결정은 해방 조선에 있어서는 국제적 국내적으로 모든 문제에 있어 가장 현명한 결정이며 그 결정은 처음으로부터 끝까지 호의적 원조와 성의 있는 협력으로써 주권의 침해도 내정간섭도 아닌 그 정신을 일관하여 통일 불가분의 체계를 이룬 것이다. 이 결정에 의하여 그 사이 미소공위가 개최되고 그곳에서 양국 대표가 성의껏 서로 협의한 것이다.

이것이 양 대표의 일시적 불일치된 의견으로 인하여 잠시 휴회에 간 것이오, 이 휴회로 인하여 공위가 깨어졌다든가, 3상결정이 조선에 적용되지 않는다든가, 3상결정의 옳은 것이 말소된다 할 이유는 터럭 끝만치도 없다. 그런데 공위가 재개되지 않는 틈을 타서 우리는 "자율"로 문제를 해결하여야 된다고 나서는 것은 더욱 공문구적이며, 더욱이 옳은 결정을 어떻게 하면 조선에서 실행치 못하도록 방해할 수 있는가 하는 반동적 본질을 표시함에 불과한 것은 명약관화하다.

오늘날 미·소 양군이 남북에 진주하여 있는 이때 우리는 너희들이 무슨 결정을 하여 …… 잘 것 없고 우리 마음대로 하겠다 날뛰면, 남조선 단독정부 수립이니 자율정부 수립이니 하는 것이 일본 해독 청소와 민족부흥을 위하여 성의로써 결정한 3대 국가에서 승낙할 것인가. 또한 우리의 나갈 길이 분명 상세하게 정하여졌는데도 불구하고 그것을 실행할 공위가 휴회되고 나서 그 틈을 타서 자율이니 하는 것이 과연 옳은 것인가. 이러한 주장이 공문구가 아니고 무엇이며 반동이 아니고 무엇인가. 이 반연합국적 배외적 성격을 가진 "자율"이라는 결과는 국제적으로 우리 민족의 고립밖에 가져오는 것이 없으며 이에 따라 민족의 멸망밖에 가져오지 못할 것이다.

넷째, 우리는 이 "반동적 자율" 속에서 또 한 가지 전율할 만한 음모가 내재되어 있는 것을 지적치 아니할 수 없으니 이것은 국내적으로 일본적 파쇼 질서를 그대로 유지하여 친일파 민족반역자의 특권을 계속시키고 노동자 농민 소시민 지식층의 근로대중을 무제한으로 착취하고 민주주의 세력을 말살하려는 음모인 것을 알아야 된다. 국제 민주국가의 후원을 거부하는 것은 국내 민주세력을 약화시키자는 것이며 경제 정치의 모든 체계 속에 강력하게 존재한 파쇼세력을 그대로 온존시켜 일반 근로대중과 민주세력을 고사시키자는 것이다. 이

틈에 "자율"과 "애국주의"인 듯하면서 일반 근로인민의 애국주의를 바수어 버리려는 기도인 것이 분명하다. 그리고 국제적으로도 이 "자율"의 국제반동노선의 음모에서 기인되는 것을 지적하지 아니 할 수 없다. 제국주의자들은 그 우수한 경제력으로 약소민족을 노예화하려 할 때 반드시 그 민족이 다른 강국과의 관계를 가지는 것을 제일 싫어한다.

4

제국주의자의 침략적 행동은 약소민족으로 하여금 항상 "자율"이니 "독립"이니 하는 과정을 취하게 하여 다른 국가와의 관계를 먼저 절단시키어 그 민족을 고립화시키고 그 다음 자기 마음대로 착취 구속하는 것이 순서이다.

일본이 우리나라를 병합할 때 먼저 청국으로부터 분리시키기 위하여 청일전쟁에서 "독립"이라는 빛 좋은 개살구로 만들고 다음 노일전쟁에서 로서아와 우리 관계를 끊어버리고 즉시 병합이라는 기막힌 순서로 들어가지 아니하였는가. 만주제국의 실례는 우리들 눈으로 직접 보지 아니하였는가?

1차대전 이후 구라파 제국가가 모두 독립이 된 듯하였으나 그후 즉시 그들은 영·불의 위성국가로 전락하였으며, 또는 독일 파쇼가 궐기한 후에는 체코 오스트리아 등이 말 한마디 크게 하지 못하고 히틀러의 말발 아래 유린되지 아니하였는가. "자율"이라는 미명 하에 현재 조선을 국제적으로 고립시키려 함은 실로 조선을 다시 제국주의자의 반식민지에 전락시키려는 국제 반동적 모략이 그 배후에 있음을 알아야 한다.

조선같이 모든 파괴와 빈핍(貧乏)에 직면한 국가로서 만약 국제연합국이 호상 견제, 호상 협조하는 체제 속에서 민주주의노선으로 급속히 발전치 아니하고 이 견제와 협조의 테두리 밖에 벗어나 소위 "비단보 속에 개똥" 같은 "자율"이라는 마술에 떨어지면 이 국제모략 곧 제국주의자의 주머니 속에 들어간 밤톨밖에 아니 되는 것을 알아야 한다. 이것은 결코 추상(抽象)이 아니다. 이승만이가 귀국 전 벌써 중요한 광산권을 팔아먹어 "한미경제회사"를 조직했다는 자백이라든지, 김구가 중경에 있을 때 9개조약 체결과 한미조약 체결 등이 "자율"의 본질과 그 배후관계를 명확히 증명함이 아닌가? "자율"의 그 반동적 성격은 실로 이곳에 있는 것이다. 참으로 우리 민족에게 가장 큰 불행은 이 우익 반동두목의 "자율"이라는 무서운 매국노적 구호 속에 파묻혀 있는 것이다.

다섯째, 우리는 이 "자율적 통일"이 실현할 가능이 있는가 없는가 보자. 북조선의 민주주의세력이 반동파의 매국적 음모에 속지 아니할 것은 기정된 사실이니, 결국은 이 "자율적 통일"이 실현된다 하여도 우익 반동적 두목의 작란으로 남부 조선에 국한될 것이 아니냐. 이렇게 되면 이승만의 남조선 단독정부 수립과 무엇이 다를 것인가.

실제에 있어서는 똑같은 것이다. 이승만은 전기(前記)와 같이 그대로 내놓은 것이요, 이 일파는 껍질을 한번 덮어 내놓은 것뿐이다. 다만 민중을 기만키 위하여 이러한 교묘한 간작(奸作)이 민중에게는 더욱 유해한 것을 지적치 아니할 수 없다. 자율 통일정부는 이승만의 남조선 단독정부 수립의 입구호(立口號)와 같이 조선의 국토와 민족과 통일된 경제체계를 양분하여 민족국가의 발전을 아주 막아버리고 민주발전을 파괴함에 동일한 결과를 초래하는 것이다.

그러면 다음 우리는 어떻게 이 반동적 구호와 싸울 것인가.

첫째, 민주주의민족전선의 내부 단결을 더욱 강화하여 이러한 반동적 구호에서 동요되는 모든 중립파를 적극적으로 포함하여 전민족적 대중투쟁으로 이 반동파의 책동을 파괴할 것.

둘째, 종래 이들에게 무조건으로 맹목적으로 추수하던 군중에게 이 반동구호의 본질을 선전, 교양하여 반동파 거두의 고립을 더욱 촉진할 것.

셋째, 조선민족의 갈 길은 오직 3상결정뿐이니 이에 의하여 조직된 공위의 휴회를 급속히 개회하는 운동을 전국적으로 전개하여 이 공위와 진정한 민주주의 제 단체와의 협력 하에서 하루라도 속히 통일적 민주주의 임시정부 수립을 촉진시킬 것.

이러한 투쟁만이, 이러한 진로만이 우익 반동거두의 매국적 행동으로부터 이 나라를 구출할 것이요, 민주주의노선으로 이 민족을 부흥시킬 것이 참으로 우리나라를 사랑함이다.

『現代日報』, 1946년 6월 12일 · 13일 · 14일 · 15일.

10. 우리가 요구하는 민주주의는

1

내가 오늘 여러분에게 민주주의에 대하여 쓰게 된 것은 참으로 오늘날 조선의 정세에 비추어 가장 정당한 문제목(問題目)이라 생각합니다. 왜 그런가 하면 조선의 모든 문제는 이 민주주의 건설을 중심하여 전개되는 까닭입니다.

세상 사람들 중에 무지한 자들은 공산주의라면 민주주의를 찬성 않고 금일부터 곧 조선에 공산주의를 실현하려는 것처럼 생각합니다. 여러 번 "공산주의냐, 민주주의냐" 하는 사람을 보았습니다. 더욱 북조선에서 토지개혁이 실시된 이래 반동분자들은 그것을 가리켜 공산주의의 실현이라고 비방하여, 심지어 "공산주의자는 38 이북으로 가거라" 하는 말까지 듣게 됩니다. 더욱 가소로운 것은 민주주의 간판을 위장하고 나온 반동분자들이 저희들이 민주주의를 일수(一手) 판매한 것처럼 선전하고, 공산주의자는 민주주의와는 반대하는 존재처럼 역선전 데마에 전력하여 세상을 혼란케 만들고 있습니다.

최근 이승만은 독촉국민회의 석상에서 공산주의자는 우리나라 사람이나, 외국 사람이나 물론하고 조선 내에서 없애버려야 우리 문제가 해결된다고 선동을 감행하였습니다. 이러한 반동파의 기만적 고의적 악선전을 우리는 철두철미하게 해명하는 동시, 진실한 민주주의자는 공산주의자며 공산주의자가 과거나 현재나 우리나라에서 또는 전세계에서 민주주의 전취를 위하여, 민주주의 건설을 위하여 가장 열성적으로 희생적으로 투쟁하고 있는 것을 여러분에게 주저치 않고 명언합니다.

 민주주의를 위하여 투쟁한 역사는 조선에 있어 결코 새로운 것이 아니며 8·15 해방 후 비로소 제기된 것이 아닙니다. 이것이 조선에서 새로운 과제처럼 생각하는 자는 오직 일제시대에 일제와 타협하여 민족을 배반하던 지주 반동적 자본가들뿐입니다. 조금이라도 민족을 위하여, 근로인민의 이익을 위하여 투쟁하고 관심하던 사람들은 다 이것이 오랜 투쟁의 역사를 통하여 우리가 목표하고 걸어온 과제인 것을 알 것입니다.

 오늘의 조선은 민주주의의 세력이 상당히 크며 민주주의운동이 높은 정도로 전개되고 있습니다. 이것은 결코 서구민주주의가 아닙니다. 서구의 민주주의 발전의 역사를 잠깐 고찰하면 민주주의를 위하여 정치무대에서 투쟁을 지도하던 계급, 곧 자본계급이 그 투쟁과정에서 그들을 위한 자유를 보장하는 운동이 그들이 압박하고 착취치 아니하면 아니 되는 근로인민에게 그 자유를 나누어 주지 아니하면 아니 될 계급까지 진전함을 당면케 되어서는, 그 운동을 중단하고 말았습니다. 이것은 자본계급이 자기 계급과 그 자신의 이익을 위하여 봉건제도를 반대하는 부르주아 민주주의가 필요하였던 것이요, 결코 그들 마음대로 구사하고 마음대로 지배하려는 근로인민의 이익을 옹호하는 의미의 민주주의는 필요치 않기 때문에 근로인민에게 자유를 나누어 줌을 싫어하는 것입니다.

 만약 처음 이러한 근로인민의 이익을 위하는 민주주의가 발전하면 그들이 이 근로인민을 마음대로 착취하고 지배치 못하는 까닭입니다. 이에 서구의 대자본가들은 일반적으로 민주주의 개혁도 중도에서 포기하고 지주와 봉건귀족, 곧 시대에 뒤떨어지고 청소치 아니하면 아니 될 반동계급들과 타협하여 민주주의 발전을 배신적으로 배반하고 근로인민에게는 자유와 생활이 보장되지 않는 단계에서 그 발전을 중단시키고 만 것입니다.

토지와 자본 있는 인간에게는 자유와 권리가 보장되며 상품을 많이 소유하면 그 자유와 권리가 커지고 자본을 소유치 못한 자, 적은 자는 그 자유와 권리가 보장되지 못하며 극히 제한된 것이 아닙니까. 그러므로 이러한 민주주의는 특권적 소유계급인 지주 자본가의 전유물이 되고, 노동자 농민 소시민 지식층 등 일체 근로인민에게 형식뿐이고 극히 제한된, 극히 축소된 나아가서는 전연 관계가 없는 민주주의가 되는 것입니다. 다시 말하면 이러한 나라에서는 형식적으로는 다 자유를 가진 것 같지만은 실질에 있어서는 근로인민에게는 아무 자유가 없는 형식적, 말로만의 민주주의입니다. 우리는 이것을 형식적 민주주의라 합니다. 이것이 현재 중요한 자본주의 국가에서 볼 수 있는 민주주의인데, 제국주의적 대 부르주아지가 영도하는 특징을 가진 서방 민주주의입니다.

그러나 역사의 진전은 결코 인류에게 이러한 형식적 구형(舊型) 민주주의에만 그 발전을 정체시키고 말 수는 없습니다. 근로대중 전체를 위한 민주주의를 요구케 됩니다. 평범한 인간이 다 같은 권리로, 다 같은 자유로 어떤 계급이든지 어떤 층이든지 다 같이 자유가 보장되고 권리를 가질 수 있는 것이 요구됩니다. 이것은 전 세계를 통하여 그 운동이 전개될 것은 필연의 일이 아닙니까.

이곳에서 인류사회에는 새로운 형태와 내용을 가진 민주주의를 요구하는 노력과 투쟁이 전개되었으니, 이것이 선진국가 곧 생산이 고도로 발달된 나라에 있어서는 프롤레타리아트의 영도에 의한 사회주의적 민주주의운동으로 발전하고 있고 뒤떨어진 나라에 있어서는 순수한 진정한 민주주의 개혁에 의한 인민적 민주주의운동으로 전개되는 것입니다. 이 인민적 민주주의는 2차 세계대전 후 광범하게 세계에 파급되고 있는 새로운 형태로 나타나고 있습니다.

이 두 가지 민주주의는 형식적 민주주의에 비하여는 근로인민이 같은 평등과 자유와 권리를 가진다는 점에 있어서는 참으로 동일한 특징을 가지고 있으나, 역사 발전의 정도와 계단이 다르니만치 양자를 혼동하여 동일시해서는 안 됩니다.

2

그러면 현하 우리가 전취코자 하는 민주주의는 어느 것입니까. 곧 진보적 개혁에 의한 인민적 민주주의입니다. 그러면 인민적 민주주의의 내용은 여하한가?

첫째, 이 인민적 민주주의는 국권을 회복하고 봉건적 잔재를 일소하고 토지개혁을 실시하여 곧 경제의 자유발전의 길을 열어주는데 그것은 사회주의 사회제도를 건설함은 결코 아닙니다. 그러므로 이 인민적 민주주의 건설은 민족자결권 확보, 토지개혁, 8시간 노동제, 언론·집회 자유 등 기본적 국가건설에 있는 것이요, 사회주의 건설의 범주 내에 속하는 것이 아닙니다. 따라서 형식적 구식 민주주의와 동일한 것이냐 하면 결코 그렇지 않습니다. 왜 그런고 하니 구형의 서방 민주주의는 자본만 있으면 생산의 영역에 있어, 소유의 문제에 있어, 무제한한 독점과 무제한한 확대를 가져오는 것이 그 원칙이고, 그 내용입니다.

그러나 이 인민적 민주주의에 있어서는 한 개인의 독점적 침략적 무제한한 소유를 허락지 않습니다. 따라서 그 독점을 용인치 않습니다. 곧 독점을 허용하면 국가의 이익이 몇 개인에게 농단되고 다수의 근로인민은 그 생활이 희생되는 것입니다. 자본가는 자본에 의하여 그 생활과 권리가 확보될 정도로써 그 제한과 경계를 끊어놓고, 노동자는 그 세력에 의하여 그 생활과 자유가 확보되어야 하며, 농민은 토지를 가지고 살 수 있게 만들어, 소시민도 지식층도 그 응분의 소유와 노력에 의하여 모든 권리와 자유가 확보되는 것입니다. 이것이 인민적 민주주의의 경제적 토대입니다.

다시 말하면 각 계급 각층이 소수 특권 반동분자에게 지배되어 종속되지 않는 경제적 소유관계와 생활안정을 보장하는 기본 근거가 경제적으로 정치적으로 확보되어야 합니다. 그러면 여러분이 나에게 반문하실 것입니다. 당신의 말과 같다면 무엇이 사회주의적 민주주의와 다르냐고 하실 것입니다.

여러분, 사회주의적 경제제도는 모든 생산수단을 사회의 공유(公有)로 만들고 계급에 의한 착취와 압박이 청산되고 자본가 소유는 그 제도 밑에서 용인치 아니합니다. 이 제도는 확실히 인류사회에 가장 발달되고 진보된 사회제도입니다. 전 사회의 구성원이 사회 전체를 위하여 생산하고 노동하고, 그곳에서 각자의 생활과 권리가 확보되는 것입니다.

3

그러나 이러한 제도는 다만 자본주의 사회제도가 발전된 나라로서 노동계급이 발전된 나라가 아니면 그 실현이 불가능합니다. 우리나라와 같이 뒤떨어지고 소규모의 봉건적 경제가 지배적이고, 자본주의가 발달되지 못한 우리나라의 현 단계에는 실현이 불가능한 것입니다.

이러한 나라에 사회주의를 곧 실시하려 함은 층층다리를 밟지 않고 높은 2층집을 단번에 뛰어 올라가려는 것과 같습니다. 그렇다고 해서 형식적인 서방 민주주의를 이 나라에서 실시하는 것은 우리의 발달을 뒤로 잡아당기는 것밖에 안 됩니다. 인민적 민주주의는 서방 민주주의와는 차이가 있는 것입니다. 우리는 인민적 민주주의의 계단을 밟아서 더욱 높은 정도의 민주주의로 나갈 것입니다.

둘째, 계급적 근거에 있어 노동자, 농민, 소시민, 지식층 등 일체 인민이(그 중에는 자본가까지도) 다 같은 평등한 자유와 권리를 갖자는 것이 이 인민적 민주주의의 특징입니다. 이 점에서 자본가계급의 근본적 청산을 주장하고 근로인민의 이익만을 옹호하는 사회주의적 민주주의와는 구별되는 것이요, 지주와 자본계급만을 위하고 노동자, 농민, 소시민, 지식층을 일체 희생시키는 서방적 부르주아 민주주의와 질적으로 다른 점입니다.

셋째, 정치적 권리에 있어 인민적 민주주의는 노동자, 농민, 소시민, 지식층과 자본가도, 성의 차별도, 재산의 차별도 없이, 연령의 차별도, 지식의 차별도 없이, 곧 계급적 차별은 존재하되 누구나 자기의 대표를 정치에 참가 파견할 수 있으며 자기의 의사를 주장하며 다수의 의견에만 제한과 구속을 받는 것입니다. 이 점에 있어서는 또한 부르주아 민주주의와 구별됩니다.

서방적 부르주아 민주주의는 첫째, 재산으로써 선거와 피선거의 권리를 엄격히 구별합니다. 여자와 청년에게는 아주 정치적 권리를 주지 않든지, 준다 하여도, 극히 제한된 범위로 주는 것입니다. 지식이 정치에 참가하는 중요한 요소를 이루고 있습니다. 따라서 특권계급의 이익을 옹호하는 정부가 수립되고 모든 근로인민은 그 의견을 주장할 기회가 없어지고 자기들의 대표를 정부에 보낼 수 없이 됩니다.

4

이것이 얼마나 큰 구별입니까. 그러면 무엇이 사회주의적 민주주의와 구별됩니까. 여러분이 다 아시는 바와 같이 사회주의적 민주주의란 것은 피착취계급의 이해를 잘 대표하는 근로인민의 수령이요, 지도자인 노동계급에 그 건설과 발전의 중심세력과 지도권을 주어서, 이 가장 진보된 선구자가 사회건설을 영도합니다. 예하면 이곳에 말 잘하고, 재주 있고, 충실하고, 성의 있는 사람이 있다면 그 사람에게 이 동리의 모든 일을 맡기면 그 사람은 동리 사람 전체의 의사를 존중하고 대표하여 일하면 좋은 것 같이, 국가의 일을, 이 재주 있고, 충실하고 성의 있는 근로인민의 대표 노동자에게 그 정권을 맡기는 것입니다. 그래서 이 노동계급이 그 수에 있어, 그 주장에 있어, 다른 계급보다 더 많은 비례의 비례와 더 많은 주장을 정부기관이나 정치기구에서 가지게 하는 것입니다. 이것은 물론 진보되고 이상적 제도입니다.

우리나라에서는 아직 그러한 정도로 발전 못되고 있습니다. 그러므로 인민이 다 똑같은 권리를 가지고 나서는 것이 제일 정당하고 또한 필연적인 것입니다. 인민적 민주주의가 얼마나 사회주의적 민주주의에는 아직 미급(未及)이되, 서방적 민주주의와도 다릅니까. 저는 근본적으로 세 민주주의의 다른 내용과 형식을 말하였습니다. 그러면 다음으로 우리 조선에서 우리가 하지 아니하면 아니 될 인민적 민주주의의 기본과업은 무엇입니까. 이것을 잠깐 말하려 합니다.

첫째, 국권을 회복하는 가장 중요한 과업이 완수되는 동시에 우리는 봉건유제를 이 땅 위에서 청소하고 지주소유제를 숙청하여 토지를 농민에게 분배하는 토지개혁을 실행하여야 할 것입니다. 그러면 이 토지개혁이 왜 인민적 민주주의의 기본과업이 됩니까. 토지를 지주가 소유하고 농민이 소작인으로 존치된 사회에서 농민에게는 터럭끝만한 자유의사도, 자기주장도 있을 수 없습니다. 농민은 곧 토지를 경유하여 간접적인 지주의 노예가 아닙니까. 농민이 자유의사를 주장할 때에는 토지는 그 즉시로 이전될 것이 아닙니까. 다만 지주 없는 자유로운 경작지에 자유로운 농민이 자유롭게 경작하는 때라야 민주주의는 농민의 것이 되는 것입니다.

구시대의 독점적 소유관계가 철폐되고 개개의 농민이 독립한 아무 구속 없는 경제적인 토대와 생활이 보장되는 때라야만 참된 인민적 민주주의가 농민대중에게 성립되는 것입니다. 따라서 이 토지개혁으로 인하여 일어나는 농촌생활력 발전과 농민생활 향상은 더욱더욱 민주주의의 인민화를 촉진시킬 것입니다. 북조선의 토지개혁은 이러한 내용을 가진 것입니다. 그러므로 이것은 민주개혁으로 인민적 민주주의의 토대를 실현한 것입니다. 이것은 결코 생산수단의 사회화와 토지의 국유화로써 집단경리와 국가경리를 가져오는 개혁이 아닙니다. 자유로운 상품생산자로서의 농민의 경제토대와 생활을 향상 발전시키는 개혁입니다. 이것이 곧 인민적 민주주의의 최대 과업의 하나입니다.

둘째, 대산업의 국유화와 8시간 노동제의 실시입니다. 인민적 민주주의는 위에 말한 바와 같이 한 자본가의 무제한으로 이윤을 착취하여 무제한으로 독점하는 것을 배격하자는 것입니다. 이러한 제도는 필연적으로 노동계급을 노예화하여 노동자생활이 보장될 수 없으며 노동자에게 민주주의가 실용될 수 없습니다. 자본가의 이윤 독점과 이에 의한 독점자본의 발생을 방어하는 방법은 오직 대산업의 국유화뿐입니다. 대산업의 국유화는 산업에 노동하는 노동자에게 생활안정을 보장할 수 있으며, 이 대산업의 노동자에 대한 임금대우의 제도는 개인자본의 중소 상공업에 있어서 지도적 모범적 역할을 할 수 있는 것입니다.

그러므로 대산업의 국유화는 노동자생활이 독립적으로 아무 구속없는 경제토대를 구성하는 유일한 조건이며 보장입니다. 이와 아울러 8시간 노동제의 실시는 노동자의 문화생활의 영역을 넓히는 가장 좋은 기회를 주어 이 계급으로 하여금 정치에 참여할 자격과 기회를 실질적으로 가능케 하는 것입니다. 그러므로 이 대산업의 국유화와 8시간 노동제의 실시는 인민의 가장 기본 대중의 하나인 노동자를 민주주의 생활로 진출시키는 기본 조건이 되는 것입니다.

5

셋째로, 18세 이상의 선거권과 피선거권의 향유와 언론 출판 집회 결사 등의 자유입니다. 이것이 없고는 각 계급 각층이 동일한 정치적 발언권과 정치적 생활이 있을 수 없습니다. 그러므로 이것이 또한 인민적 민주주의의 기본 과업에 드는 것입니다.

여러분!

이상에 말한 것이 인민적 민주주의의 기본 과업의 가장 중요한 것입니다. 이것을 철저히 실현하여 인민적 민주주의로 이 나라를 독립시키고 발전시키는데, 반대할 자가 누구이겠습니까. 전 민족이 다 같이 잘살고 다 같이 권리를 가지고 다 같은 자유를 향유하자는 이 민주주의를 반항할 자 누가 있겠습니까.

그러니까 여러분 명심하십시오. 이것을 반항하는 도당이 있습니다. 있을 뿐만 아니라 온갖 모략 위협을 다하여 수단과 방법을 가리지 않고 날뛰는 자들이 있습니다. 그는 누구입니까. 일본적 사회제도와 질서를 유지하여 이 나라를 일개 반동적 국가나 불원이면, 반식민지화하고 초보적 민주주의도 부인하여 이 나라에 암흑과 낙후를 그대로 유지하여 몇 개의 반동 거두의 파쇼 독재를 실현하려는 자들입니다. 내가 이곳에서 지적하지 아니 하여도 여러분이 다 아실 것입니다.

　이 자들은 "북조선 토지개혁이 공산주의이며, 대산업 국유화가 공산주의이니, 8시간 노동제의 실시를 요구하는 것은 노동자가 일을 아니하자는 것이냐" 하고 있습니다. 그리하여 온갖 중상을 다하지 않습니까. 뿐만 아니라 3상 결정을 반대하여 국제 민주연합국이 조선 민주독립을 원조하는 것을 파괴하려 하며 미소공위를 지연시켜 민주주의 임시정부 수립을 방해합니다. 이 자들은 요사이 와서 남조선 단독정부 조작을 음모하고 이것을 자율통일이라는 기만 속에 감추고 있지 않습니까.

　더욱 위험한 것은 민주연합국의 가장 유력한 일원이요, 우리 해방에 가장 위대한 은인인 소련과의 전쟁을 선동하고, 미·소 충돌을 선동하여 3차 대전을 도발하고, 민주주의를 위하여 일제시대부터 가장 용감히 싸웠으며 현재 싸우고 있으며, 앞으로 제일 잘 싸울 공산주의자의 박멸을 기도하고 있습니다. 이자들이 왜 이러한 일을 합니까. 그 목적은 단 한가지입니다. 위대한 인민적 민주주의가 이 나라에서 실현될 것을 두려워하여 이것을 파괴하려는 것입니다.

　여러분!

　우리는 이 인민적 민주주의의 실현을 위하여 용감히 전진합시다. 민주주의민족전선은 이 민주세력의 총집결체이며, 이 인민적 민주주의 실현의 인민적 투쟁기관입니다. 이 깃발 아래 굳게 모입시다. 3상 결정은 이 민주주의로 조선을 독립시키고 발전시키는 유일한 길입니다. 이 길로 힘 있게 전진합시다. 미소공위의 속개 성공은 민주정부를 조직하여 이 인민적 민주주의를 실현하는 가장 옳은 방향이며 가장 튼튼한 토대입니다. 이 방향과 이 토대를 이룸에 모든 힘을 집중합시다. 민족의 흥망성쇠는 오늘 이 역사적 순간에 우리 민족의 결의 여하에 있습니다. 가장 큰 애국자는 이 인민적 민주주의를 위하여 가장 용감하게 싸우는 투사뿐입니다. 애국적 정열을 길이 빛나게 길이 뜨겁게 함이 어찌 우리의 역사적 책임이 아니겠습니까.

여러분!

조선의 공산주의자는 20여 년간 이 민주주의를 위하여 그중에도 특히 민족해방을 위하여 싸워 왔습니다. 정확히 말하면 이 인민적 민주주의의 가장 용감한 투사는 조선에서도 구주(歐洲)에서와 마찬가지로 공산주의자라 하여도 결코 과장도 아무것도 아닙니다. 오늘날 이와 같이 장성한 민주세력은 결코 우연한 것이 아니요, 이 공산주의자의 장구한 일제시대에 그 반항과 투쟁에 바친 피의 결정(結晶)입니다. 공산주의자가 민주주의를 위하여 싸웠으며, 싸우느냐 함을 의심하는 자는 역사와 현실에 눈을 감은 자들이나, 역사와 현실에 반역하는 반동 외에는 아무도 없을 것입니다.

자기의 권리와 자유와 조국의 독립과 번영을 사랑하는 노동자, 농민, 소시민, 지식층 여러분!

이 인민적 민주주의를 위하여 끝까지 용감히 투쟁하는 조선공산당과 민주주의민족전선의 깃발 아래 굳게 단결합시다.

『朝鮮人民報』, 1946년 6월 29일·30일, 7월 3일·4일·6일.

11. 분열책임자를 추방하라: 李承晩 金九 李始榮은 테러 괴수

 이승만 김구 이시영은 또다시 한 가지 큰 죄악을 범하였다. 그 범죄는 무엇인가. 소위 '민족통일총본부'의 조작이다. 민족통일문제는 실로 우리 민족 특히 남조선에 있어서는 중대한 민족적 역사적 과업의 하나이다. 그러나 반동 거두들과 민족반역자의 도당은 이 통일문제를 시종여일하게 고의적으로 악질적으로 파괴하였던 것이다. 친일파 민족반역자 파시스트가 민족통일전선의 요소에서 제외하는 원칙을 깨뜨리고 민족통일을 파괴한 자 누구인가. 老파시스트 이승만인 것은 누구든지 다 기억할 것이다.
 우리 민족의 독립을 보장하고 민주주의 발전을 원조하기 위하여 3상결정이 조선문제의 헌장으로 발표되었으며, 미소공위가 성공하여 민주주의 임시정부를 하루라도 속히 수립함이 전민족의 최대의 염원으로서 나타나지 아니하였던가. 이 3상결정은 곧 민족통일의 노선이며 원칙이 아닌가. '반탁'이니 '독립'이니 하고 떠들어 이 결정을 반대한 결과는 무엇을 가져왔는가. 미소공위를 휴회시키고 정부 조직을 지연시켜 군정정치를 무한대로 확대 연장시키고 민족의 앞길을 혼란시키고 민족의 통일을 파괴하는 이외에 무슨 소득이 있는가. 그러면 이와 같은 민족적 죄악을 범한 자는 누구인가. 반소, 반공, 반연합국의 거두 이승만 김구 이시영 등인 것은 누구든지 다 기억할 것이다.
 그러나 남조선의 현 정세를 보라. 각 지방의 주민들은 각각 그대들이 살고 있는 그 지방을 보라. 그대를 위하여 일제시대에 일제경찰에게 검거, 투옥, 고문, 추격 등 갖은 학대를 받으면서도 적들과 용감히 투쟁하던 그대들의 친우들이 해방된 오늘에 어떠한 경우를 당하고 있는가. 또한 주민들 자신이 3상결정을 지지한다고, 민족반역자를 제외하잖다고, 노동조합과 농민조합에 들었다고, 공산당과 인민당을 지지한다고, 민주주의민족전선의 일원이 되었다고, 어떠한 관·사적(官·私的) 폭압을 받고 있는가. 이러한 민주주의진영에 대한 테러 괴수는 누구인가. 물을 것 없이 이승만 김구 이시영 등임을 누구나 다 알 것이다.

 이러한 민족통일의 파괴두목들은 이러한 분열행동을 끊일 사이 없이 감행하면서 타방 끊일 사이 없이 민족통일을 가장 열성 있게 주장하는 듯이 민중을 기만하는 것이다. 보라! 노파시스트 이승만의 '민족통일'에 대한 기관들의 시체를. 왈 독촉중협(獨促中協)이니, 왈 비상국민회의니, 왈 남조선대한민주의원이니, 이것들이 다 민족통일기관이라는 자들이다. 그런데 작일 또 한 가지 '민족통일기관'이 '이박사의 선포' 하에 '선포'되었으니, 왈 민족통일총본부이다.

 그러면 왜 이 분열의 괴수가 '민족통일총본부'라는 유령적, 기만적 간판을 내붙였는가. 남조선 단독 전제정부 조작의 전초적(前哨的) 연막전과 구체적 표현이 이 간판을 나오게 한 것이다. 이 목적을 위하여는 어떠한 음모든지 사양치 않는 것이다.

 동포들! 우리는 참으로 민족통일을 급속히 완성치 아니하면 아니 된다. 이것은 오직 친일파 민족반역자를 배제하고 모든 테러리즘을 반대하고 3상결정을 적극적으로 실천하는 민주주의민족전선의 기치 하에서만 가능한 것이다. 통일의 원칙은 이것이며, 원칙적 통일이 아니면 아니 될 것이다. 그리고 이러한 통일의 힘만이 미소공위를 급속히 속개시키고 우리의 통일정부를 급속히 수립할 것이다.

우리 민족은 3상결정의 민주주의노선을 중심하여 급속한 원칙적 통일 위에서 이 도배들의 죄악적 음모를 통렬하게 분쇄하자! 그리고 반연합국, 반소의 수괴며 모든 분열 테러의 총책임자 노파쇼 광신자 이승만을 국외로 추방하자!

『獨立新報』, 1946년 7월 1일.

12. 원칙 보장하여야만 합작: 합작과 입법기관은 별문제

7월 10일 조선공산당 이주하씨는 기자단 정례회견 석상에서 다음과 같은 문답이 있었다.

문: 좌우합작은 어느 정도 진전되고 있으며 이에 대한 귀당의 견해는 어떠합니까?

답: 좌우합작에 대한 진전의 정도는 아직 말할 수 없다. 다만 내가 이곳에서 좌우합작의 우리 당의 견해만을 말하겠다.
  대개 합작이란 동일 목표를 향하여 공동된 행동과 실천을 취한다는 말이다. 동일한 목표를 향하여 공동된 행동을 취함에는 행동에 대한 원칙이 있어야 될 것이다. 우리 당에서 내세운 3대 원칙이 그것이다. 곧 합작에서 친일파 파시스트 분자를 제거할 것, 테러 중지와 민주주의자를 석방할 것, 3상결정을 총체적으로 지지할 것 등이다. 오늘 조선에서 이 원칙을 떠나서는 좌나 우나 합작은 고사하고 정치적 행동이 있을 수 없다. 이 행동원칙을 떠나서는 조선의 민주독립은 있을 수 없는 것이다. 만약 우익이라도 이 행동의 원칙을 승인하고 그 실천이 보장되면 우리 당은 기뻐 합작할 것이다.

문: 일부에서는 좌우합작과 입법기관과의 관계가 있지 않은가 하는데 귀당의 이에 대한 견해는?

답: 이 두 가지는 별개 문제라고 본다. 입법기관 때문에 좌우합작

을 한다든가, 좌우합작 때문에 입법기관이 생기는 일은 있을 수 없다. 또 있어서는 안 된다. 좌우합작문제는 순 민족 내부 문제요, 입법기관은 대(對) 군정문제이다. 입법기관 설치가 우리의 행동상 원칙과 관계가 없는 이상 이 문제는 전연 별개의 문제이다.

문: 李觀述 피체(被逮)에 대하여는

답: 이 동지는 일제시대에 가장 열렬히 일제에 반항하여 민족해방을 위하여 투쟁한 혁명가이며 애국자이다. 해방 조선이 이 동지를 다시 체포한다면 참으로 유감이다. 이 동지는 청렴 개결(介潔)한 인격자요, 열화 같은 애국 정열을 가진 투사다. 이 분이 그런 죄를 짓는다는 것은 있을 수 없는 일이다.

『朝鮮人民報』, 1946년 7월 11일.

13. 謀利輩 膺懲하야 배급 확보가 급무

나날이 핍박해가는 식량궁핍에 대한 건설적 대책과 좌우합작공작에 대한 저간의 이면공작에 대한 견해를 물은 데 대하여 조공 李舟河 씨는 다음과 같이 답변하였다.

문: 남반부 식량사정에 대하야.
답: 남조선은 도시 농촌 할 것 없이 식량의 위기에 들어가고 있다. 이것은 우리 민족의 반동분자 곧 지주 간상배들의 이익만을 옹호하는 자들이 군정기관에 잠입하야 정치적 권력을 잡아 식량정책을 일반 민족의 생사문제로써 취급하는 것이 아니고, 지주와 간상배의 이익만을 주체로 하여 모든 정책을 쓰는 까닭이다. 우리는 지주와 간상배로부터 철저히 그 모리적 식량재고품을 적발 수집하여 최저한도로 일반 인민에게는 1일 2홉3작, 근로자에게는 1일 4홉의 배급제를 확보하기를 주장한다. 이리하자면 먼저 미군을 기만하고 군정에 잠입하여 정치적 권력을 좌우하는 자들이 책임을 지고 그 자리에서 물러가고 진실하게 인민의 이익을 위하여 일할 사람들에게 권력을 넘겨주어야 할 것이다.
문: 좌우합작에는.
답: 파괴행동이 여러 가지 형태로 표현되고 있다. '민족통일총본부' 같은 것은 통일공작의 노골적 파괴행동이거니와, 입으로는 합

작을 부르짖으면서 실제에 있어서는 그것을 파괴하는 자도 있다. 예하면 3상결정의 일부인 연합국 원조에 대하여는 정부 수립 후 의론하기로 하자는 자, 입법기관에 들어가기 위하여 합작하자는 자 등등은 합작을 파괴하는 자들이다. 합작은 통일적 민주 임시정권 건설을 목표하고 나가는 것이요, 이 목표는 미소공위 속개에서 얻어지는 것이요, 이 속개는 3상결정 총체적 지지운동이 전 민족적으로 결행됨에서만 가장 효과적인 것이다. 그러므로 합작공작은 현재의 이 정세에 있어서는 오직 3상결정 총체적 지지 공동 선전공작, 또는 미소공위 속개 공동 투쟁공작 등으로 나타나야 될 것이다. 대표나 뽑아 교섭이나 하는 등 공작은 과거의 실패에서 잘 경험한 것이다. 그러므로 여러 가지 형식의 원칙적 통일공작을 방해하는 자는 다함께 극히 경계하여야 한다.

『中央新聞』, 1946년 7월 18일.

14. 합당 촉진을 위하야

친애하는 동무들!
오늘 민주진영의 중요한 과제의 하나는 남조선신민당과 조선인민당과 우리 당의 합동문제입니다. 이 문제의 이론적 근거를 확실히 파악하고 이 문제를 중심하여 우리 당 안에서 일어난 옳지 못한 경향을 철저히 검토함은 우리의 긴급하고 중요한 문제입니다.
동무들!
우리 조선은 오늘날 국제 국내적으로 복잡하고도 미묘한 정세 속에서 걸어가고 있습니다. 이러한 정세는 북조선에서 이미 조선신민당과 북조선공산당의 합동이 성립되어 북조선노동당이라는 근로인민의 대정당으로 그 새로운 출발을 시작케 하였습니다. 남조선에서도 3대 민주주의 정당의 합동이 긴급하고 중요한 과제로 제기되는 것입니다.
세계 제2차 대전은 우리에게 있어 한 개의 새로운 역사적 발전의 방향을 정하여 주었습니다. 전후 1년간의 역사는 더욱이 새로운 발전을 사실로써 우리에게 보여주고 있습니다. 이 새로운 사실이란 즉 민주주의의 발전이 노도와 같이 전세계를 휩쓰는 그것입니다.
그러면 무엇이 이 새로운 사실을 가져오게 한 원인인가? 이것은 전세계의 가장 반동세력인 파시스트를 다른 모든 국가보다 앞서 전진하여 인류를 압박과 착취에서 해방하려는 쏘베트 국민과 그의 붉은 군대가 주력이 되어 광휘 있는 승리를 얻은 그것입니다. 이러한 주력적 역할을 한 붉은 군대가 전후에 있어서도 모든 해방된 국가들의 민족의 이익과 행복과 자유와 번영을 위하여 모든 우호적 원조를 아끼지 아니한 까닭입니다.

이것은 필연적으로 해방된 국가의 혁명적이오, 진보적 계급인 노동계급 및 그 전위들의 역량을 증대시키고 이 계급과 전위를 수백만의 근로인민이 적극적으로 지지하는 결과를 가져오게 되는 것입니다. 이들 모든 국가의 근로인민은 그들의 생생한 경험에서 국제적으로는 오직 쏘베트 동맹만이, 붉은 군대만이 유일하게 신뢰할 수 있는 원조자란 것을 가르쳐 주었습니다. 그리고 국내적으로는 노동계급과 그 전위만이 유일하게 신뢰할 수 있는 동맹자이며 지도자인 것을 알게 되었습니다.

이에 노동자를 중심하여 농민 지식층의 광범한 동맹이 유사 이래 처음으로 굳고 또 긴밀한 내용을 가지고 성립되어 가는 것입니다. 동구라파의 선거의 결과는 이것을 여실히 증명하였습니다. 여기에서 조직문제가 새로운 역사를 개척함에 있어 제기되는 것이며 근거가 있는 것입니다.

파란, 불가리아, 오지리, 동부 독일 등에 있어서 새로운 내용과 형태를 가진 노동당 및 사회통일당의 출현은 정히 이러한 것을 근거한 것입니다.

국제 제국주의자를 중심한 세계 반동진영은 이러한 민주주의 발전의 위대한 길을 막아버리고, 세계를 다시금 저들의 지배하에 두려고 광분하고 있습니다. 이들은 이르는 곳마다 이 민주주의운동과 충돌하고 있으며 이것을 압살하기 위하여 필사적 공세를 더하고 있습니다. 그들은 파쇼 잔재와 공연한 동맹을 체결하여 음모 테러 등 방법으로 나아가고 있습니다. 이들은 세계 제3차대전을 도발 선동하여 이것으로써 민주진영을 위협하고 파괴하려 합니다.

그러한 반동공세는 더욱 광범한 인민대중의 무진장의 역량이 통일된 정당의 지도하에 남김없이 집결할 것을 요구하고 있으며 이 힘으로 일대 반격에 나설 것을 요구하고 있는 것입니다. 여기에서 근로인민의 통일된 총참모부 즉 광범한 근로인민의 당이 절실히 요구되는 것입니다.

그 반면에 국제 제국주의자가 그들의 세계 제패에 있어 가장 무서워하고 가장 싫어하는 것은 근로인민이 통일된 정당의 지도하에 총집결되는 것입니다. 그러므로 이 운동에 대하여는 어느 문제보다도 더욱 발악적으로 방해하고 파괴하고 있습니다. 이것은 영국에서 2차나 공산당이 노동당에게 그 합동을 요청한 것이 거절되고 만 것이라든지, 서부 독일에서 통일사회당 운동이 아직까지 성공되지 못한 것이라든지, 기타 국제 제국주의자의 영향하에 있는 모든 나라에서 이것이 한 곳도 성수(成遂)되지 못한 것으로 넉넉히 알 수 있는 것입니다. 적은 민주주의진영이 그 역량을 비약적으로 증가시키려 하는 것을 방해할 것은 필정의 사실입니다.

이러한 정세 속에서 우리 조선도 걸어가고 있습니다. 따라서 조직문제에 있어 이 결정적인 비약적 전진을 즉, 광범한 근로인민의 당을 요구하게 된 것입니다. 우리나라의 모든 정세는 어느 나라보다 더욱 급격하게 이 문제의 성공을 요구하는 것입니다.

다 아는 바와 같이 북조선은 붉은 군대의 원조 하에 모든 민주개혁이 착착 그 승리를 거두고 있습니다. 정권이 인민의 대표기관인 인민위원회에 넘어오고, 토지개혁이 성공되고, 농업현물세가 제정되고, 민주노동법령이 실시되고, 남녀평등권법령이 발표되었습니다. 이것은 조선을 새로운 내용과 형태를 갖춘 민주국가로 건설하는 것입니다. 즉 근로인민의 이익과 행복과 자유를 보장하는 새로운 정치, 경제 조직을 가진 민주조선의 성립을 의미하는 것입니다.

북조선의 모든 근로인민은 직접 그들의 손으로 이러한 진보적 개혁을 수행한 것입니다. 그래서 일제의 강도적 질서로부터 이탈하여 고도의 진보적 민주세계로 비약 전진한 것입니다. 이러한 근로인민의 이익을 위한 투쟁은 북조선에서 아래와 같은 결과를 얻었습니다.

첫째, 이 개혁의 지도자인 우리 당의 주위에 광범한 근로대중의 신뢰와 집결이 진행되고 있습니다.

둘째, 광범한 근로인민이 노동자를 중심으로 하고 그 동맹이 일층 굳어지고 있습니다.

셋째, 우리 당으로 하여금 민주개혁이 있어 노동계급뿐 아니라, 일체 근로인민에게 혁명적 역할을 어느 시대보다 높이 평가할 수 있게 하였습니다.

이에 북조선에 있어 우리 당은 노동계급뿐 아니라, 더욱 광범하고 다대수인 농민, 근로지식층의 수백만의 대중 위에 그 기초를 옮겨 세운 것입니다. 이것이 곧 신민당과 합동하여 북조선노동당의 창설입니다. 따라서 북조선의 확고불발(確固不拔)한 든든한 근로대중의 토대 위에 서게 된 것입니다.

남조선의 현상은 지금까지 민주개혁이 성수되지 못하였으나, 북조선의 모든 개혁과 그 사이 우리 당의 옳은 노선과 동무들의 열성적 헌신적 투쟁으로 인하여 근로인민의 정치적 의식을 비상히 앙양시켰습니다. 광범한 인민대중은 민주정당의 주위에 굳게 단결하였습니다. 민주주의민족전선 깃발 밑에 6백만의 근로인민이 조직된 것과 이번 8·15 해방 기념 대시위에 30만의 대중이 참가한 서울을 비롯하여 광주, 대전 등지에서 일어난 광휘 있는 투쟁은 이것을 증명하고도 남음이 있습니다. 이 군중의 입에서는 한결같이 북조선의 형제들이 얻은 것과 같은 그러한 민주개혁을 요구하였습니다. 또한 이 요구는 오직 우리 당을 선두로 한 민주주의 정당만이 이것을 실행할 수 있는 것을 명확히 알았고, 그러므로 이들은 탄압과 방해를 물리치고 민주건설에 모인 것입니다.

남조선의 반동공세는 국제 국내적으로 급격히 강화의 일로를 밟고 있습니다. 이제는 검거 투옥의 영역을 벗어나 가두총살의 가장 야만적 방법까지 사양치 않습니다. 이 반동의 공세는 공위 휴회 이래 특히 우리 당에 대한 집중적 공격으로 나타났습니다. 소위 정판사 지폐사건의 악질적 모략을 비롯하여 모든 우리 당에 대한 고립화 정책이 그것입니다. 그뿐 아니라 검거 학살정책은 그 예를 매거(枚擧)키 곤란합니다. 특히 와리사건, 전해련 사살 및 공판투쟁 동지 중형사건, 하의도 사건, 나주·평택·소사·경인 일대 사건, 화순탄광 형제들에 대한 학살사건 등은 내외 반동세력이 결합하여 대공세를 개시한 것이 틀림없음을 증명한 사실입니다.

이러한 반동세력을 분쇄함에는 오직 우리 근로인민을 총단결하여 그 무진장의 역량을 발휘시킴에 있는 것입니다. 실로 남조선의 정세는 분초를 다투어 이 근로인민의 굳은 단결을 요구하는 것입니다.

남조선의 모든 조건은

첫째, 북조선의 민주개혁과 우리 당의 모든 정책은 남조선의 근로인민으로 하여금 우리 당에 대한 신뢰를 비약적으로 증대하였습니다.

둘째, 북조선의 모든 개혁은 노동자 농민 근로지식층 소시민들의 굳은 동맹과 민주정당의 지도하에서만 된다는 것을 알려주었습니다.

셋째, 반동의 대공세는 더욱 긴급히 신속히 근로인민의 총역량을 집중하지 않으면 안 될 것을 보여줍니다.

넷째, 우리 당으로 하여금 민주개혁에 있어 노동자계급뿐 아니라 일체 근로인민의 혁명적 진보적 역할을 일층 더 높이 평가하도록 하는 것입니다.

이상의 결론 위에서 우리 당은 남조선에서도 민주주의 3대 정당을 합동하여 시급히 근로인민의 대중적 새 정당으로 발전하여 북조선과 함께 전 조선적으로 통일한 조직과 통일한 정책 위에서 모든 반동을 분쇄하고 민주주의 임시정부 수립과 진보적인 모든 개혁을 실행할 것을 결정케 한 것입니다.

동무들!

그러나 3대 민주정당의 합당은 결코 용이한 사업이 아닙니다. 외국 제국주의자는 민주주의진영의 이러한 운동을 우리나라에서 처음 경험하는 것이 아닙니다. 따라서 그것이 얼마나 저들에게 위협을 주는지 잘 알고 있는 것입니다. 이에 그들은 필사적으로 방해와 파괴를 공작하고 있습니다. 이 방해공작은 여러 가지 형태로 나타나고 있습니다. 그러나 그 근본노선은 우리 우당을 위협하고 우리 당을 파괴하고 우리 당의 위신을 추락시킴에 있는 것입니다.

예하면 인민당의 일부에 대한 위협과 사주가 여(呂) 당수의 진퇴문제에까지 이르게 한 것을 비롯하여, 일시 포함되었던 조봉암(曺奉岩) 한종식(韓宗植)을 그의 앞잡이로 사용하여 당의 위신을 추락시킴에 전심(專心)함은 즉 이것입니다. 반동기관의 언론기관 라디오 등을 동원하여 모든 중상 비방은 모두 이것을 중심하고 나아가는 것입니다.

그러나 이러한 모든 방해공작보다 가장 우리가 당면한 중요한 방해공작은 이 문제를 중심으로 하고 일어난 강진(姜進) 외에 5인의 반당행위입니다. 이들은 입으로는 합당을 승인하나 실제에 있어서는 이것을 지연시킴으로 그 방해의 목적을 달성하려 하는 것입니다. 이들이 범한 죄과는 우리당이 그대로 존속하든지, 우리당이 합동하여 새

당으로 나가든지 결코 평범한 죄과가 아닙니다.

8월 4일 중앙위원회 석상에서 그들이 취한 태도는 소수가 다수에 복종함을 거부하는 반규율적 오류를 범하였고, 그후 지금까지 그들의 행동은 참으로 용서할 수 없는 반당적 계선을 넘어 반동적 영역까지 이르고 있습니다.

8월 6일 제1회 성명은 그들이 당의 규율을 여지없이 유린하여 당내 문제를 당외 즉, 적의 앞에 내놓은 용서할 수 없는 죄과를 범한 것입니다. 중앙은 이들의 반성을 촉진하고 당내 규율을 옹호하는 입장에서 그들을 규약 제 9조, 제 55조에 의하여 처단하였던 것입니다. 만약 그들이 공산당원의 양심이 있으면 자숙과 반성이 있을 것이어늘 그후 그들은 더욱 그 반당행위를 격화하여 지금 와서는 완전히 당을 분열 파괴하려는 기도를 노골화하고 있습니다. 문제는 다만 우리 당내에서 규율을 무시하고 당 기관을 파괴하고 당의 위신을 추락시켜 합당공작을 지연시키는 종류에만 그치지 않습니다. 아주 당을 분열하여 자기의 조직을 가지고 자기들의 추락된 규율로써 당 전체에 대항하려는 행동을 취하고 있는 것입니다. 그리하여 그들은 합당은 당 중앙을 제외하고 반당분자를 중심으로 우리 당을 대표하여 합당하거나 그렇지 않으면 인민당 신민당 일부를 분열시켜 2개 합동정당으로 할 투기적 분열계획을 세우고 우당들을 책동하고 있습니다. 이것은 용서할 수 없는 커다란 죄과입니다.

3개의 정당이 1개의 정당으로 그 역량을 집중하려는 이때에 3개의 정당을 6개의 조직으로 분산시키려는 기도를 감위(敢爲)함은 그 죄과가 크다는 것입니다. 그 실증으로는 8월 4일 중앙위원회 후 즉시 소위 제1회 성명을 발표하고 그 다음부터는 순수하게 지도부를 따로 가지고 따로 지령을 내고, 따로 행동을 개시하였습니다.

지금 그들은 우리와 1개의 당내에 있는 것이 아니라, 완전히 우리 당에서 분리하여 지도부로부터 별개의 것을 가지고 있는 것입니다. 그들이 따로 중앙이 알지 못하게 열성자대회를 소집하고, 기관지를 도용하고, 시 간부를 조직하고, 지방으로 별개의 지령을 내리고, 따로 대회까지 소집하려고 합니다. 만약 공산당이 이와 같은 별개의 조직적 행동을 용인할 수 있다면 공산당은 우리 손으로 그 광휘 있고 위대한 이름과 역사를 모독하는 것입니다.

모든 것을 원만히 하고 포섭하는 아량을 가진다 하더라도 이 점만은 더 양보할 수 없는 것입니다. 더욱 새 당은 우리의 강철 같은 규율을 무조건으로 필요하는 것이요, 그러므로 규율은 이렇게 짓밟아도 원만 포섭만을 주장할 수 없을 것입니다. 어떤 동무들은 여러 가지 의심도 가지고 의문도 가질 것입니다.

1. 그들이 부르짖는 대회를 부르는 것이 좋지 않은가?
2. 그들이 주장하는 종파주의 뜨로츠키주의가 중앙에 없는가?
3. 군중이 그들에게 많이 따라가지는 않는가?
4. 인민당도 포섭하는데 당내에서 과거의 광휘 있는 투쟁사를 가진 동무를 버릴 수 있는가?

등등의 모든 의문을 일으킬 것입니다. 나는 이곳에서 이러한 문제를 세세히 전개하려 하지 않습니다. 동무들이 토론하시는 중에서 서로 해결될 줄 알기 때문입니다. 다만 그들의 중심적 구호인 대회문제만을 말하려 합니다.

그들은 대회 내지 대표자회의를 열어 합당문제의 가부를 결정할 것이고, 또한 당내 모든 문제를 청산한 다음 합당하자고 주장합니다. 이것은 옳지 못한 것입니다. 지금 합당문제는 최대의 긴급한 정세 속에서 진행시키느니만큼 적전의 상륙의식으로 행하지 아니하면 모든 적의 방해에 의하여 그 성공이 불가능할 정세에 있는 것입니다. 그럼에도 불구하고 이것을 대회에서 결정하자 함은 입으로는 아무리 그 원칙을 승인한다고 하여도 실제에 있어서는 그것을 지연 반대하는 결론밖에 아니 나옵니다.

만약 중앙위원회에서 이런 것을 결정할 수 없다고 하면 모르거니와 북조선에서는 이것을 훌륭하게 결정 실행한 것입니다. "대회 한번 못하고 우리 당은 없앨 수 없다"는 등등의 감정을 선동하는 구호는 혁명과 아무 상관도 없는 것입니다. 문제는 합당이 옳으냐, 그르냐에 있는 것입니다. 만약 옳은 것이라면, 시급을 요하는 것이라면, 중앙위원회에서도 이것을 할 수 있는 것입니다.

그리고 대회에서 모든 당내문제를 깨끗이 청산하여 가지고 합당하자 함은 더욱 옳지 못한 것입니다. 당내에 문제가 있다면 오랜 실지 투쟁 속에서 청산될 것이요, 일개의 대회에서 이것이 청산될 수 없는 것입니다. 문제는 그들이 말하는 경성 콤그룹 중심이니, 이주하(李舟河) 독재니, 김삼룡(金三龍) 혼란이니, 이현상(李鉉相) 국제노선이니 하는 데마에 있는 것이 아니요, 현 중앙의 노선이 옳으냐, 그르냐에 있는 것입니다.

그리고 현 중앙의 박헌영 동무의 정치노선이 옳았다면, 현 중앙을 청산하기 위한 대회는 필요가 없는 것입니다. 또 그리고 중앙은 그들의 잘못이 대회 한 개에서 청산되리라고 보지 않습니다. 중앙에서 다수에 복종치 아니하는 자들이 어찌 대회엔들 다수에 복종할 수 있습니까?

오직 우리와 같이 낙후된 국가의 공산주의자들은 기나긴 투쟁에서 스스로 경험을 쌓고 기관적으로 훈련되어야 합니다. 그럼으로써만 그 오류가 비로소 청산되고 모든 소부르주아적 의식이 청산될 것입니다.

그러므로 현재에 있어서 그들이 부르짖는 대회 소집의 구호는 소부르주아 자유주의적 분파분자들이 당 지도부를 점거하려는 기회를 가지자는 데서 나오는 것이요, 그것은 결과에 있어 합당공작의 지연과 이에 의한 이적행위밖에 아니 되는 것입니다.

오늘의 정세는 대회 소집의 구호로써 합당의 중요 과업을 지연할 수는 없는 것입니다. 이는 밖으로 미제국주의자와 반동진영의 이익을 도와주는 것이요, 안으로 합당만 지연시키는 것입니다. 그뿐만 아니라 우리 당을 아주 분열시키고 인민당 신민당에까지 촉수를 넣어 거기까지 분열을 일으키는 결과밖에 아니 가져오는 것입니다.

이들로 말미암아 3개의 정당이 6개의 조각형태로써 적과 대중 앞에 나타나게 되며, 합당이 2개의 형태로 나타나게 될 것입니다. 이것은 확실히 반인민적 행동입니다. 이들의 앞에는 자기의 이익 이외에는 계급도, 근로인민도, 민족도 없는 것처럼 규정됩니다. 우리는 우리 당내의 이러한 분자들의 책동에 감연히 일어서서 투쟁 분쇄하지 않으면 안 됩니다. 그러면 투쟁방법은 어떻게 해야 할 것인가.

첫째, 합당공작을 위에서 진행함과 호응하여 밑으로부터 급속히 실천하여 □□의 합동을 급속히 실현하여야 합니다.

둘째, 당내에서 이 반당파의 촉수를 절대 배격하고 최대한도로 의식이 박약한 당원의 동요를 방지하여 당 기관의 파괴를 방지하여야 합니다. 그것은 오직 선동자에 대한 엄격한 처단과 대중에 대한 관용의 포섭으로만 성공할 것입니다.

셋째, 당 규율에 대한 사상을 심각히 침투 교양하여야 합니다. 새 당이 되면 우리는 모든 자유주의적 요소를 더 많이 만날 것입니다. 우리는 이들을 혁명적 규율 높은 계선까지 시급히 인상하여야 합니다. 그러므로 우리는 규율문제에 있어 언제든지 엄격해야 합니다.

넷째, 우리는 당면한 모든 임무를 어느 때보다 더욱 적극적으로 실천해야 합니다. 그래서 인민의 눈앞에 가장 용감하게, 가장 희생적으로 투쟁하는 자가 당을 지키는 공산당원이라는 것을 보여주어야 할 것입니다.

동무들!

우리는 이것이 반당분자문제를 해결함에 옳은 것입니다. 만약 우리가 이 과업을 성공적으로 성취한다면 우리 민족의 모든 문제를 해결함에 성공을 가져올 것입니다. 그뿐만 아니라 미·영의 영향 하에 있는 모든 국가에서 가장 먼저 근로대중당을 건설하는 최초의 국가가 되는 영예를 가질 수 있는 것입니다.

끝으로 한 가지 부언할 것은 반당문제에 있어 만약 그들이 철저히 자기비판을 행하여 합당공작을 급속 추진시키기를 승인하고 다만 입으로만 승인할 것이 아니라, 실천에 있어 그것을 집행하여 그들이 당의 규율을 파괴한 데 대하여 그 잘못을 깨닫고 양심적으로 자기비판한다면 우리 중앙에서 그들의 당내 복귀를 거부치 아니할 뿐 아니라, 흔연히 포옹하여 나아갈 것을 동무들이 승낙하여 주기를 바라는 바입니다.

『靑年 解放日報』, 1946년 9월 2일.

15. 남조선 정세에 대한 정보자료

잘 알려져 있는 것처럼 미군정청과 우익은 조선에서 외국군대를 철수시키자는 소련 대표단의 제안을 술책으로 간주하였다. 심지어는 중도주의자 홍명희조차도 외국군대 철수 제안을 선전에 지나지 않는 것이라고 언급하고 소련이 조선문제 해결에 진지성을 보일 것을 호소하였다. 이 일이 있고 난 후 나중에 왜 그렇게 언명했는가를 그에게 질문했을 때 그는 기자들의 질문에 답변하는 과정에서 우연히 그런 말이 나왔다고 변명하였다. 김규식과 안재홍은 외국군대는 정부 수립 이후에 비로소 철수가 가능하다고 설명하였다.

소련측의 제안에 반대하여 미국인들과 반동분자들이 맹렬히 전개하고 있는 선동은 일정 정도까지는 대중들의 눈을 진실로부터 멀어지게 하고 있다. 그러나 미국측의 제안에 따라 채택된 조선문제에 관한 정치위원회 결정의 공개뿐만 아니라 조선문제에 대한 정치위원회 회의에서 진술한 그로미꼬의 연설은 조선에서 외국군대를 철수시키자는 제안의 정당성을 인민들에게 증명하였다. 인민들에게는 조선에 대한 모스크바 3상회의 결정의 정확한 실천이 불가능해진 이후 조선의 독립을 달성하는 유일한 방법이 외국군대의 철수라는 사실이 명확해졌다. 심지어 한국민주당조차 외국군대의 철수를 전원일치로 반대할 수 없었다. 중간파들은 외국군대의 철수에 찬성하고 있다. 김성수, 안재홍, 홍명희는 정부 수립 이후에 외국군대를 철수시켜야 한다고 더 이상 주장할 수 없게 되었다.

미소공동위원회가 중단된 시기, 반동세력이 아직은 국제연합 총회 결정을 지지하자는 주장으로 대중들을 쟁취할 수 없었던 시기에 정안입이라는 사람은 남북 조선 지도자협의회의 소집을 주장하고 나섰다. 그는 이승만과 한국민주당 및 중도주의자들과 우리 당에도 접근하여 자신이 북조선으로 가 북조선 지도자들과 협상할 수 있도록 그에게 위임장을 써줄 것을 요청하였다. 우리 당은 이 제안을 거부하였다. 이 제안은 명백히 외국군대 철수 주장을 무력화시키고 남조선에 단독정부를 수립할 필요성이 있다는 점을 보여주기 위해 고안된 것이었다. 많은 사람들이 남북 조선 대표자들의 협의회를 통해 민족통일을 달성할 수 있을 것이며 조선인민 자신이 자신의 정부를 수립할 수 있을 것이라는 환상을 갖고 있었다.

중도주의적 정당들 속에서 활약하고 있는 우리 당의 프랙션들로부터 남북 조선 대표자협의회의 소집 주장에 대해 어떻게 대응해야 하는가 하는 질문들이 빗발치고 있다. 이들은 대단히 많은 사람들이 그러한 회의에 기대를 걸고 있다고 지적하였다. 또한 우리 당의 프랙션들은 심지어 한국독립당 대표 조소앙조차 외국군대의 철수를 지지하고 있기 때문에 만일 그를 전술적으로 잘 다룰 수만 있다면 그로 하여금 남북 조선 대표자협의회의 소집에 동의하게 하고 남조선로동당과도 친해지게 할 수 있을 것이라고 보고하였다. 김성수, 안재홍, 홍명희는 비록 외국군대 철수 주장을 지지했지만 미국인들로부터의 강압 때문에 공개적으로 이를 지지할 수 없었다.

우리 당은 남북 조선 대표자회의를 소집하자는 정안입의 주장의 허구성을 폭로하기로 결정하고 이 협의를 좋은 방향으로 변화시켜 외국군대 철수 주장을 드높이기 위한 조치들을 취하였다. 우리는 프랙션들에게 12개 정당협의회에 대하여 다음과 같은 요구조건을 내걸어야 한다고 지시하였다. 이 요구조건은 기본적으로 협의회의 노선으로 채택되었다.

협의회의 중심적인 구조는 다음과 같아야 한다. 1948년 초 외국군대의 철수, 조선인민 자신에 의한 민주주의 통일정부의 수립, 협의회의 형식은 반드시 협의기관으로 할 것, 협의회는 선전활동을 기본적인 사업으로 할 것, 필요할 경우 협의회는 자주민주 통일정부 수립준비위원회로 개편할 것, 한편 정안입의 제안과는 달리 협의회는 반드시 민주주의 정당들의 대표자들로 조직되어야 했다. 이와 함께 친일분자들은 반드시 배제되어야 했다. 무엇보다도 먼저 남조선에의 범위에서나마 외국군대의 철수 주장을 드높이기 위해 반드시 정당들의 행동통일을 확립해야 했다. 이상에서 언급한 요구조건들은 모두 어느 것이나 양보할 수 없는 것이었다. 그렇지 않을 경우 남조선로동당이 자신의 목적을 위해 이 협의회를 이용한다는 인상이 조성될 수도 있기 때문이다. 이밖에도 협의회는 반드시 남조선 단독선거를 반대해야 하며, 국제연합 총회의 조선문제에 대한 결정을 반대해야 했다.

협의회를 통해 우리 당은 첫째로 8월 15일 탄압 이후 당과 민주주의민족전선의 활동이 현저히 제한된 조건에서 국내적으로나 국제적으로나 외국군대 철수를 지지하는 사회여론을 고양시킬 수 있을 것이다. 둘째로 모스크바 결정을 지지하고 외국군대 철수 제안을 지지하는 우익 및 중간파 인사들을 쟁취할 수 있을 것이다. 셋째로 미국측 제안에 (사형) 선고를 내릴 수 있을 것이다.

5개 정당협의회(신진당, 민주독립당, 근로인민당, 사회민주당)는 12개 정당협의회 소집운동의 발기자 역할을 수행하였다. 5개 정당협의회 기구는 미소공동위원회 활동 시기에 조직되어 모스크바 결정을 지지하였다.

그런데 5개 정당협의회에서 의견이 갈라지는 일이 자주 있었고 이 것은 12개 정당협의회에도 그대로 반영되었다. 12개 정당협의회 첫 번째 회의는 한국독립당 당사에서 개최되었다. 12개 정당협의회는 비록 한국민주당의 명의로 소집된 것이지만 한국민주당 대표들은 개인 자격으로 협의회에 참여하였다. 이것은 협의회가 그만큼 원칙적이지 못했다는 사정을 보여주는 것이다. 회의는 협의적 성격을 띠었다. 남북 조선 대표자협의회 소집문제를 논의한 이후 외국군대 철수문제가 논의되기 시작했을 때 한국민주당은 회의장을 떠났다. 협의회는 한국독립당과 민주독립당에게 협의회의 강령 작성을 위임하였다. 이것으로 첫 번째 회의는 종료되었다.

두 번째 회의에서는 주로 한국독립당에 의해 작성된 협의회의 강령이 논의되었다. 이 강령에는 즉시 독립과 외국군대의 철수문제가 언급되고 있었지만 친일파 청산문제는 지적되지 못하였다. 그것은 통일전선의 강령과 비슷하였다.

신진당 당수 김일청은 강령에 친일파 조항을 추가하자고 제안하였다. 이 조항은 근로인민당의 지지를 얻어 채택되었다.

소련측 제안뿐만 아니라 미국측 제안도, 극좌적 제안뿐만 아니라 극우적 제안도 모두 거부하자는 제안이 협의회에 제기되었다. 협의회는 성명서와 3개 항의 강령을 발표하였다. 정백은 성명서 내용 가운데 언론에 공표하기에 가장 좋은 부분들을 뽑아냈다. 이 때문에 정백에 대한 비난이 일었다. 정백은 기자들의 질문에 답변할 때 주요 내용만 전달하였다고 변명하였다.

협의회의 세 번째 회의에서 우리 당의 프랙션은 민주주의민족전선과 남조선로동당에게 협의회 참여를 권유하자는 제안을 하였다. 우리는 이것을 통해 민주국가 건설에 대한 민주주의민족전선과 남조선로동당의 참여가 단호한 요구사항이라는 것을 보여주고자 했던 것이다. 온갖 박해에도 불구하고 남조선로동당이 자신의 모든 영향력을 유지하고 있다는 사실을 납득시킬 필요가 있었던 것이다. 남조선로동당의 참여를 요구하고 실제로 남조선로동당이 협의회에 참여할 수 있는 모양새를 만듦으로써 협의회가 올바른 원칙을 실행하게 하여 협의회의 사업을 진전시키고 협의회가 반동적인 방향으로 가는 것을 예방할 수 있을 것이다.

심지어 조소앙조차도 남조선로동당의 참여가 원칙적으로 올바른 일이라고 인정하였고 이에 따라 협의회는 이에 대한 결정을 채택하였다.

협의회의 성명서가 언론에 공개된 이후 대중들 사이에서는 외국군대의 철수 제안에 대한 이해가 한층 높아졌다. 몇몇 사람들은 이미 조선인민 자신에 의해 정부를 수립하자는 구호를 논설에서 제기하였다.

일부 중간파 인사들과 특히 근로인민당 일부 당원들은 남조선로동당이 분파주의적 행동을 포기했다고 주장하였다.

이와 같이 협의회는 소련측 제안을 지지하였고 국제연합 총의의 결정을 거부하였다.

이러한 상황에서 미군 방첩대와 경찰은 협의회의 사업에 간섭하기 시작하였다. 이들은 회의에서 발언한 사람들의 이름과 그들의 발언 내용을 기록하였다. 협의회에 대한 탄압이 곧 시작될 것이라는 소문이 나돌았다.

하지와 브라운은 협박을 수단으로 김규식, 안재홍, 홍명희 및 기타 인사들의 협의회 참여 여부를 탐문하였다. 하지와 브라운은, 한국독립당은 조소앙을 통해 협의회에서 분리시키고 다른 정당들은 관련자들을 체포함으로써 협의회로부터 탈퇴하도록 책동하였다. 경찰은 신진당 당원 김희섭이 남조선로동당의 첩자인 것처럼 박해하였고, 김기정과 박경식도 위협하였다.

과도정부 국무원은 국제연합 총회에서 채택된 결정만이 조선의 독립을 달성할 수 있는 유일한 길이며 이 결정에 반대하고 있는 협의회는 분란만을 불러일으킬 뿐이며 반민족적인 행위를 나타내는 것이라는 내용의 성명서를 발표하였다. 반동단체들은 각종 집회와 언론을 이용하여 이 협의회는 민족의 이익에 반하는 활동을 하고 있다는 선전을 광범위하게 전개하였다.

탄압이 가중되자 조소앙은 동요하였다. 권태석은 조소앙을 붙잡으려고 노력하였는데, 그것은 협의회를 이용하여 한국민주당을 격리시키고, 좌익인사들을 활용하여 우익진영에서 지배적인 지위를 차지하기 위한 것이었다.

근로인민당은 협의회를 통해 통일전선의 수립을 달성하고 스스로 통일전선의 지도적인 역량으로 변신하여 현재 탄압을 당하고 있는 민주주의민족전선을 파괴하려고 획책하였다. 이 때문에 우리는 최대의 경각심을 갖고 이에 대처하였다. 또한 우리는 협의회에서 미국측 제안과 타협하려는 책략이 등장할 수 있다는 점을 경고하였다.

협의회의 사업은 주로 조소앙과 권태석 및 정백이 지도하였다. 정백은 이전에 공산당의 분파주의자였던 사람이지만 지금은 근로인민당 당원으로서 남조선로동당과 협력에 적극 나서고 있고 남조선로동당과 긴밀한 관계를 유지하며 남조선로동당의 지시를 전달하고 공포하는 데 적지 않은 역할을 담당하고 있다. 정백과의 관계를 유지하기 위해 우리는 장건상과의 관계도 저버리지 않고 있다. 이들 밑에서 우리 프랙션의 요원들이 활동하고 있으며 이 때문에 협의회의 사업과 관련하여 이들로부터 커다란 방해는 없을 것이다.

권태석은 우리 당과 긴밀히 협력하여 일하겠다고 약속하였다. 그는 심지어 우리 당의 당원이 되었으면 하는 희망을 피력하기도 하였다. 그러나 우리 당을 위해서는 그가 우리 당 밖에서 일하는 것이 훨씬 유리하다고 판단하였기 때문에 우리는 그의 요청을 거절하였다. 그는 의심할 여지없이 탄압을 두려워하고 있다. 이 때문에 그는 조소앙을 통해 사업을 추진하고 있다. 그러나 조소앙은 극히 비원칙적인 사람이기 때문에 협조주의적 행동으로 기울 가능성을 배제할 수 없다. 예를 들면 그는 협의회의 강령을 뜯어 고쳐 강령에서 친일분자의 숙청조항을 삭제하자고 한 일이 있었다. 이 조항은 김일청과 정백의 주장에 의해 강령에 포함될 수 있었다.

조소앙은 좌익 인사들과 관계를 맺기를 희망한다. 이것은 우리 프랙션 요원들이 한국독립당에서 그를 지지하고 있는 것과 밀접히 관련되어 있다.

조소앙은 소련측 제안을 지지하고 있지만 그의 지지는 진심에서 우러나온 것이 아니다. 그는 정치적으로 끊임없이 동요하는 인물이다. 그는 한때 올바르게 행동할 수 있지만 박해를 받는다면 곧바로 자신의 언행을 부정할 수도 있는 사람이다. 그는 만일 협의회가 탄압을 받게 된다면 동요할 것이 분명하다. 그는 자신의 출세주의적 목적을 위해 협의회를 지지하고 있지만 만일 전망이 없다면 금방 지지를 철회할 것이다. 이처럼 다양한 입장을 견지하고 있는 이 사람들은 단기간만 소련측 제안을 지지하고 있으며 이 지지가 끝까지 지속될 수는 없을 것이다. 다양한 정당의 지도자들에게 영향력을 행사하고 있는 우리 프랙션들 덕분에 협의회의 사업은 일정한 진척을 보이고 있는 것이다.

김규식, 안재홍 및 홍명희는 진심으로 외국군대 철수 주장의 정당성을 인정하고 있으며 한 다리로 이 제안을 지지하고 있다. 물론 이들이 이러한 태도를 취하는 것은 대부분 이들의 정당들에서 활동하고 있는 진보적인 분자들의 영향력에 의한 것이다. 만일 상황의 변화에 따라 이 제안을 지지하는 것이 자신들에게 보다 유리한 일이 된다면 그들은 이 제안을 지지하는 쪽으로 두 걸음 더 다가갈 것이다.

외국군대의 철수 지지가 자신에게 불리한 일이 된다면, 더구나 이 일로 해서 미국인들의 탄압을 받게 된다면 협의회에 참여하는 것을 거부할 것이며 심지어는 자신의 대표들을 소환하여 협의회에서 탈퇴할 것이다.

협의회의 성명서 초안을 준비할 때 국제연합 총회는 조선문제에 대한 미국측의 제안을 채택하였다. 이 때문에 성명서는 국제연합 총회의 결정을 비판하는 내용이 추가되었다. 우리는 성명서의 주요 내용을 검토한 바 있고, 이 성명서는 신속히 공포되었다.

미군정청의 압력과 탄압에 의해 12개 정당협의회는 국제연합 결정을 찬성하고 지지하는 방향으로 자신의 입장을 바꿀 가능성이 있다. 미군정청의 신뢰를 얻기 위해 노력하는 기회주의자들인 조소앙(한국독립당), 김규식, 안재홍, 홍명희 등 중간파 지도자들은 심지어 선거에 참여할 수도 있을 것이다.

만일 기회주의자들이 반동진영으로 넘어간다면 그들의 정당들은 협의회에서 배제시켜야 할 것이다. 그러나 만일 민주독립당, 근로인민당(이 당의 지도자인 장건상은 미국인들로부터 지시를 받고 있다), 신진당이 협의회에서 빠져버린다면 향후 협의회를 유지하는 것이 극히 곤란해질 것이다. 협의회는 탄압의 정도에 따라 발전해 갈 것이다.

물론 미국인들은 협의회에 대해 온갖 악선전을 늘어놓고 있다. 그러나 협의회는 의심할 바 없이 아직 우리 당의 커다란 영향력 아래 놓여 있다. 최근 한국민주당은 우리 당에서 탈당한 박일원, 박명춘 및 다른 사람들을 자신의 요원들로 활용하고 있다.

한국민주당은 중간파 정당들 속에서도 그러한 활동을 전개하고 있다. 예를 들면 이전에는 공산당의 분파주의자였지만 지금은 근로인민당의 당원이 된 최익한은 한국민주당의 지도자들 가운데 한 사람인 김주연과 매우 밀접한 관계를 유지하고 있으며 그와 서신도 교환하고 있다.

1947년 11월 24일.

* 출전: 러시아 국방성 중앙문서보관소 문서군 172, 목록 614632, 문서철 41, 42~48쪽; 『소련군정문서, 남조선 정세보고서 1946~1947』(국사편찬위원회, 2003), 336-342쪽에서 재인용.

제2부
●

1. 金台俊, "李舟河論"

"날씨가 추워야 사시(四時)로 푸른 송백나무의 절개를 알 수 있다"라고!

8·15 이후 말썽거리 왜놈이 가고나니 왈(曰) 민주주의 지사, 지도자, 혁명가라는 이름을 모수(毛遂) 자천으로 들고 나와서 기세도명(欺世盜名)하는 무리가 얼마나 많으냐. 이 사람들이 모두 인민을 위하여 자기를 희생하겠다는 혁명가라면 일본제국주의는커녕 그 몇 백배의 적이 온들 무슨 걱정이 있으리요.

* *

하나 8·15 이전에는 정말 혁명가는 그다지 많지 않았다. 만주사변이 일고 중일전쟁이 일면서 왜놈의 탄압이 가중되자, 무수한 동지들은 피투성이 싸움 끝에 검거되었거나, 투항되었고, 이 무시무시한 백색 테러의 폭풍열우(暴風烈雨)에 항거하여 꾸준하게 10여 년 동안 8·15 전날까지 지하에서 인민의 이익을 위하여 싸운 분은 참 적었던 것이다.

* *

그런 의미에서 남조선에 朴憲永, 李觀述 두 동무와 북조선에 李舟河 동무는 조선 지하운동의 레코드를 깨뜨리고 있던 것이다. 또 그런 의미에서 이 동지들은 일제 밑에 우리가 취할 수 있는 기술문제를 집대성해서 최고도로 발휘한 사람들이다.

그러나 이것은 이 동지들의 애국적 정열과 계급적 투지에서의 발로 이외에 아무 것도 아니다.

*　　　　　　　*

1937년 이주하 동지가 지도하는 원산 철도국사건이 벌어지자 날로 강화되는 일제 탄압의 폭풍우를 뚫고서 흥남, 원산, 평양, 진남포의 공장지대로 갖가지 인물로 가장하고 다닌 분이 바로 이주하씨다.

*　　　　　　　*

이주하라는 이름은 벌써 '지하'에 알려진 지 근 20년이다. 상기컨대 8·15 직전에 조선 내에 움직이고 있던 당시 지도자에 굶주린 혁명적 인테리 청년들이 가장 애송하던 이름의 하나이다.

박헌영 동무가 어디 가서 계신지 알 수 없으니 원산 흥남지대에 가서 이주하 동무를 찾아낼 수 없을까? C, R 제군을 자주 접촉해 물으면 행여나 주하 동무의 거처를 알 수 있지 않을까, 몹시 모색해 보았던 것이다.

*　　　　　　　*

왜놈이 가고나니 뜻밖에도 주하씨는 진남포에서 나타났다. 인민의 벗, 민족의 영웅, 이주하씨의 거대한 존재를 나는 연안 동지들께 소개했다. 귀국 후 곧 주하씨를 서울 시내 어느 병원에서 만나게 되었다. 악독한 일제와 싸우면서 장구한 지하생활 속에서 굶주림과 헐벗음과 육체적 무리가 준 선물 '병마'의 포로가 되어 있었다. 그의 얼굴은 창백하나, 이지(理智)롭고 선량해 보이는 불요불굴의 정신을 말하는 혁혁한 안광이 번쩍거리고 그 어세(語勢)와 그 풍도(風度) 속에는 왜놈의 철쇄망을 돌파하고 왜놈이 다 무엇이냐 하는 듯한 기백을 보이고 장구한 지하생활에 조금도 성격이 오물조물하게 되지 않고 하나도 풍우를 겪지 않고 늣늣하게 자란 초목처럼 유유히 누구든지 그 품안에 안길 수 있는 대(大) 주하(舟河)의 금도가 있었다.

*   *

　그가 관후장자(寬厚長者)의 풍을 가졌으나, 그는 일찍 북청 어느 한 촌에 악착하게 귀차롭게 가난한 가정에 태어나서 시종 고학으로, 잠시 고학하러 일본에 갔다가 온 경험밖에 없고 늘 노동자와 함께 고생하고 노동자와 함께 싸워왔고 당년 42세의 대 주하의 일생은 완전히 조선의 근로대중을 위해서 바쳐왔다. 그는 아직도 결혼의 경험이 없으니 대 주하는 아직도 청소년이다.

*   *

　나는 대 주하를 몇 차례 만났으나 아직도 한가롭게 그의 생애를 물어볼 시간도 없었다. 내가 어떻게 얼마나 8·15 이전에 그 이름을 그리워했고, 뵈옵고자 했다는 이야기도 할 기회가 없었다. 나는 오직 믿는다. 주하 동지야말로 여하히 강대한 세력이 우리를 박해하고 탄압해도 조금도 굴함 없이 다수한 이익을 위해서 싸울 수 있는 영원한 인민의 벗이 될 수 있으리라고. 인민을 통치하려고 덤비는 '영웅(?)'은 많으되 민중 속에 들어가서 민중과 함께 울고 웃고 싸울 수 있는 인민의 '벗'으로서의 지도자는 참 적은 것이다.

『朝鮮人民報』, 1946년 4월 17일.

2. 金午星, "李舟河論"

1

8·15 이후 우리의 현실에는 무수한 자칭 지도자들이 나타났다. 지난날에 한낱 청년의 혈조(血潮)에 떠서 기분운동을 조금 해본 것을 무슨 위대한 혁명가적 전력(戰歷)인 것처럼 자과(自誇)하면서, 또는 국내의 인민들과는 하등의 연락도 없이 해외의 표랑(漂浪)생활 몇 해 동안을 무슨 망명정객의 절개처럼 내세우면서, 그리고 과거의 자기의 투쟁경력은 자과하면서 온갖 전락의 길을 밟아 온 사람들이 그것을 인민대중 앞에서 의식적으로 가리우면서, 그보다도 심하게는 일찍이 혁명이니, 투쟁이니는 꿈에도 생각해 본 일조차 없는 사리사욕의 포로들까지 제가끔 지도자의 탈을 쓰고 인민대중의 앞에서 가진 교태를 다 부리고 있는 것이다.

그러나 지도자란 그렇게 누구나 내세울 수 있는 간판이며, 누구나 주워 입을 수 있는 의상이며, 누구나 자기를 막을 수 있는 방패의 대명사인 것인가? 지도자란 그 민족의 운명을 자기의 운명으로 의식할 뿐 아니라, 민족과 운명을 같이하는 자를 의미함이며, 인민의 고통을 자기의 고통으로 이론적으로 인식할 뿐 아니라, 실제로 체험하면서 그들에게 전 심혼(心魂)을 받아오는 자를 이름이다. 이러한 지도자는 누구나 될 수 없고, 또 일조일석에 생기는 것도 아니다. 그 민족의 수난 가운데서, 그 민족의 고투 가운데서, 그리고 그 인민들의 부절한 투쟁 가운데서 나타나는 것이며, 그리하여 어떤 고난 속에서도, 어떤 역경 속에서도 휴식을 모르고, 전략을 모르고, 후퇴를 모르고 진지하게 싸워온 자만이, 그리고 그의 투쟁경력이 과거에 있어 인민을 바로 지도해 왔고, 또 지금도 인민에게 옳은 방향을 지시하고 있는 자만이 민족의 지도자, 인민의 지도자가 될 수 있는 그 영광을 향유할 수 있는 것이다.

조선의 사회운동이 시작된 이래, 1930년대까지의 사회운동의 전성기에 있어서는 혁명투사 되기가 그리 어려운 일은 아니었다. 오늘의 많은 혁명투사들이 그 당시의 경력을 내세움은 이 까닭이다. 그러나 1930년 이후 즉 조선 사회운동의 하향기, 일제가 침략전쟁을 수행키 위해서 그 준비로서 온갖 사회운동을 잔혹하게 탄압하기 시작한 이래로 혁명투사가 되기는 참으로 어려운 일이었다. 만일 그 세계에 비유(比類)가 없는 일제의 야수적인 탄압 밑에서, 그 무서운 고문과 악형과 학살로서의 위협에도 굴하지 않고 싸워온 혁명투사가 있다면 그는 전 민족이 숭앙해야 할 민족적 영웅이며, 인민의 지도자가 아닐 수 없는 것이다.

이주하씨는 이러한 희귀한 민족적 투사 가운데 한 사람이다.

2

씨는 러시아에서 제1차 혁명이 일어나던 1905년 함남의 북청과 홍원의 접경 외딴 산속에서 화전민의 둘째 아들로서 태어났다. 그가 네 살 나던 해에 그의 아버지가 의병에 관계했다는 혐의를 받아 관헌의 추적을 피하여 아버지와 형을 따라 원산으로 도망해 왔다. 원산에서 그 아버지는 누룩 만드는 집에서 고용노동을 하였고, 그 어머니는 남의 집 빨래와 바느질품팔이를 하여 생계를 이어 나갔다. 그 형은 학교에 가보지도 못하고 일본인 회사에서 심부름꾼 노릇을 하였다 한다.

씨는 9세 때 아버지 몰래 사립 광성(光成)학교에 입학하고 비로소 머리를 깎았는데, 머리 깎았다는 아버지의 꾸중이 상당히 오래 계속되었다 한다. 그는 간신히 3년간의 그 학교를 마치고 보광(保光)학교란 상급학교에 진학하였으나, 학비의 곤란으로 어린 심령(心靈)에 무한한 고통이 깃들었다고 한다. 씨는 어렸을 때 어지간히 부산한 장난꾼이어서, 종일 노동에 지친 아버지가 매일 한 켤레씩 꿰뜨리는 짚신을 밤마다 삼아 대기에 고통을 받으셨다고 한다.

보광학교의 3학년 때에 3·1운동이 터져서 씨는 선생의 삐라 등사를 원조하고, 또 삐라를 살포한 것이 나타나서 선생은 검거되고 씨는 그 형이 가있는 갑산광산으로 피신하였다. 그러니까 씨는 15세의 소년으로 조선민족해방에 투신한 셈이다.

그 뒤 그는 원산 객주집 심부름꾼으로, 일본인상점의 점원으로, 우편국 전부 배달부로 만 3개년을 지내었다. 그 형이 운반업을 시작하여 다소 생활이 피게 되자 씨는 서울로 올라와서 휘문학교에 입학하였으나, 3년생 때에 동맹휴학을 일으키다가 그만 퇴학을 당하였다. 이때부터 씨는 공산주의에 대한 연구를 골똘히 시작한 것이다.

1925년경 이주하씨는 일본으로 건너가서 동경 모 사립대학에 적을 두고 주로 도서관에서 마르크스, 레닌의 저작을 연구하였으며, 일본공산당의 간부 新津씨의 지도하에서 千葉에서 공산청년동맹을 조직하고 활동하였다.

1928년에 혐의를 받고 검거되었다가 무사 석방되었으며, 원산총파업이 있은 뒤에 헝클어진 사태를 잘 수습하기 위하여 귀국, 원산 부두에서 일고(日雇)노동을 해가면서 원산의 노동운동을 재건하였다. 이 해에 이주하씨는 조두원씨의 소개로 조선공산당에 입당하였다고 한다.

1929년에 씨는 조선공산당 원산시당부의 책임자가 되었으며, 1930년에는 후계당(後繼黨)사건으로 피검되었으나, 증거불충분으로 기소유예로서 석방되었다.

서대문형무소에서 나온 그는 바로 동해안의 투사들과 함께 태평양노동조합을 조직하고, 함남 책임위원이 되었으며, 그는 이 운동을 전국적으로 전개키 위하여 서북위원회의 책임자가 되어 가지고 황해도, 평안남·북도에 파견되었다. 평양에 본거를 둔 씨는 정달헌(鄭達憲)씨 등과 함께 노동운동의 전개에 진력하였다. 씨는 경성의 동지들과 연락하려 상경하였다가 용산서에 피검되어, 세칭 제1차 태평양 노동조합사건으로 함흥형무소에서 5년간 복역하였다.

1936년 옥문을 나선 이주하씨는 그 지친 몸을 쉴 사이도 없이, 다시 원산을 중심으로 적색노동조합을 조직하였다. 일본제국주의가 만주침략을 개시하던 전년(前年)이라, 온갖 합법운동이 일망타진되었음은 물론, 그 삼엄한 경계와 야수적인 탄압은 모든 운동자들을 후퇴 전락시키던 백색 테러의 난무시대임에도 불구하고 이주하씨는 교묘한 지하공작술로서 철도, 화학, 금속, 목재 산업 각 공장을 중심으로 노동운동을 전개하였으니, 이야말로 혁명가로서의 이주하씨의 영웅적 기개를 보여준 것이다. 이때 세칭 성대파(成大派)라는 이강국(李康國), 최용달(崔容達)씨 등이 씨와 함께 투쟁한 것이다.

1938년에 철도국 관계로 사단이 발각되어 이강국씨 등이 피검됨에 이주하씨는 몸을 피하여 국내에 망명생활을 시작하게 되었다.

씨는 그 뒤 흥남, 원산, 평양, 진남포 등 각 공장지대를 여러 가지 인물로서 변장하고 돌아다니면서 노동자층, 특히 응징자(應懲者)들에게 반전·반일제의 사상을 고취하기에 분망하였으며, 주로 진남포의 공장지대에 잠복하여 8·15까지 반일운동의 전개를 획책하였던 것이다.

3

8월 20일 나는 강원도 고성에서 건국위원회를 조직하여 각 기관을 접수하여 동지들에게 맡기고, 한□ 동지와 함께 상경하는 길에 원산에 들릴 일이 있었는데, 그때에 이주하씨가 위대한 존재임도 알았다. 그때 원산에는 아직 패잔 일병들이 발호하여 아직 아무런 기관도 우리의 수중에 접수되지 못하고 건국위원회와 노동조합이 서로 대립적인 기세로 조직되어 있었는데, 이 대립을 없애는 데는 이주하씨가 출현하지 않으면 안 된다고, 원산의 동지들은 이구동성으로 고대하고 있음을 보는 것이다. 마치 서울서 박헌영씨의 출현을 고대하는 것과 흡사한 현상이었던 것이다. 이주하씨는 북조선에 있어서 참으로 위대한 지도자임에 틀림이 없다고 생각하였다.

그 뒤 얼마 안 있어, 이주하씨는 진남포로부터 원산에 돌아와서 함남의 공산당 및 인민위원회를 조직하여 온갖 기초공사를 구축하였다. 씨의 박진력 있는 활동은 함남의 모든 질서를 최단 기간 내에 정돈할 수 있었던 것이다.

12월에 이주하씨는 조선공산당 본부의 요망으로 서울에 나타났으며, 현재 중앙위원으로서 당수 박헌영씨를 직접 보좌하며, 일체 사무적인 책임을 맡은 중요한 지위에서 활동하고 있다. 씨는 명실 공히 조선공산당의 동량이요, 기관수인 것이다.

4

필자가 이주하씨를 처음 만난 것은 금년 1월 11일 소위 통일공작을 위해서 모인 5당 회의에서였다. 박헌영씨와 같이 조선복을 입고 나타난 씨는 나의 첫 인상에 아직 촌사람의 때를 벗지 못한, 그러나 당돌한 인물이란 것이다. 촌사람이라고 본 것은 나의 인텔리적 근성에서 나타나는 경멸하는 태도에서는 결코 아니었다. 사실 그때의 이주하씨는 대인접물(待人接物)에 있어, 또는 그 의사표시에 있어 촌사람 같은 때를 벗지 못한 어색함이 드러났다. 말하자면 세련되지 못하였던 것이다. 아마도 그것은 그의 오랜 혁명가적 생애가 오직 조직대중을 그도 비합법적 지하공작적으로 접촉하여 온 까닭에 화전양양(和戰兩樣)의 기술을 요하는 정치적 공작에는 어색할 수밖에 없었던 모양이다. 그러나 그 이지(理智)에 찬 눈, 그 굳은 결의를 나타내는 일자로 담으려는 입, 그 어떤 실정(實情)에도 끌리지 않을 만치 냉철해 보이는 이마, 그리고 담력과 강인성을 보여주는 얼굴의 표정은 첫눈에도 당돌한, 그러나 다시 뜯어보면 오랜 투쟁에서 빚어진 혁명전사의 인상을 주었다.

그는 과연 그 인상이 보여주는 것과 같이 그 발언에 있어서도 냉철하였고 비수 같았다. 일점의 여유도, 일분의 양보도 용허치 않는 도전이었다. 하도 내가 보기에 민망해서, 나는 씨를 불러내어 좀 누그럽게 태도를 가지기를 요청하였더니, 그는 엄격한 표정으로 "동지들의 미적지근한 태도는 저들 반동정객의 농락만 살 뿐이다"고 오히려 나에게 경고하였다. 그 경고는 적중하였던 것이다.

그 후 나는 씨와의 여러 번 접촉에서 처음의 인상을 수정하였다. 씨는 천재적인 이지의 힘으로써 그 '촌사람' 같은 어색성을 단시일에 극복하였다. 그는 재빠르게 소박성을 버리고 온갖 대인접물에 능숙하여졌으며, 세련되고 있은 것이다. 촌 면장 같은 티가 어느덧 없어지고 당당한 신사적 풍격을 갖게 된 것이다. 그리고 그저 냉랭해 보이고, 일종 표한(慓悍)해 보이던 그가 의외에도 대 도량을 가지고, 따뜻한 동지애를 가지고, 넓은 포용력을 가지고 있음을 나는 차츰 발견하게 된 것이다. 혹자는 그를 독재적이라 하여 비난하는 모양이나, 그는 아마도 그의 인간면에 접촉해 보지 못한 피상적인 관찰에서 오는 오해인 것이다.

5

이주하씨의 지도자로서의 특징은 어디까지나 냉철한 이지를 갖고 있는 점이라 할 것이다. 씨의 이지는 흔히 문화인에게서 보는 바와 같은 어떤 객관적 냉연성(冷然性)을 의미함이 결코 아니다. 그는 철저한 신념의 인(人)이다. 그러나 그의 신념은 주관적 기호에서 오는 것이 아니라, 어디까지나 객관적 관찰의 결론에서 획득한 신념이다. 그리고 그의 객관적인 관찰은 어떤 단순한 지적 욕구나 해석자 설명자로서의 관찰이 아니라, 그 객관적 사태를 규명함으로써 거기에 대처하며, 그것을 변혁하며, 그것을 발전시키려는 혁명가적 정열을 기초로 한 관찰인 것이다. 그러므로 씨의 이지는 냉철하되, 객관적 사태에 냉연하지 않은 것이다. 그는 무서운 혁명가적 정열의 소유자이다. 그러나 그의 냉철한 이지는 그 정열을 이지의 힘으로써 능히 포섭할 수 있고, 이지의 힘으로써 내면적으로 연소(燃燒)할 수 있어, 표면으로 그대로 나타내지 않는다. 여기서 우리는 씨에게서 이지와 정열의 내적 연소를 통해서 조화되어 있음을 발견할 수 있을 것이다. 혁명가의 이지는 반드시 이러해야 할 것이며, 혁명가의 정열은 이러한 내포적 성격을 가져야 할 것이다.

이주하씨의 이지는 어떤 경우에서든지 무조건적인 것을 용인하지는 못한다. 무조건 지지라든가, 무조건 타협은 있을 수 없는 일일 것이다. 어디까지나 사리를 따져야 할 것이며, 원칙을 구명해야 한다. 사리에 맞지 않는 일을 단행할 수가 없으며, 원칙에 어긋나는 것을 승인할 수가 없는 것이 이씨의 이지이다. 인민대중에게 뻔뻔스럽게 무조건 지지를 요망하고, 덮어놓고 좋다고 떠드는 이 판에 이주하씨와 같이 사리를 따지고 원칙을 고수하는 지도자! 그 얼마나 신뢰할 수 있는 존재인가! 아무런 의혹이 없이 신뢰할 수 있는 지도자가 얼마나 존귀한 것인가! 그러나 이주하씨의 지도자적 격(格)을 높이는 것은 그의 결단성일 것이다. 결단력을 갖지 못한 지도자, 그는 저돌하는 전사와 함께 위험한 것이다. 시세를 불변(不辨)하고 오직 저돌 일관하는 자가 인민을 옳은 방향으로 인도할 수 없음과 같이, 결행해야 할 시기에 판단의 부정확으로, 또는 용기의 부족으로 결단하지 못하면 그는 혁명가적 임무를 다할 수 없는 것이다. 결단력은 예단력(豫斷力)을 요구한다. 그것을 결행해서 일어날 사태에 대해서 적확한 천재적인 예단이 없이 결단력은 생기지 않는다. 동시에 그 결행에서 생기는 사태를 책임질 만한 능력과 용기를 갖지 않고는 결단력은 생기지 않는다. 제 입으로 무모한 대언장담을 해놓고, 그것이 자기에게 불리하게 될 때에는 "내가 언제 그랬느냐"고 뒤꽁무니를 빼는 그러한 비겁한(卑怯漢)에게는 결단력은 가져지지 않는 것이다. 이주하씨는 그 냉철한 판단력으로 사태의 전도를 능히 예단할 수 있으며, 그 혁명가적인 담력으로써 사태의 전도를 능히 책임질 아량을 가진 것이니, 그럼으로써 그는 정확한 판단력을 가질 때는 주저 없이 결단하는 능력을 소유하고 있는 것이다.

　이주하씨는 결코 임기응변하는 정치가적인 전술가는 아니다. 그는 정확한 전략적 지대(地帶)에 있어서는 어떤 곤란이 오더라도 조금도 두려움 없이 진세(陣勢)를 사수할 수 있는 그야말로 전투적인 혁명투사다. 그리고 그의 혁명가로서의 기백은 날이 갈수록 넓어질 것이니, 이주하씨의 앞날은 찬연할 것이다. 우리가 씨에게 부탁할 것이 있다면 그 냉철한 이지와 담력에 찬 결단성이 좀 더 인간적인 덕과 병행하였으면 하는 것이다. 인격적인 덕(德)! 지도자는 덕을 가져야 한다. 덕을 가진다는 말은 인격을 순화함을 의미함이니, 이씨의 혁명가적 기백이 지도자적 덕에까지 순화되기를 바란다는 말이다.

이주하씨는 아직 독신이다. 42세의 노총각! 개인의 사적 생활을 전혀 포기하고 오직 민족해방과 근로인민의 이익을 위해서만 생애를 투쟁 속에서 살아왔다. 아마도 이러한 사적 생활이 그에게 다소 인간미를 감쇄시켜온 것이 아닌가 생각한다. 그 쌀쌀해 보이고 일종의 적막감이 나타나는 그 얼굴의 표정은 이러한 쓸쓸한 생활에서 유래함도 될 것이니, 이씨는 인간적 덕성을 증진시키기 위해서도 빨리 결혼하여 개인생활의 윤택을 얻어야 할 것이다.

金午星, 『指導者群像』(大成出版社, 1946), 101~112쪽.

3. 金台俊, "熱血의 人·鋼鐵의 人: 민족명예의 수호자 李舟河선생"

　36년 일제 독점시대를 통하여 노동자 농민 자신의 반일민족해방투쟁에 직접 그 중심부대로 진출한 그 결정적 단계는 1928년 원산총파업이 있었다. 원산총파업은 그후 전 조선 혁명적 전환을 가져왔을 뿐 아니라, 이와 함께 반일투쟁으로 하여금 그후 계속하여 원산을 중심으로 가장 용감하게 계속되게 하였으니, 원산! 이곳은 20년간에 있어 우리 인민들의 한 개의 혁명적 동경지로서 나서게 되었던 것이다. 그러면 그 이유가 어디 있었는가. 반일투쟁의 거인 이주하 선생이 그곳에 버티고 그 투쟁을 지도한 데 있었던 것이다.

　거인 이주하 선생은 총파업의 불꽃 속에서 혁명전선에 등장하였다. 총파업의 웅위(雄偉)한 노동자의 부름은 선생을 학창으로부터 노동자의 품속으로 불러들이었다. 파업이 종결될 때에는 원산의 노동자는 벌써 그들의 부두 형제 속에서 이주하의 이름을 발견할 수 있었으며, 저 유명한 조선해방운동의 유일한 결정적 지침이었던 1929년 12월 테제가 조선에서 가장 정확히, 가장 먼저 원산의 노동자들로 인하여 실천되게 된 것은 실로 이선생을 그들의 직장의 형제로 가졌던 까닭이다.

　1930년대 평양 함남 등지를 중심하여 조선 반일사상(反日史上)에 위관을 이루었던 노동자 농민의 거대한 투쟁은 청년전사 이주하의 지도가 없었던 곳이 없었던 것이다. 서울을 중심으로는 우리의 최대의 지도자 박헌영 선생이 그 불굴의 투쟁을 지도하셨다면, 서북 조선의 중심 지도자는 이주하 선생이 되지 아니할 수 없다.

오늘날 이선생이 박헌영 선생을 보좌하여 박선생과 함께 인민의 사랑과 존경을 집중하고 있음이 어찌 우연한 일일 것인가?

조선민족해방운동의 퇴조기인 1937년대에 모든 민족주의자의 반역은 물론, 대다수의 민주주의자까지가 전선에서 이탈, 탈락, 변절할 때에 관북의 거인 "大舟河"의 존재가 더욱 일반에게 널리 알려지고 흠모되게 되었던 것이다.

해방은 되었다 하나, 남조선에는 극소수의 친일파 반동분자 이외의 일체 인민을 위해서 싸우는 애국자 혁명투사들에게는 또다시 자유가 박탈되었다. 李觀述 선생이 정판사 위폐사건이란 터무니없는 구실로 피검되고 박헌영 선생의 체포령이 내리던 바로 그날 이주하 동지도 검거되었다. 조선의 가장 큰 애국자 혁명투사의 한사람이란 것이 검거의 이유였을 것이다. 재감 중 애매한 이름 모를 주사를 맞았다.

혹은 마취시켜서 본인의 정신을 빼앗은 후 모든 비밀을 정탐하기 위한 악랄한 방법이라고도 하고, 혹은 생명을 빼앗기 위한 방법이라고도 하였다. 대중은 흥분했었다. 이선생은 격분 끝에 단식했다.

이 소식이 옥외에 누설되자 인민은 일층 더 분노하였다. 그래서 놈들은 당황해서 서대문 옥리들은 와서 "밥을 잡수시라"고 간청하였다. 이 당시에 이주하 선생은 완연히 한 개의 불덩어리더라고! 선생은 일장 질타 불을 토했다.

밥을 먹는 것은 좋으나, 나는 내 자신의 의사를 무시하고 내 신체를 침범한 것은 내 개인에 대한 모욕이라기보다 조선인민, 조선민족에 대한 커다란 모욕이라고 생각한다. 나는 비록 보잘것없는 사람이지만, 나의 반생을 조선민족의 해방운동에 바쳐온 사람이다. 그런데 당신들이 아무 까닭 없이 나의 자유를 빼앗았으니, 나에게는 아무 자유도 없으나 나의 생명을 자유로 할 자유는 있다고 생각한다. 나는 우리 민족과 인민의 명예와 긍지를 위해서 차라리 깨끗이 죽겠다.

이것을 들은 옥리들은 모두 감격, 회오의 빛이 보이더라고 한다. 이것은 신라 화랑세기에서 보던 민족적 미담이다. 민족, 인민의 이익을 위해서 싸우는 이주하 선생처럼 민족의 명예와 긍지를 위해서 싸운 사람들도 적을 것이다. 이주하 동지야말로 장구한 대중투쟁, 민족투쟁 속에서 성장해온 사람이다. 대중이, 민족이 고난에 빠졌을 때에 그들의 선두에 서서 용감히 싸우고 능히 대중과 민족과 운명을 같이 할 수 있는 사람인 것이다.

의지는 굳기가 강철 같고, 발분(發憤)하면 열화 같이 식을 줄 모르는 태산 암암(岩岩)한 그 기상 속에 박력 있고, 추진력 있고, 믿음직한 신뢰감을 주며 크고도 화열(和悅)한 풍채와 명랑하고 은근한 어조 속에는 강하(江河)와 같이 넓은 금도를 보여준다. 친일 반동 파쇼분자와 판 같이 싸움하는 남조선 전장에 인민의 위대한 지도자 박헌영 선생의 좌우에 이러한 "대 주하"가 존재한다는 것은 남조선 인민의 호프요, 또 행복이다.

『노력인민』, 1947년 6월 28일.

제3부

1. 李舟河씨 단식: "조선사람으로 깨끗이 죽겠다"

지난 9월 초순경 체포되어 "안녕질서에 관한 죄"로 기소되었던 조선공산당 중앙위원 이주하씨는 서울지방법원 제3합의부에서 이천상(李天祥)판사 주심으로 사건취조가 진행 중이었는데 지난 8일 오후 3시경 CIC에서 서대문형무소에 출동하여 조사할 건이 있다 하여 이씨를 부평에 있는 미군형무소로 데려갔는데 동일 오후 10시경 서대문형무소로 돌아올 때에는 혼수상태에 빠져 업혀가지고 왔다 하며 그 후 가사상태(假死狀態)가 계속되어 한 모금 물도 못 마시었다고 한다. 10일 겨우 의식이 약간 회복된 이주하씨는 단식을 개시하여 비장한 항의를 표시하기 시작하였으며 생명이 위독하여 금명간 절명할 것 같다고 한다.

이에 관하여 담당 변호인 김양(金養)씨는 다음과 같이 기자단에게 말하였다.

"나는 11일 이주하씨를 서대문형무소로 방문하였는데 가사상태에서 겨우 벗어나고 있었다. 이씨는 CIC에 취조를 받으러 갔다가 예방주사를 맞으라 하므로 거절하였던바 상부의 명령이라고 하면서 강제로 무슨 주사인지 주었다고 하며 이 주사를 맞은 후에 갑자기 혼수상태에 빠지게 되었다고 한다. 그래서 10일 아침 겨우 의식이 회복되었는데 이씨는 겨우 입을 열어 '나는 조선민족해방을 위하여 40 평생을 바친 사람이다. 그런데 이렇게 개 도야지 대접을 받는 것보다 나도 조선사람으로서의 고집이 있는 만큼 사람으로서 깨끗이 죽겠다. 죽을 때까지 이 감방에서 옮기지 말고 죽거든 시체를 내다오'라고 비장하게 말하며 형무소당국에서 먹으라고 주는 음식을 거절하기 시작하였다. 현재의 용태는 지극히 우려되며 오늘 내일을 잘 넘기지 못할 것 같다."

또한 이에 대하여 담당판사 이천상씨와 검사 신언한(申彦翰)씨는 12일 오후 형무소로 출장하여 검증을 하게 되었는데, 이판사는 "이주하씨를 CIC에서 데려간 것은 내가 맡은 사건과는 관계없이 다른 사건에 관하여 조사하려고 한 것 같다. 무슨 주사를 맞았는지는 조사해 보겠다. 생명이 위독하다는데, 금일 오후 검증하여 선처하겠다. 그러나 피고인이 의식적으로 단식을 하여 위독하게 되었다면 재판소로는 어찌할 수 없는 일이다"라고 말하였다.

『獨立新報』, 1946년 11월 13일.

2. 李舟河씨 注射사건

금번 이주하씨의 강제 주사사건에 대하여 문련(文聯), 부총(婦總), 민족혁명당(民族革命黨)에서는 13일 다음과 같은 성명서를 발표하였다.

민족에 대한 모욕
이주하씨의 옥중 참화는 민족적 모욕에 대한 숭고한 인간적 항쟁이다. 우리는 CIC에서 강제로 놓았다는 주사가 어떠한 성질의 것인지 알 수 없으나 사람을 장시간 혼수상태에 빠뜨리고 생명을 위독케 한 결과로 보아서 그것을 의심하지 않을 수 없다. 문제는 인간 - 더구나 우리의 애국자에게 가해진 박해요, 민족에 대한 모욕이다. 당국자는 절대의 책임을 지는 동시에 이씨를 곧 보석하라.

문련 서기국

이 민족의 여성으로서 비분을 불금(不禁)

민족의 위대한 지도자 李舟河씨가 강제로 주사를 맞아 가사상태에 빠졌다는 보도를 듣고 이 민족의 여성으로서 비분과 원한을 참을 수 없다. 발달된 과학기술이 우리 애국자의 목숨을 위협한다면 이것은 참을 수 없는 일이다. 미소공위도 미구에 열리려는 이 마당에 너무도 참혹한 일이다. 우리는 천오백만 여성의 이름으로 이를 단호 배격하며 李舟河씨의 즉시 석방을 요망하는 바이다.

부총

즉시 석방하라

이주하씨가 강제 주사를 맞고 곧 가사상태로 들어갔다는 소식은 놀랍고 의심스럽고 두렵다. 혁명지도자에 대한 학대는 매우 유감이다. 그를 즉시 석방해주기를 요망하는 바이다.

민족혁명당

박헌영씨 소재 등 심문

서대문형무소에서 단식 중인 조선공산당 중앙위원 이주하씨의 병세가 매우 우려되는데, 13일 이씨를 면회하고 온 모씨의 말에 의하면 이씨는 금일에 이르기까지 몰 한 모금도 먹지 않을 뿐더러 위궤양 재발성도 있어 병세가 크게 우려된다고 한다. 그런데 CIC에서는 문제의 예방주사를 놓은 다음 이씨에 대하여 박헌영씨의 행방, 중요 서류의 소재, 북조선과의 연락 등에 대하여 심문을 하였다 한다.

『獨立新報』, 1946년 11월 14일.

3. 李舟河씨 출감

단식을 계속하여 생명이 위독하게 된 이주하씨는 형무소 의무관의 재진단에 의하여 일각도 유예할 수 없는 상태에 빠진 것이 확인되었으므로 담당 변호인 김용암(金龍岩) 김양(金養)씨와 한독당 중앙집행위원 이두열(李斗烈)씨의 보증으로 책임부(責任付) 결정에 의하여 14일 저녁 서대문형무소에서 출감하였는데, 생명이 위독하다고 한다.

이주하씨 석방을 각 단체에서 요망

조선과학자동맹, 조선문학가동맹, 조선연극동맹, 조선영화동맹, 조선미술동맹, 조선음악동맹, 조선과학기술연맹, 조선법학자동맹, 조미문화협회, 산업의학연구회, 산업노동조사소 등 12단체에서는 1만 8천의 과학가, 작가, 시인, 예술가의 이름으로 14일 동포에게 호소한다는 공동성명서를 발표하였다. 그 내용은 일제의 압박이 극도에 달하였던 태평양전쟁 중 국내 항일운동의 최대한 지도자의 한 사람이었던 이주하씨와 이관술씨를 구해내자는 것이다. 그런데 이날 전농(全農), 전평(全評)서도 같은 내용의 담화를 발표하였다.

허헌(許憲), 김원봉(金元鳳)씨 등도 시급한 보석을 당국에 간청

지난 13일까지 일주일간 단식을 계속하여 오는 이주하씨의 병태는

자못 위험한 바 있어 김양 변호인은 14일 의무관에게 재진단을 요청한 바 있었는데, 정오경에는 민전 의장단 허헌 김원봉 양씨와 동 사무국장 박문규(朴文圭)씨가 대법원장 김용무(金用茂)씨, 검사총장 이인(李仁)씨를 방문하여 "법적 운운하는 것보다 인도적 입장에서 민족해방의 투사를 살리자"는 요지의 말을 하고 시급히 보석하여 주기를 간청한 바 있다.

『獨立新報』, 1946년 11월 15일.

4. 李舟河씨 석방은 교섭중이다: 허헌씨의 일문일답

......

문: 이주하씨의 옥중 단식결행의 진상 여하.
답: 사무국장 박문규씨와 안기성(安基成)씨가 13일 오전에 변호사 김용암씨와 의사 두 분과 함께 서대문형무소로 가서 면회하였는데, 극도로 쇠약하여 기와(起臥)는 불능이며 의식은 명료한 듯하였으나 언어가 저조(低調)로 잘 듣지 못하는 상태에 있었다. 9일 오후 3시경 부평 미군형무소로 가서 예방주사를 맞은 다음 수시간 동안 의식을 잃었다고 하며 의식을 잃기까지에 신문받은 몇 가지 문제를 기억하고 있었다. 이주하씨는 "나는 아무 죄도 없다. 이러한 사실은 민족의 치욕이며 사(死)로써 항쟁할 것을 결심하고 단식한 것이다"라고 말하였다. 민전(民戰)

으로서는 우리 민족의 젊은 지도자요, 애국자의 한 사람을 구하기 위하여 그의 즉시 석방을 교섭중이다.

……

『朝鮮日報』, 1946년 11월 15일.

5. 이주하씨 위독에 12단체서 성명

이번 이주하씨의 위독사건에 조선과학자동맹, 조선문학가동맹, 조선연극동맹, 조선영화동맹, 조선미술동맹, 조선음악동맹, 조선과학기술연맹, 조선법학자동맹, 조미문화협회, 산업의학연구회, 산업노동조사소의 공동성명으로 "동포에게 호소합니다"는 성명서를 발표하였는데, 그 요지는 다음과 같다.

우리 민족에 대한 일제의 압박이 극도에 달하였던 태평양전쟁 중 국내 항일운동의 최대 지도자의 한 사람이었던 이주하씨가 검거 투옥된 후 옥중에 있는 씨(氏)를 부평 씨·아이·씨 형무소로 끌어가 주사를 강제로 맞게 해 혼수상태에 이르게 되었고 그 후 서대문형무소 감방에서 빈사의 중태에 빠져 민족의 자유와 명예와 긍지를 위하여 죽음과 싸우겠다고 하는 씨를 구하여야 한다는 것을 주장하였다.

『朝鮮日報』, 1946년 11월 15일.

6. 李舟河씨 보석에 은사 李斗烈씨 사제애를 발휘

이주하씨 출감에 관하여 보증인의 한 사람으로 나선 한국독립당 노동부장 이두열씨는 정쟁이 첨예화해가는 이즈음 정계는 물론 일반인 사이에 다대한 감명을 주고 있는데, 측근자 모씨는 이에 대하여 다음과 같이 말하였다.

"이두열씨는 이주하씨의 옛 스승이다. 이주하씨의 단식의 소식이 들리자 이두열씨는 60이 넘은 몸으로 서대문형무소에 여러 번 찾아와 손수 미음 그릇을 들고 이주하씨에게 먹기를 권고하였다. 그리고 출감할 때에는 병원까지 따라왔는데, 이두열씨는 정치적 견해와 입장은 다르나 인성상 또 사제지간의 정으로 보아 참을 수 없다고 말하며 정성껏 간호하고 있는 것이다.

보석한 李舟河씨 의연 혼수상태

기보한 바와 같이 14일 오후 6시 반경 책부(責付) 보석으로 서대문형무소에서 담가(擔架)에 누운 채 출감한 李舟河씨는 그 길로 종로 근방 모 내과병원에 입원하였는데 15일 오후 한시 반경에 담당의사는 이씨의 용태에 관하여 다음과 같이 말하였다.

"아직도 혼수상태에서 깨어나지 못하였다. 어제 입원한 후 미음을 서너 숟갈씩 세 번 섭취하였는데, 원체 지병이 있었던 데다 만 6일간을 단식하였으므로 앞으로 삼사일이 지나야 확실한 것을 알겠다. 지금 같아서는 무어라 말할 수 없다.

『獨立新報』, 1946년 11월 16일.

7. 李舟河씨 경과 호조

지난 14일 오후에 책부(責付) 보석으로 출감하여 즉시 시내 모 내과 병원에 입원하여 치료를 받고 있는 조선공산당 간부 이주하씨의 병상은 일시 위독상태에 있었는데 수일 전부터 호전되어 생명에는 관계가 없으며 십이지장충염, 폐염, 침윤 등의 병합증상으로 인해 장기 치료를 요하리라 한다.

『獨立新報』, 1946년 11월 20일.

8. 李舟河씨 재수감

단식으로 인한 생명 위독으로 말미암아 지난 14일 책부로 출감하고 시내 모 병원에 입원 가료 중이던 조선공산당 중앙위원 이주하씨는 지난 19일 돌연 책부 취소를 당하여 출감한 지 닷새만인 20일 10시 반경 혼수상태에 빠진 채 서대문형무소로 호송되었다. 그런데 금번 책부 취소의 이유는 "계속하여 구류할 필요가 있다고 인정함에 의

함"이라고 하는데, 앞으로 이주하씨의 용태가 주목된다.

『獨立新報』, 1946년 11월 21일.

9. 李舟河씨에게 8개월 구형

안녕질서에 관한 죄명으로 기소되었던 전 조선공산당 간부 이주하씨에 대한 제 일회 공판은 27일 오전 10시 반에 서울지방법원 제4호 법정에서 申彦翰 검사 입회 아래 李天祥 판사 주심으로 개정하였다. 먼저 재판장은 피고의 주소 성명경력 등을 들은 다음 기소사실에 들어가 첫째로 李承晩 金九 李始榮 제씨를 민족통일의 파괴자요, 테러의 괴수라고 발표한 신문기사를 낭독하고 그 사실의 여부를 묻자, 피고는 "그 기사를 알기는 하나 발표할 때 없었으므로 자세한 것은 알 수 없으며, 경찰에서 진술한 것은 경찰이 죄를 뒤집어 씌우려고 하므로 적당히 대답한 것이며, 또 테러의 괴수라 한 것은 우익측 전국적 조직체인 독립촉성국민회를 중심으로 테러가 많았기 때문에 그 최고 책임자는 책임을 져야 할 것이므로 테러의 괴수라 한 것"이라 대답하였다. 또 재판장은 중앙신문에 발표한 기사의 내용을 낭독하고 지주와 모리배의 이익을 옹호하고 결탁하는 군정관리가 군정청에 잠입하여 식량정책을 잘못하였다고 한 말에 대하여 심문한즉, 피고는 "군정관리 전부가 그렇다고는 믿지 않으나 그런 분자가 많이 있었던 것은 사실일 것이다"라고 대답하였다. 이어서 증거 제출이 있었고 사실심리와 증거물 제출을 끝마치고 검사의 논고가 있은 다음 징역 8개월을 구형하였는데, 담당 변호인 김용암 김양 양씨는 피고의 무죄를 역설하는 변론이 있었다.

『朝鮮日報』, 1946년 11월 28일.

10. 李舟河씨에게 8개월 언도

지난 11월 27일 "안녕질서에 관한 죄"로 8개월 구형이 있었던 조선공산당 중앙위원 이주하씨에 관한 제2회 공판은 예정과 같이 4일 오전 10시부터 서울지방법원 4호 법정에서 이천상 판사 주심 하에 개정되었다. 전번 공판 때 업혀 나왔던 피고 이주하씨가 이 날은 그 특징 있는 유유한 걸음걸이로 입정하여 방청객들은 약간 안도의 빛을 띠고 있었다. 개정 벽누 李재판장은 피고의 전력을 말한 후 금년 7월 1일부 『인민보』 소재 "분열 책임자를 추방하라. 이승만 김구 이시영은 테러단의 괴수다!"라는 공산당 서기국 발표문 및 7월 18일 『중앙신문』 게재의 "군정청의 식량대책에 관한 이주하의 담화"는 그 내용이 확실한 증거가 없고 사실에 위반되는 점이 있으며 이러한 언사에 관하여는 좌익이나 우익을 막론하고 책임을 져야 한다는 말이 있었다. 이어 전번 신(申)검사의 구형대로 8개월 체형 언도가 있었는데, 이(李)피고는 물결같이 잠잠히 이를 듣고 있었다.

『獨立新報』, 1946년 12월 5일.

11. 李舟河씨 상고재판 14일에 공판

포고령 위반과 안녕질서에 관한 죄명 등으로 1심에서 징역 10개월의 언도를 받은 이주하씨는 이에 불복하여 상고 중이던 바, 오는 14일 대법원에서 김완섭(金完燮) 검찰관 입회 아래 김용무 대법관 주심으로 상고재판의 제1회 공판이 있으리라고 한다.

『朝鮮日報』, 1947년 3월 4일.

12. 李舟河씨 보석

"안녕질서에 관한 죄"로 1심에서 8개월 징역 언도를 받고 불복 상고한 이주하씨에 관하여는 약 1주일 전 사실심리를 하기로 대법원에서 결정되었는데, 작 19일에는 이주하씨에 대한 보석허가가 결정되었다. 그런데 담당 변호인 김양씨와의 연락관계로 이씨의 보석출감은 금일 중에 집행되리라 한다.

『獨立新報』, 1947년 3월 20일.

13. 李舟河씨 상고심은 무기 연기

금 4일 오전 10시에 개정 예정이었던 이주하씨의 상고 심리는 무기 연기되었다.

『朝鮮日報』, 1947년 4월 5일.

14. 오늘 李舟河씨 상고 공판

남로당 중앙위원 이주하씨의 상고 제1회 공판은 포고령 위반으로 십개월 체형 언도를 받고 상고 중이던 바 6일 오전 중 제3호 법정에서 열리기로 되었다 한다.

『朝鮮日報』, 1947년 6월 6일.

15. 李舟河씨 공판 또 무기 연기

6일 열리기로 되었던 남로당 중앙위원 이주하씨의 포고령 위반에 관한 상고심 제1회 공판은 보석 중에 있는 본인에게 기일통지서가 송달되지 못하여 부득이 무기 연기로 되었다는 것인데 이로써 세 번째 연기된 셈이다.

『朝鮮日報』, 1947년 6월 7일.

16. 서울시 경찰국, 남조선노동당 총책임자 金三龍·李舟河를 체포

31일 공보처에서는 남로당 총책임자 김삼룡(金三龍)과 동 무장책임자 이주하를 지난 27일 시내 모처에서 시경찰국이 체포하였다고 다음과 같이 발표하였다.

■ 공보처 발표문

남로당 총책임자 박헌영이 4279년 9월에 이북에 월북한 후 그 후임으로 현재까지 4년간 남로당을 총지휘하던 김삼룡(41)과 4280년 남로당이 소위 무장봉기단계로 돌입한 이래 무장 총책임자로서 3년간 총지휘하던 이주하(46)의 양 반역 거두가 드디어 지난 3월 27일 서울 시내에서 체포되었다.

그런데 이번 이 좌익의 양 거두가 체포됨으로써 남한의 좌익계열은 물론 이북 김일성 괴뢰집단에게도 크나큰 타격을 주게 된 것이라 한다. 김삼룡은 해방 후 박헌영이 월북하자 남로당 총책임자로 임명된 자이며, 남북로당이 합당한 후 동 당의 제2비서이며 동 당의 남한 총책임자로 있었던 자라고 한다. 그리고 이주하는 조선공산당 당시 그 정치국원이었으며 박헌영·김일성·김삼룡과 더불어 좌익계의 최고 지도자 중의 한 사람이었고 현재는 무장분야의 총책임자인 동시에 김삼룡을 보좌하던 在 남한 최고 간부였다.

『國都新聞』, 1950년 4월 1일.

17. 南勞 두 巨頭 검거

남로당 중앙 총책임자 박헌영이 4279년 9월에 월북한 후 그 후임으로 현재까지 4년간 남로당 총책임자로서 남로당을 총지휘하던 김삼룡(41)과 이주하(46)의 양 반역 거두는 드디어 지난 3월 27일 서울 시내에서 체포되었다. 그런데 이번에 이 좌익 양 거두가 체포됨으로써 남한의 좌익계열은 물론 이북 김일성 괴뢰집단에게도 크나큰 타격을 주게 된 것인 바, 김삼룡은 해방 후 박헌영이 월북하자 남로당 총책임자로 임명된 자이며, 이주하는 박헌영 김일성 김삼룡과 더불어 좌익계의 최고 지도자 중의 한 사람이었고 현재는 무장분야의 총책임자인 동시에 김삼룡을 보좌하던 在 남한 최고 간부였다 한다.

『朝鮮日報』, 1950년 4월 1일.

18. 조국통일민주주의전선 중앙위원회 성명서

　리승만 매국역도들은 지난 3월 27일에 조국의 통일독립과 자유를 위하여 헌신 투쟁하는 열렬한 애국투사인 김삼룡 리주하 량 선생을 체포 구금하고 갖은 야수적 고문과 박해를 가하고 있다.
　리승만 역도들에게 체포된 김삼룡 리주하 량 선생은 어떠한 인사들인가?
　김삼룡 리주하 량 선생은 일제 강도배들의 식민지적 통치로부터 우리 조국을 해방시키기 위하여 일제의 폭압 밑에서 불요불굴의 투지로 싸워온 진정한 애국투사들이다.
　우리 조국이 강제 일제 기반으로부터 해방된 후에 있어서도 김삼룡 리주하 량 선생은 조국의 평화적 통일독립과 민주를 위한 남반부 인민들의 장렬한 투쟁의 선두에서 가장 열렬하게 싸워왔다.
　리승만 매국역도들은 김삼룡 리주하 량 선생을 대체 무엇 때문에 체포하였는가?
　그것은 량 선생의 애국적 활동이 리승만 역도들에게 있어서 망국배족적 음모를 수행하는 데 가장 큰 장애의 하나로 간주되었기 때문이다.
　만고역적 리승만 매국도당은 조국과 인민을 위하여 싸우는 애국적 지도자들과 애국적 인사들을 검거 투옥 학살함으로써 그 괴뢰정권을 유지하려 하고 있다. 그러나 절대로 안 될 것이다. 애국적 지도자들과 애국적 인사들에 대한 원쑤들의 체포와 고문은 조선 인민들의 더욱 배가되는 격노와 적개심으로 분발시킬 것이며 원쑤들을 타도 박멸하는 투쟁에로 더욱 힘차게 불러일으킬 것이다.

이에 조국통일민주주의전선 중앙위원회는 다음과 같이 성명한다.

김삼룡 리주하 량 선생에 대한 체포와 고문에 대하여 그리고 수천 수만의 애국적 인사들을 검거 고문 학살한 데 대하여 리승만 매국역도들은 반드시 대답하여야 하며 인민의 심판을 받아야 한다.

한 애국자를 체포하고 학살하면 몇 백 몇 천의 애국적 인민들이 그들의 뒤를 이어 궐기할 것이라는 것을 원쑤들은 기억하여 두라!

조선 인민들은 원쑤들을 심판하고 원쑤들로부터 애국자들의 고귀한 피의 대가를 받을 그날이 반드시 올 것을 확신한다.

조국통일민주주의전선에 망라된 남북 조선의 전체 애국적 정당 사회단체의 당원들과 맹원들과 전체 애국적 인민들은 미제국주의자들의 침략정책을 걸음마다 파탄시키며 리승만 역도들을 타도 박멸하고 조국의 평화적 통일을 하루 속히 쟁취하기 위하여 일층 치열한 구국투쟁을 전개할 것이며 리승만 매국역도들의 감옥과 고문실에서 신음하는 애국적 지도자들과 인사들을 석방하기 위한 각종 형식의 투쟁을 다할 것이다.

1950년 5월 24일
조국통일민주주의전선 중앙위원회

조선중앙통신사, 『조선중앙년감』 1951 ~ 1952(조선중앙통신사, 1952), 139쪽.

19. 李承晩 대통령, 북한의 교환제의에 曺晩植을 1주일 내로 무조건 남한으로 보낼 것을 요구하는 담화 발표

우리 민족 독립운동사상의 거성으로 해방 직후 이북 괴뢰집단세력에 의하여 감금된 채 금일에 이른 조만식 선생과 현재 우리 정부에 체포되어 재판에 회부된 남로당 괴수 김삼룡·이주하 양인을 교환하자는 북한 괴뢰집단의 방송이 있어 그 귀추가 주목되던 중, 이대통령은 16일 다음과 같이 曺선생과 李·金 양인을 무조건 교환할 것을 다음과 같이 언명하였다.

"조만식씨를 일주일 내에 보내면 두 사람은 방면해 주겠다. 다만 이 교환에 어떠한 조건을 붙여도 안 된다. 북한에서 총선거 호소문을 전달하러 오다가 체포된 3인이 있다고 들었는데, 이것은 말이 안 된다. 협상이니 운운하는 것은 이미 시유가 지났으며 거짓이다. 유엔 감시 하에 북한에서 총선거를 실시한다면 또 모르겠다."

『京鄕新聞』, 1950년 6월 17일.

20. 군 보도과, 曺晩植 무조건 인도에 대한 북한의 회답을 요구

조만식 선생과 이주하·김삼룡을 교환하자는 데 대하여 군 보도과장 김현수(金顯洙) 대령은 다음과 같이 말하였다.

"대한민국 육군에서는 6월 10일 이북방송의 조만식 선생과 김삼룡·이주하 양인의 교환에 관하여 일주일 이내로 명 6월 22일 오후 5시까지 조만식 선생 외 2인을 38선 이남으로 무조건으로 보내면 김·이 양인을 석방하여 38이북으로 넘겨 보낼 것이다. 이에 대한 용의가 있으면 6월 20일 자정까지 방송으로 대답하라."

『聯合新聞』, 1950년 6월 17일.

21. 金三龍·李舟河와의 교환, 조건 없으면 단행

수일 전 이북 평양방송은 현재 우리 수사당국에 구금되어 단죄의 날을 기다리고 있는 남로당의 수괴 이주하 김삼룡 양 명의 석방을 조건으로 이북 괴뢰집단에서 감금하고 있는 조만식씨를 석방하겠다고 교환을 의미하는 방송을 한 바 있었는데, 16일 李대통령은 경무대에서의 기자단 회견석상에서 이 문제에 대하여 다음과 같이 언명하였다.

"이북에서 金 李의 두 명과 조만식씨와의 교환을 원한다면 다른 조건을 붙이지 말고 오늘부터 1주일 내에 확실히 조만식씨를 이남으로 보내오라고 그래라. 지금 이주하와 김삼룡의 두 명은 당국에서 심사도 거의 끝나서 단죄를 내릴 날이 가까웠으나 처단을 1주일간 연기라도 해서 조만식씨와 그와 같이 감금된 수행원을 보내주면 그들을 살려서 확실히 보내주겠다."

李대통령으로부터 조만식 선생 교환에 대한 언명이 있자 일찍이 조선생과 동고동락을 하여 오던 이윤영(李允榮) 사회부장관은 다음과 같은 담화를 발표하였다.

"조만식 선생이 오랫동안 무고히 그 괴뢰집단의 억압에 걸려서 영어의 생활이 계속됨으로 우리 국민이 다 같이 분개하고 있었던 나머지 돌연히 북방의 교환방송에 대하여서는 그 어떤 내용인 줄 알 수 없었으나 우리의 관심과 초조는 컸던 것이다. 대통령께서 금번 이에 대하여 발표하신 담화는 가장 적당한 조치라고 생각한다. 이 일이 실현되어서 애국자에 대한 박해가 더 계속되지 않아야 할 것이다."

『朝鮮日報』, 1950년 6월 17일.

22. 유엔한국위원단, 북한의 曺晩植과 金三龍·李舟河의 교환을 수용한다고 방송

조만식 선생과 이·김 양인을 교환하여 달라는 이북 괴뢰측의 제안문제에 대하여 정부에서는 그 성질의 중대성에 비추어 기보한 바와 같이 그 절차 일체를 유엔 한위에 일임하기로 한 바 있었거니와, 한위측에서는 이를 쾌히 승낙하고 작 15일 밤 중앙방송국을 통하여 "조만식씨를 개성까지 보내면 건강진단을 마친 후 李·金 양인을 이북으로 석방하겠다. 그리고 유엔 한위는 현재 조만식씨가 연금되어 있는 강계까지라도 오라면 갈 용의가 있다. 이에 대한 회답을 22일까지 방송하라"는 요지의 방송을 하였다 한다.

『自由新聞』, 1950년 6월 21일.

23. 북한정부, 曹晩植 교환에 유엔한국위원단의 중재를 거부

거반 李대통령의 정례 기자단 회견석상에서 발표되었던 조만식씨와 金三龍·李舟河 2명과의 교환문제는 지난 16일 정부당국이 조만식선생을 무조건으로 1주일 이내에 월남시킨다면 상기 양인을 석방시키겠다는 방송에 대해서 북한측 회답은 20일 정오 12시부터 하오 4시까지 여현(礪峴)역에서 교환하자고 제의하여 타협이 성립할 수 없었으므로 그후 한국정부는 동 교환문제의 처리를 유엔 한위에 위탁한 바 있었다. 이에 유엔 한위에서는 이와 같은 한국정부에서의 위탁을 중심으로 去 19일 상오에 개최한 제31차 전체회의에서 토의한 바 있었다는 바, 신뢰할 만한 소식통이 전하는 바에 의하면 유엔 한위에서는 동 교환문제에 대한 한국정부의 위탁을 정식으로 접수할 것을 가결하고 이의 실시 여부는 앞으로 북한측에서 한위가 매개자가 되어 동 교환문제를 담당하는 것에 대해서 찬성하는 회답이 있을 때에 한해서만 비로소 한위로는 동 교환의 위탁을 수행할 것이라고 한다. 그런데 신뢰할 만한 소식통이 전하는 바에 의하면 북한측에서는 한위가 매개자가 되어 동 교환을 담당 실시하는 것에 대해서 반대하는 내용의 회답을 평양방송으로써 한 바 있었다고 하는데 따라서 동 교환문제는 암초에 부닥친 채 아무런 성과도 이루지 못하게 된 것으로 관측되고 있다.

『서울신문』, 1950년 6월 21일.

24. 정부, 曺晩植 우선 송환한 후에 金三龍·李舟河를 북송하겠다고 대북방송

정부에서는 20일 오전 7시 15분 중앙방송국을 통하여 조만식씨와 그의 아들 조연창군을 개성까지 무사히 호송하여 오면 이주하·김삼룡을 월북시키겠다고 다음과 같은 내용의 대북방송을 하였다.

1. 조만식 선생과 그의 아들 양인을 개성까지 무사 호송하여 건강을 진단한 후에야 김삼룡·이주하 양인을 38 이북으로 넘겨 보냄.
1. 이 교환은 전적으로 유엔 한위에 위임하여 교환케 할 것.

이상 양 조건에 합의하면 22일 자정까지 방송으로 회답하라.

『聯合新聞』, 1950년 6월 21일.

25. 유엔한국위원단, 曺晩植 교환문제의 중재에 최대한 조력할 것이라고 발표

유엔 한위는 曺晩植 선생과 李舟河·金三龍 양인과의 교환문제에 대하여 알선이 요구된다면 38선으로 인한 긴장을 완화할 모든 제안에 조력할 의견과 용의가 있다고 23일 공보 제25호로 다음과 같이 발표하였다.

6월 17일 본 위원단은 정부로부터 비공식으로 금반 남북 인사 교환에 있어서 조정할 수가 있는가라는 문제를 받았다. 6월 19일 본 위원단은 단의 알선이 쌍방에게 합의된다면 이 교환에 착수할 의사가 있다는 것을 비공식으로 정부에 통고하였다.

그러나 본 위원단은 이미 원칙적으로 합의되었다고 보이는 이 교환에 다소라도 지장을 줄 의도는 없다는 것을 표명하였다.

그리고 본 위원단으로서는 이 문제에 대한 공식서한을 받는 것은 정부로서 라디오로 이북측에 이 교환에 한위가 착수함을 제의하고 가하다는 응답을 받은 연후에야 할 것이라고 사료한다 함을 부언하였던 것이다.

이북측에서는 한위의 중개로 해(該) 교환을 할 의사가 없는 것으로 보인다. 따라서 본 위원단은 본 위원단이 공식적인 요구도 받은 일이 없고 방송도 하지 않은 것이 분명하다.

한위는 언제든지 그 알선이 요구된다면 38장벽으로 인한 긴장을 완화하려는 모든 제안에 조력할 의사와 용의가 있는 것이다. 하여튼

본 위원단은 이러한 장벽의 제거를 촉성하는 모든 사태의 발전(그것이 설사 어느 측이건 간에)을 흔쾌히 여기는 바이다.

『聯合新聞』, 1950년 6월 24일.

26. 공보처, 북한에 38선 이남 1km 지점에서 曺晩植을 교환할 것을 제의

지난 23일 공보처에서는 조만식 선생과 이주하·김삼룡 양인 교환에 관하여 다음과 같은 요지의 최후적 태도를 밝혀 동일 하오 1시 서울 중앙방송국을 통하여 괴뢰측에 통고하였다.

대한민국에서는 애국자 조만식 선생과 그 자제를 구출하기 위하여 이북 괴뢰가 극흉 극악한 김삼룡·이주하 양 매국노와 교환할 것을 기쁘게 승낙하고 무조건으로 조 선생을 이남으로 모시고 오면 양인을 석방하여 보내겠다고 하였다.

그런데도 불구하고 이북 괴뢰들은 단지 장난할 계획으로 시일을 천연하고 조건을 붙이고 있으니 이는 분명히 양 매국노의 사형집행을 1일이라도 더 연기하려는 장난이다.

이에 최후로 말하노니 來 26일 월요일 오후 2시 정각에 전에 지정한 장소 즉 38선 이남 1km 철도선 여현역에서 3km 이남지점으로 조 선생과 조연창군을 모시고 와서 교환하지 아니하면 이북 괴뢰가 교환할 의사 없이 단지 장난하는 것으로 간주하고 금후는 무슨 소리를 하든지 도외시할 것을 명백히 하는 바이다.

○ 조건 운운은 불허, 대통령 담

조만식선생과 김삼룡·이주하 양인과의 교환문제에 관하여 이대통령은 기자단과의 회견석상에서 다음과 같이 말하였다.

"이북에서 1주일 내로 조만식 선생을 이남으로 내려 보내면 양인을 이북에 넘겨주겠으나 이 관계로 무슨 회담이나 이면조건을 붙이는 것은 허락하지 않을 것이라고 말했다.

그후 나에게 보고가 들어오기를 교환하는 자리가 우리에게 불리하여 그들이 무슨 장난을 할지 모르고 다시 무슨 약이나 주사를 써서 죽게 하거나 혹은 병신을 만들어 버릴 우려가 있다고 해왔다. 이는 유엔과의 관계인데 결코 유엔이 주동이 되어 달라는 것이 아니라 유엔이 감시를 원한다면 환영하겠다고 말했는데 이북에서는 이를 원치 않는다고 해왔다. 그리하여 오는 26일 정오부터 하오 4시 이내에 38선 이남 1km 철도선 여현역에서 3km 이남 지점을 정하고 동 지점에서 교환을 실행하고자 하는 것으로 그들이 이에 대해서는 어떠한 장난을 해서도 안 될 것이다."

『聯合新聞』, 1950년 6월 24일.

27. 남북한 간의 曺晩植 교환이 사실상 무산

　애국자 조만식 선생과 매국도배 김삼룡·이주하 양인의 양측 교환 문제는 냉전전으로 들어간 감이 있다. 당초 민국정부에서는 괴뢰집단의 호소를 동족애로써 관대히 청허키로 하여 무조건 조 선생을 월남시킨다면 비록 사형에 처하여야 마땅한 김(金)·이(李)지만 무사히 월북시키겠다고 통고하였던 것인데 어디까지나 교활한 괴뢰집단에서는 민국측 38선 이남 1km 지점까지 월남시키라는 데 대하여 그들은 다시 23일 밤 평양방송을 통하여 38선상에서 교환하지 않으면 중지하겠다고 태도 표명이 있었으므로 조 선생 교환은 결국 실현되지 못할 것으로 보고 있다.

『京鄕新聞』, 1950년 6월 25일.

제4부

1. 조선에 있어 공산주의운동의 근황

　* 코민테른은 금년 제7회 대회를 개최하기 직전에 "제7회 대회를 맞는 코민테른"이라는 제목의 책자를 공간하여 각국 지부에서 있었던 제6회 대회 이후의 정황을 상술했다. 아래 게재하는 것은 그 중 '조선공산당'이라는 제목 아래 기술된 것의 번역문으로, 그 관찰은 처음부터 왜곡 비방된 점은 있으나, 코민테른이 조선공산주의자들에 대하여 어떠한 지침을 주고 있는가를 엿보기에 족한 것이 있으므로 참고를 위해 여기에 게재한다.

　조선공산당은 1928년 7월~9월의 제6회 코민테른 대회에서 지부임을 공인받았으나, 동년 12월의 코민테른 특별명령에 의해 해산되었음. 해산의 주요 원인은 당이 주로 소부르주아, 인텔리에 의해 구성되었고, 근로자 특히 노동자의 투쟁과 아무런 관계도 갖지 못한 다수의 단체들이 하등의 정견(定見)을 갖지 못하고 늘 상호간 투쟁을 하고 있기 때문임.
　코민테른은 조선공산당의 해산을 명령함과 동시에 그 당원에 대해서는 일체의 파벌투쟁을 중지하고, 근로자의 조직 및 그의 투쟁 지도에 착수할 것을 지시했음.
　이 때문에 조선의 당원들에게 제6회 대회부터 제7회 대회에 이르는 기간은 파벌투쟁 해소 및 노농(勞農)의 이익을 위한 투쟁 전개를 원칙으로 한 볼셰비키당의 창조를 위한 투쟁기였다고 할 수 있음. 따라서 이 기간에는 파업, 소작쟁의, 반일적 대중투쟁에 활약한 노동자 농민을 모두 자신들의 당에 획득한다는 방침에 나섰음.

　식민지적 경제를 배경으로 하는 조선의 경제불황은 특히 근로대중의 이익에 타격을 주었으며 일본의 만주점령에 의해 근로자의 생활은 일층 악화되었음. 임금은 3할 감소되었는 데 반해, 노동시간은 오히려 2시간 연장되는 등 노동계급에 대한 억압은 점점 격화되었고 그 결과 실업은 격증했으며, 노동자 총수의 5할은 실업의 고통을 맛보기에 이르렀음에도 불구하고 기업가 및 일본관헌은 구제대책을 강구하지 않고 있음. 농민 역시 노동자와 마찬가지로 곤경에 처해 있음. 소작료는 3할의 등귀를 보였고, 제세(諸稅) 부과금도 역시 같이 늘어나 중농, 빈농은 부과금의 무게를 이기지 못해 급속히 영락(零落)하여 실업 룸펜으로 전락하는 길밖에는 아무것도 없는 상태임. 이들 낙오한 농민의 곤궁은 극에 달해 기아에 직면한 사람의 수는 무려 6백만을 초과하기에 이르렀음.

　경제적 착취와 동시에 정치적 억압 역시 점차 강화되어 일본인의 제국주의적 불법처분 또는 행위에 대해 사소한 반항이라도 시도하려고 하는 노동자에 대해서는 직접 무력을 사용하여 이를 정복 억압하는 상태로, 과거 5년간 검거된 사람의 수는 1만여 명에 달하고 그 중 6천 명이 공산주의자임.

　일본제국주의자의 조선에서의 강도적 정책은 근로대중으로 하여금 압박자 대 착취자의 투쟁으로 나아가게 했음. 근로자의 혁명적 투쟁은 노동자의 대중적 파업, 농민의 소작쟁의, 반란 폭도로 되어 곳곳에서 일본관헌과의 충돌을 야기했음. 이러한 투쟁에 있어 가장 적극적으로 활약한 혁명적 계급투쟁의 실(實)을 보인 것은 프롤레타리아트임. 이 기간의 사정을 여실히 말해 주는 것은 파업의 증가임. 파업은 주로 임금 인상, 노동시간 단축을 요구하는 것으로 1929년 ~ 1934년 사이의 6년간 일어난 파업의 총수는 856건이며, 그 참가자의 수는 105,766명을 헤아림. 파업의 총수는 1928년부터 소급하여 17년간 있었던 파업회수를 통산한 수에 상당하며, 파업은 근로자로부터 많은 동정을 받아 근년에 이르러서는 파업 억압자였던 분자들의 참가도 보이는 상태임.

여러 기업에서의 파업과 병행하여 농민쟁의도 점차 대두하여 1933년도에는 724건, 1934년부터 1935년 제 1/4분기에 이르는 기간에는 2,961건에 달했음.

위와 같이 공산당원의 공작 전개에 극히 유리한 조건을 갖추었음에도 불구하고 주의자의 파업 및 쟁의에 대한 지도 노력이 충분치 못함은 자못 유감임. 그 원인은 주로 주의자들이 노동자와 밀접한 관계를 갖지 못한 것, 그리고 근로자의 투쟁을 올바로 지도할 공산당이 존재하지 않기 때문임. 주의자가 수적으로 감소한 결과 노농의 이익을 옹호하는 투쟁을 충분히 전개하지 못한 것과 민족개량주의자의 근로자 특히 노동자에 미친 감화 때문에 투쟁이 불충분하다는 것을 인정하지 않을 수 없음.

공산주의자가 정치적 사건에 대해 아무런 적극적 공작에 매진하지 못하는 것은 무정견 단체 간 상호 투쟁이 끊임없는 것도 하나의 원인임. 근년에 이르러 점차로 이러한 종류의 투쟁은 부분적으로 해소되어 목하 국내에 그러한 단체 간의 투쟁과는 관계가 없는 노동자로부터 주의자 간부를 배출하고 있음. 그러나 아직 그 수는 소수이며 공작의 경험이 없음에도 불구하고 여러 기업 내에서 대중과의 연결을 확실히 함으로써 현재 국내에서 가장 공고하고 전투력이 풍부하여 장래 사상적으로 단일하고 통제된 공산당의 창설에 가장 필요한 존재라고 할 수 있음.

국내에 있어 공산주의운동을 …… (이하 해독 불능)

朝鮮總督府 高等法院檢事局思想部, "朝鮮に於ける共産主義運動の近況"
『思想彙報』 第 五號 (1935년 12월), 43-45쪽.

2. 국제공산당의 인민전선전술

　　* 본고는 『思想月報』 제29호에 게재된 것임. 스페인, 프랑스의 총선에서 좌익 각파의 대승 및 스페인내란 등에 자극을 받아 최근 우리나라에서도 소위 인민전선운동이 생겨나고, 조선도 역시 필연적으로 이의 영향을 받은 것으로 사료된다. 처음 이 운동은 좌익의 합법적 운동이라고 하나, 공산주의자가 합법운동의 분야를 이용하여 일반대중에 대해 비합법적 좌익조직 결성의 소지를 만드는 온상으로 될 위험을 다분히 내포하고 있을 뿐만 아니라 충분히 코민테른의 영향을 받거나 또는 영향을 받을 우려가 없는 것도 아니어서 지금부터 그에 대한 대책에 관해 신중하게 고려하여 그 취체(取締)에 매진을 기하지 않으면 안 된다. 이 점에서 참고할 만한 것이라고 사료되기에 이를 게재한다.

　'인민전선'(Fronte Populaire)이라는 말이 처음 공개적으로 쓰이게 된 것은 1934년 10월 24일 개최된 프랑스 급진사회당의 낭트대회에서 프랑스공산당 서기장 모리스 토레스가 프랑스 중산계급을 대표하는 정당인 급진사회당에 대해 '자유·노동·평화를 위한 인민전선'의 결성이 필요하다고 한 연설에서부터라고 전해진다. 인민전선이란 계급적인 반파쇼 정치투쟁을 위해 공산당의 소위 이니셔티브 아래 최저의 공동강령(어떤 당파에도 공통으로 수용될 만한 일반적 정책)을 기초로 모든 반파쇼분자 즉, 공산주의자를 필두로 사회민주주의 노동자 및 그 정당과 함께 소부르주아지, 인텔리 등도 결집 동원하는 투쟁조직을 말하는 것이다.

그리하여 인민전선은 멕시코, 폴란드, 중국, 미국, 영국 및 우리나라에서도 작금 논의의 초점으로 되었고, 지금 노동운동의 국제적 슬로건으로 되어 있으며, 프랑스 및 스페인에서는 그 결성에 성공하여 오늘날 인민전선 내각을 조직하기에 이르렀다. 또 스웨덴에서는 사회민주당, 독립사회당 및 공산당으로 조직한 인민전선이 근년 9월 20일 시행된 하원의원 총선거에서 압도적인 승리를 거두었다는 보도가 있다.

이상의 징조로 보아 인민전선의 성립조건은 아래와 같을 것이라고 할 수 있다.

1. 파쇼의 위협 즉, 소위 부르주아 민주주의적 자유를 빼앗길 위험이 존재하는 것.
2. 파쇼에 대항하는 진영에 공산당과 같은 활발한 전투적 지도력이 존재하고 이것이 다른 정당과의 대립관계를 청산하고 공동전선을 펴는 것.
3. 반파쇼전선에 동원할 수 있는 실제의 사회세력층이 구체적으로 존재하는 것(예를 들면 프랑스에서 노동계급과 소부르주아지, 스페인에서 빈농대중과 같은).

이하에서는 국제공산당의 인민전선전술, 프랑스 및 스페인에 있어서 인민전선의 결성경과 및 실제 운동의 개요를 서술한다.

1. 국제공산당의 인민전선전술

1935년 7월 개최된 국제공산당 제7회 대회에서는 그 중심 의제로서 '파시즘의 공세 및 노동계급의 반파시즘 통일전선을 위한 투쟁에 있어 공산주의 인터내셔널의 제 임무'를 상정하고, 현 코민테른 집행위원회 서기장 게오르그 드미트로프가 그에 대한 설명의 책임을 지고, 보고연설 및 결론연설을 했다. 이에 대해 1935년 8월 6일자 프라우다지의 사설은 "드미트로프의 보고 – 이는 신정세 하에서 더 일층 확연히 코민테른 소속의 모든 당을 대중에로 향하게 하는 전투적 행동강령이며 각 당을 공산주의를 위한 투쟁으로 이끄는 강령이다"라고 했으며, 또 같은 해 같은 달 15일자 프라우다지의 사설은 "동지 드미트로프에 의해 예리하고 대담하게 특히 정치적 의의를 갖는 일련의 새로운 문제가 설정되었고, 신전술방침의 기본적 특색이 지적되었으며, 공산당의 전 활동과 투쟁에 결정적 전환을 가할 필요가 있다는 근거가 마련되었다. 노동계급의 반파쇼투쟁전술, 착취자의 멍에로부터의 해방전(解放戰)에 광범한 인민대중을 유인하는 방식과 양식, 코민테른 지부의 오류와 결함이 볼셰비키적 솔직함과 분방한 힘을 갖고 해부되고 천명되었다. 코민테른 지부에게는, 모든 파쇼 반대자에게는, 동지 드미트로프의 연설은 행동의 지침이며, 노동계급 발전의 현시기 및 파시스트와의 투쟁의 현분야의 특수성에 깊은 레닌적 · 스탈린적 검토를 가한 명료한 교훈이다"라고 주석하여, 그 절대적 지지의 뜻을 표시했다.

이와 같이 드미트로프의 연설은 코민테른의 통일전선전술이나 인민전선방책이 명시되어 있는데, 그 중 인민전선에 관한 사항을 중심으로 요지를 소개하고자 한다.

"파시즘은 ① 근로대중에 대한 자본의 가장 흉악한 공격이고, ② 맹렬한 맹목적 애국주의이며 또 강탈적 제국주의전쟁이고, ③ 분노에 미친 반동과 반혁명이고, ④ 노동계급과 전 근로자의 가장 간악한 적이다.

파시즘의 성장과 그 권력획득에 대한 경계를 위한 가장 중요한 조건으로서는

첫째로, 노동계급 자신의 전투적 행동에, 자본과 파시즘의 공세에 반대하여 한데 뭉쳐 싸우는 전투부대에 노동계급의 세력을 단결하는 데 있다. 전투적 통일을 달성한 프롤레타리아트는 농민, 도시 소부르주아, 청년 및 인텔리겐차에 대한 파시즘의 영향을 무력하게 하는 것도, 그들의 일부를 중립화하는 것도, 다른 일부를 자기편으로 유인하는 것도 가능하다.

둘째로, 근로자의 반파시즘투쟁을 올바로 지도하는 유력한 혁명당이 존재하는 것.

셋째로, 농민 및 도시 소부르주아 대중에 대한 노동계급의 올바른 정책이다. 투쟁을 통해서만 그들은 자기의 의혹과 망설임을 극복할 수 있으며, 프롤레타리아트의 정치적 원조가 있을 때에만 그들은 혁명적 의식 및 행동의 한층 더 높은 단계에 도달하는 것이다.

넷째로, 프롤레타리아트의 긴장과 시의에 적합한 행동이다. 파시즘에 이니시어티브를 주지 말며, 파시즘이 아직 자기의 세력을 집결하지 못한 사이에 결정적 타격을 가하며, 파시즘의 강화를 허락하지 말고, 파시즘이 모습을 드러내는 곳에서는 그때마다 반격을 가하라."

"그러면 어떻게 파시즘의 권력획득을 방지할 것인가, 또 어떻게 승리한 파시즘을 타도할 것인가? 우선 각 국가적 및 국제적 규모에서 노동자의 통일전선 수립, 행동의 통일을 기해야 할 것인데, 이 통일

전선이야말로 파시즘에 대한 유력한 무기이다.

코민테른은 행동의 통일에 대해서는 유일한 기본적 조건으로 모든 노동자가 수용하고 내세울 수 있는 것 — 즉 파시즘 반대, 자본의 착취 반대, 전쟁의 위협 반대, 계급의 적(敵) 반대를 공동의 목적으로 할 것을 강조하고 있다."

"현단계에 있어서 통일전선의 기본적 내용은 어떠한 것이 되지 않으면 안 되는가. 노동계급의 경제상 및 정치상의 직접 이익의 옹호, 반파쇼 노동계급의 옹호가 전 자본주의 제국에 있어서 통일전선의 출발점이 되거나 또는 주요한 내용이 되지 않으면 안 된다.

조직노동자의 공동행동, 이것이 통일전선의 기초이다."

그리하여 반파쇼 인민전선은 통일전선을 기초로 하여 만들어지는 것임을 강조하고 있다.

"반파쇼 인민전선 — 파시즘과의 투쟁에 근로대중을 동원하는 사업에서 특히 중요한 임무는 프롤레타리아 통일전선을 기초로 한 광범위한 반파쇼 인민전선을 창설하는 것이다. 프롤레타리아트의 전 투쟁의 성공은 한편으로 프롤레타리아트인 근로자 농민과, 다른 한편으로 선진자본주의 국가들에서 인구 중의 다수를 형성하는 도시 소부르주아 기본 대중과의 투쟁동맹의 수립에 긴밀한 관계가 있다.

반파쇼 인민전선의 수립에서 가장 결정적인 것은 이들 여러 계층, 특히 근로농민의 요구의 옹호에 혁명적 프롤레타리아트가 결정적으로 진출하는 것이다. 그리하여 이들의 요구는 노동계급의 요구투쟁에 있어 결합함과 동시에 프롤레타리아트의 근본적 이익과 일치한다.

반파쇼 인민전선의 수립에 있어서 커다란 의의를 갖는 것은 도시 소부르주아지 기본 대중의 다수가 소속한 조직이나 정당에 대한 올바른 태도이다. 자본주의 국가에서 이들 정당이나 경제적 및 정치적 조직의 다수는 아직 부르주아지의 영향 아래에 있어, 이에 추수(追隨)하고 있다. 그러한 정당 및 조직을 인민전선 측으로 유인하는 기회가 있건 없건 이에 관계없이 어떠한 조건에 처하더라도 우리들의 전선은 이들 정당 및 조직에 가입하고 있는 소농, 수공업자 및 가내공업자 기타를 반파쇼 인민전선에 유인하는 것으로 향하지 않으면 안 된다.

따라서 공산주의자는 농민, 수공업자 및 도시 소부르주아 대중의 여러 종류의 조직이나 정당에 대해 우리들의 실천상 누누이 있었던 경시적 태도를 모두 버릴 필요가 있다.

프롤레타리아 통일전선과 반파쇼 인민전선은 투쟁의 살아 있는 변증법에 의해 결합되며, 서로 얽히고, 실질적인 파쇼 반대투쟁의 과정에서 상호 이행하며, 그리고 상호 떨어질 수가 없다.

그러나 이 인민전선의 지도세력인 노동계급 자신의 행동의 통일이 없으면, 진정한 반파쇼 인민전선의 실현이 가능하다고 생각할 수 없다. 또 동시에 통일 프롤레타리아전선의 일층의 성공은 하나로 묶어서 이를 파쇼 반대의 인민전선으로 바꾸는 데 있다.

그러나 우리들이 프롤레타리아트 투쟁통일전선에 대한 사회민주당의 반항을 파괴하지 못한다면 모든 나라에 있어 인민전선에 관한 일반적 교섭을 진전시킬 수 없을 것이다. 영국, 터키, 스칸디나비아 제국, 즉 수적으로 소수의 공산당과 강대한 대중적 노동조합, 큰 사회민주당이 대립하고 있는 나라에서는 그러한 상태에 있다. 이들 제국에 있어 진정한 인민전선을 달성하기 위해서는 공산주의자는 노동대중 내에서 커다란 정치적·조직적 임무를 수행하지 않으면 안 된다. 공산주의자는 대중적 개량주의 조직을 이미 프롤레타리아 통일의 화신이라고 보고 있는 이들 대중의 편견을 극복하지 않으면 안 된다.

프롤레타리아트가 비교적 소수이고 농민과 도시 소부르주아층이 우세한 제국에 있어서는 모든 노동계급이 전 노동자에 대해 지도적 분자로서 자기의 부서를 점할 수 있기 위해서는 노동계급 자신의 공고한 통일전선 수립을 위해 전력을 다하는 것이 더욱 필요하다."

다음으로 프롤레타리아 통일전선정부 또는 파쇼 인민전선정부에 대해 설명하고 있다.

통일전선정부는 파시즘과 반동에 반대하는 정부이며 통일전선운동의 결과로서 생겼고, 또 어떠한 경우에 있어서도 공산당과 노동자계급 대중조직과의 활동을 제한하지 않으며, 도리어 혁명적 금융자본과 파시스트에 반대하는 결정적 수단을 취하는 정부가 아니면 아니되는 것이다.

그러한 정부는 어떠한 객관적 조건 하에 수립되는가 하면, 일반적으로는 '지배계급이 이미 대중적 반파쇼운동의 강력한 앙양을 극복하지 못해 도래하게 된 정치적 위기'를 그 수립 가능한 조건으로 한다. 그러나 이 정부 수립에는 다음과 같은 일정한 본질적 전제가 필요하다.

첫째, 부르주아지의 국가기구가 이미 전부 해체되었고 또 무력하게 된 경우, 따라서 부르주아지는 반동과 파시즘에 반대하여 투쟁하는 정부의 수립을 방해하지 않는다.

둘째, 근로자의 가장 광범한 대중, 특히 대중적 노동조합이 폭풍처럼 파시즘과 반동에 반대하여 반란하나, 그러면서도 아직 공산당의 지도하에 소비에트 권력 획득을 위해 싸우기에는 반란 발발의 준비가 이루어지지 않은 경우.

셋째, 통일전선에 참가한 사회민주당 및 기타 정당의 대열 내에서 분화와 좌경화가 이미 다음과 같이 있는 경우.

즉 그들의 대부분이 파시스트 기타 반동가에 대해서 용서 없는 수단을 요구하고, 파시즘에 반대하여 공산주의자와 공동투쟁을 하고, 또 자당 내의 반공산주의 반동분자에 공연히 반대를 표명하기에 이른 경우.

이들 전제(前提)의 출현 가능성은 자본주의 제국에 있는 것이기 때문에 정치적 위기와 대중운동의 앙양과의 구체적 조건을 연구하여 통일전선정부 수립 준비를 해둘 필요가 있다고 하는 것이다.

통일전선정부의 정치적 성질은 '노동자정부'로 자칭하는 사회민주주의정부 즉, 계급협조정부와는 전혀 다른, 광범한 근로인민의 이익을 목표로 하는 프롤레타리아트의 혁명적 전위와 그 밖의 반파쇼 제 정당과의 협조기관이며, 파시즘과 반동에 반대하는 투쟁의 정부인 것이다.

통일전선정부에 대한 공산주의자의 태도는 어떠한가 하면, 이 정부가 인민의 적과 싸우는 한, 공산당과 노동계급에 활동의 자유를 허락하는 한, 공산주의자는 전면적으로 이 정부를 지지하나, 공산주의자의 이 정부에의 참가문제는 전연 구체적 정세의 여하에 달려 있는 것이다.

그러므로 공산주의자는 통일전선정부에 대해 어떠한 정책을 요구하는가 하면, 이 정부가 정세에 적응한 일정의 근본적 혁명적 요구, 예를 들면 기업 통제, 은행 통제, 경찰의 해산, 무장노동자 민병의 보상 등의 수행을 요구한다. 그러나 이 정부는 결정적 구제를 하지 못하는 것이며, 착취자의 계급적 지배를 전복시킬 수도 없는 것이며, 따라서 파쇼적 혁명의 위험을 결정적으로 배제할 수 없다는 것을 대중에 대해 공공연하게 설명하지 않으면 안 된다.

◇　　　◇　　　◇

　코민테른 제7회 대회에서 드미트로프의 연설 및 이에 기초한 동 대회 결의는 프롤레타리아트의 투쟁의 기본 방침과 목적을 결정한 것인데, 제2 인터내셔널의 일부에서는 코민테른의 신운동방침을 우익적 전환이며, 세계혁명의 포기라고 비판하는 것도 있는 모양이다. 그러나 코민테른은 당면의 세계정세, 각국의 사회정세에 대응하여 종래의 '굴신성 있는 전술을 적용'한 것으로, 결코 그 궁극의 목적인 세계혁명의 달성, 프롤레타리아트 독재의 수립을 포기하거나 또는 본래의 운동방침인 혁명적 계급투쟁전술을 하루아침에 폐지해 버린 것이라고는 생각되지 않는다.
　즉 드미트로프의 연설 중 "우리들의 원칙적 태도로부터의 일보 후퇴를 볼셰비즘의 방침으로부터의 우익적 전향이라고 상상하는 현자(賢者)가 있다. 만일 우리들이 세계노동운동의 변화한 정세와 추이하고 있는 변화에 의존하여 우리들의 정책과 우리들의 전술을 이에 대응해서 개변하지 않는다면, 우리들은 혁명적 마르크스주의자도 레닌주의자도 아니다. 만일에 우리들 자신의 경험과 대중의 경험에서 배우지 않는다면, 우리들은 진정한 혁명가가 아니다"라고 말했다. 또 "통일전선전술은 사회민주주의 노동자로 하여금 공산주의정책이 옳고, 개량주의정책이 그르다는 것을 실제로 납득시키는 방법이다. 사회민주주의 이데올로기와 실천에 대한 화해는 없다"고 말했으며, "노동자계급통일전선의 발의자(發議者)이며, 조직자이고, 동력인 것은 본질상 공산당뿐이다. 공고한 공산당은 지도세력이며, 당의 통일, 혁명적 단결 및 전투적 각오를 최고 자본으로 한다. 그 각오는 이데올로기에 있어서도, 실천에 있어서도 부르주아지와 협조를 꾀하는 사회민주주의에 반대하는 곳에서, 화해하지 않는 투쟁에 결착되어 있다"고 말했으며, 다시 또 드미트로프의 연설에 기초하여 대회 결의는 "노동계급통일전선의 수립이야말로 도래할 제2차 프롤레타리아혁명의 결전에 근로자를 준비하는 결정적 고리이다"라고 말했으며, 프롤레타리아트 독재와 소비에트권력 획득 투쟁에서의 승리를 위해 각 공산당의 대담한 정치활동이나 노동계급의 행동통일 확립을 게을리하지 않는 투쟁을 제창하고 있는 것이다.

그리고 또 코민테른 제7회 대회에서 ① '혁명적 노동계급이 낳은 상징'이라고 불리는 드미트로프를 코민테른 집행위원회 서기장에 임명한 것, ② 파시즘 반대투쟁을 위해 노동자 및 중산계급의 통일전선을 강조한 것, ③ 자본주의 제국에 대한 독립유지 투쟁의 지지를 결정한 것은 코민테른이 세계혁명을 포기하지 않았다는 증거라고 할 수 있다.

이상으로써 보건대, 코민테른의 통일전선이라는 것은 다시 광범한 대중을 포용하는 인민전선을 말하는 것으로, 투쟁의 실천을 통해 대중의 혁명적 훈련에 이용하며 동시에 자기의 진영을 강화 확대하려는 것이며, 트로이전쟁 이야기에 있었던 목마(木馬)전술처럼 소위 계급적 적진(합법단체)의 한가운데로 잠입하여 이를 내부로부터 전복시키려고 하는 교묘한 혁명적 전술의 한 형태임을 엿볼 수 있다.

국제공산당의 반파시즘 통일전선운동

코민테른 제7회 대회는 드미트로프의 연설에 기초하여 "행동통일이 정말로 필요하며, 또 프롤레타리아의 정치적 통일의 수립에서 가장 확실한 방법임을 고려하여 코민테른의 전 지부의 이름으로 자본의 공격, 파시즘 및 제국주의전쟁의 위협에 반대하는 노동계급의 행동통일 수립에 관해, 제2 인터내셔널의 제 정당과 즉시 교섭에 들어 갈 용의가 있다는 것과 코민테른은 이러한 목적을 갖고 제2 인터내셔널과 교섭할 용의가 있음을 선언한다"는 취지의 결정을 했으며, 대회 후 9월 25일 코민테른 서기국으로부터 제2 인터내셔널 서기국 앞으로 장문의 전보를 보내, 평화유지의 심의를 위해 양 인터내셔널의 대표자회의(각 4명씩)를 개최하자는 뜻을 제안하였는데, 10월 11일 부루셀에서 개최된 제2 인터내셔널 집행위원회는 여러 차례 협의한 결과 영국, 네덜란드, 스웨덴, 덴마크, 체코의 각 사회당이

첫째로, 코민테른 대표자(프랑스공산당 간부 카시앙 및 토레스, 영국공산당 간부 포릿트, 체코공산당 간부 슈와르마) 면면에 대해 불찬성이며,

둘째로, 위의 대표자들이 소속된 공산당과의 일체의 공동행동 및 두 인터내셔널 간의 일체의 공동행동에 불찬성이며, 이 때문에 코민테른의 제안에는 응할 수 없다는 것과 제2 인터내셔널의 집행위원회는 전쟁 및 파쇼적 전쟁선동자에 반대하여 공동투쟁을 하기 위한 노력을 아끼지 않았으며, 따라서 집행위원회장 및 서기장이 적당하다고 인정하는 경우에는 다른 국제노동자단체 또는 반전운동을 하는 기타의 단체와 정보 교환을 목적으로 하는 교섭을 행하는 데는 하등 지장이 없으므로 대표자회의의 개최를 거부하며 정보교환의 정도라면 응하겠다는 뜻으로 회답했다.

다른 한편 구주의 각국 공산당(합법적 존재)은 코민테른 제7회 대회의 결의에 따라 통일전선을 실행하고 있음. 예를 들어 영국공산당은 1935년 9월 25일 독립노동당에 대해 반전투쟁을 위해 전 노동자단체의 국제회의의 조직을 제안했으며, 프랑스공산당은 반파쇼 투쟁을 위해 주로 농민의 획득에 노력한 결과 국내 농촌지방에서 사회주의정당과의 협동공작협정을 체결하는 데 성공하였으며, 스웨덴공산당은

파쇼단체가 계획한 헌법개정문제에 관한 국민투표에 즈음하여 사회민주당과 공동으로 대중을 동원하여 19만 4천표 대 50만 표의 절대다수로 그 제안을 부결시켰으며, 체코슬로바키아공산당은 다수의 지방에서 사회민주주의단체와의 사이에 협동공작에 관한 협정을 맺고 다수의 집회 및 시위를 감행하였으며 프라하지방에서는 인민전선위원회를 조직했다고 전해지고 있다.

2. 프랑스에 있어서 인민전선

　　(생략)

3. 스페인에 있어서 인민전선

　　(생략)

朝鮮總督府 高等法院檢事局思想部, "反ファッショ人民戰線に關する調査,"
『思想彙報』第 九號 (1936년 12월), 172-182쪽.

3. 의견서

본적: 경성부 사직동 65번지
주거: 경성부 숭3동 154번지
양반 무직, 이강국 당 31년

1. 형사처분, 기소유예 또는 훈계방면을 받은 사실 유무

1934년 7월 19일 경성지방법원에서 치안유지법 위반에 의해 기소중지의 처분을 받음.

2. 범죄사실

피의자는 1925년 4월 사립 보성고등보통학교를 졸업 후 경성제국대학 예과에 입학, 다시 본과에 진학하여 1930년 3월 동 대학 법과를 졸업하고 동년 4월부터 32년 3월까지 동 대학 법문학부 조수로서 근무하고 있던 자인 바, 대학 예과 재학 중부터 사회과학의 연구에 흥미를 갖고 각종 좌익문헌을 섭렵하고 또 현대사회기구에 불만을 품기에 이르다가 1927년 4월부터 당시 성대 조교수 미야케 시카노스케로부터 재정학 강의를 듣고 자연적으로 미야케의 주의(主義)사상(思想)에 공명하고 1928년 5월 학내에 성대 경제연구회를 조직하고 당시의 재학생 최용달(崔容達), 박문규(朴文圭), 유진오(兪鎭午) 외 10여 명과 매주 1회 정도 구내식당에서 회합하고 정과(正科)의 강의 이외에 '텍스트'를 정하고 유물사관, 금융자본론 등의 연구 토의 그밖에 모든 사

회사상(事象)에 대한 강연·토론회를 개최하고 미야케 교수 등의 지도를 받고 있다가 1930년 9월경 동 연구회가 실천운동파와의 제휴 의심을 받음으로써 학교당국으로부터 해산을 명령받기에 이르자 같은 해 4월 회원인 동지들로써 조선사회사정연구소라는 이명동종(異名同種)의 단체를 창설하고 계속해서 비밀리에 미야케 등의 지도하에 실천운동자와 제휴하고 이를 지원하여 왔고 조선의 독립과 공산화를 기도한 자로서,

첫째, 1931년 가을 경 당시 백림(伯林) 방면의 재외 연구를 마치고 귀국한 미야케 시카노스케로부터 백림에서 독일공산당원이 되어 활동 중인 당시 동경제국대학 의학부 조교수 구니자키 데이도우(國崎定洞)에게 조선의 정세를 통보하고 구니사키를 통해 조선의 운동을 국제공산당에 소개하고 조선에서 주의 운동을 전개하는 데 협의하며 피의자에 대해서는 정치방면, 피의자 최용달에 대해서는 법률방면, 동 박문규에 대해서는 경제방면의 조사를 명하자 피의자는 그 뜻을 알고 이를 승낙하여 정치방면의 정세로서 총독정치의 실정(實情)에 관해 약 6매 정도의 원고를 작성하여 미야케에게 교부함으로써 그 목적으로 되는 사항의 실행에 관해 협의했으며

둘째, 1932년 3월 하순경 미야케 시카노스케로부터 백림으로 간 후에는 독일공산당원 구니자키 데이도우의 지도를 받을 것을 명령받자 구니자키가 미야케와 연락하여 조선 내에서 공산혁명운동의 원조에 종사토록 할 것이라는 뜻을 알고서 이를 승낙함으로써 그 목적으로 되는 사항의 실행에 관해 협의했으며

셋째, 1933년 12월경 당시 '스위스'에서 발행되는 독일어 잡지 「룬드샤우」의 13면 "프레남 테제"의 기사라든지, 조선의 혁명운동을 활발하게 하고 전시(前示) 목적을 달성하기 위해 최용달, 박문규, 유진오

등에 밀송(密送)하였으며 최용달은 미야케에 수교하고 미야케는 이를 번역하여 정태식(鄭泰植)을 통해 권영태(權榮台)에 교부하였으며 권영태는 이를 등사하여 '팜플렛'으로 만들어 실천운동의 투사들에게 널리 배포하기에 이름으로써 미야케와 정태식, 권영태의 운동을 방조하기에 이르렀음.

위의 피의사건을 살펴보건대 피의자의 소위(所爲)는 치안유지법 제2조에 해당하는 범죄사실이나 공범자인 최용달 박문규 등은 이미 기소유예의 처분에 부쳐졌으며 피의자는 이미 전비(前非)를 뉘우치고 개전(改悛)의 정(情)이 현저하므로 기소유예처분 하는 것이 타당하다고 사료됨.

      1935년 12월 13일
     경기도 경찰부 사법경찰관
      경기도 경무(警務)
       高村正彦

韓國歷史硏究會(編), 『日帝下社會運動史資料叢書』 8 (高麗書林, 1992), 227-233쪽.

4. 感想錄(사건에 관계하기까지)

* 본고는 소위 원산사건(사상휘보 제 21호 참조)의 거두로서 목하 함흥 지방법원에 계류 중인 전 보성전문학교 교수 최용달(崔容達)이 카가와(香川) 검사 앞으로 제출한 수기의 일절이다.

1

인류사회의 공전(空前)의 참사였던 저 제1차 세계대전이 일어나 전후 직접적인 위기의 물결은 이 땅에도 일어났다. 저 3·1운동이 그것이다. 그 이래 조선사회에서는 사회주의운동이 불끈 일어났다. 그러나 농촌의 원시적인 안온(安穩)함 가운데 흡사 선 농촌 일반이 그런 것처럼 그렇게 풍부하지도 않고, 그렇게 빈곤하지도 않은 한 농가의 아들로서 자애심 깊고 근면한 양친 슬하에서 자라난 나는 아직도 그러한 사회의 조류 중에 서있지는 않았다. 은혜 받은 자연 속에 조상 전래의 가훈 - 모두 유교적이다 - 아래 태어나 살고 있는 사람들의 세계는 아주 순박 그 자체이고, 화목 그 자체였다. 그것은 바로 "해 뜨면 밭 갈고, 해 지면 눕고, 밭 갈아 먹고, 우물 파서 마시니, 임금이 나와 무슨 상관이냐"라고 말한 것 같이, 각자가 열심히 일하면서 사람들이 불행하면 슬퍼하고, 옆집의 경사(慶事)에 즐거워하는 것이었다. 나에 있어서 변화는 두 군데로부터 왔다. 하나는 오래 종사할 학문을 위해 낯선 다른 사회 속으로 몸을 던지지 않으면 안 되었던 것이고, 다른 하나는 이 농촌 그 자체의 변화였다. 세월이 지남에 따라 이러한 변화는 점점 급격한 것이 되었다. 한번 시정인(市井人)의 상황을 보자.

빈부귀천의 격차의 극심함에 놀라고 사람들 마음의 적대시에 가까운 냉혹함에 다시 놀란다. 그들은 같이 말을 해도 마치 이방인 같으며, 때에 따라서는 원수와도 같다. 이익이 되지 않으면 말도 하지 않으며, 욕심이 동하지 않으면 나서려 하지 않는다.

그 사이에 일어나는 시기(猜忌), 의혹, 비방, 투쟁 등은 말할 것도 없고, 천박한 환락과 비참한 생활고, 잔인한 죄악과의 연계를 눈앞에서 엿볼 수 있다.

그러나 이렇게 말하는 정황은 이미 시정(市井)만의 일이 아니다. 오늘의 농촌은 이미 어제의 그것이 아니다. 새로운 생활원리는 언제 누구로부터 배운 것이며 언제라고 할 것도 없이 아지 못하는 사이에 그들의 머리에 스며들었다. 그것은 농촌의 황폐도와 완전 정비례하였다. 원시적인 것 그대로의 형태 가운데 시정의 혼이 심어진 모양의 비참한 몰골 사나운 모습은 실로 눈 뜨고 볼 수 없을 만큼 심한 것이었다. 동경하는 도시도, 정거운 고향도 그와 같은 정황을 살펴볼 때 사람은 반드시 머리를 떨구며 생각에 잠기게 되리라. 내가 사회에 대해 다소 생각하게 된 것도 여기서부터 시작된 것이며, 사회는 어떻게 하면 저러한 일이 없도록 구할 수 있는가? 이 커다란 물음에 대한 나의 답은 간단한 것이었다. 그것은 교양이었다. 모두가 무지로부터 양성된 것의 죄악적 결과였다. 무지를 도려내는 교양의 힘만이 이러한 결과를 잘 제거할 수 있으리라. 특히 사회를 움직이고 있는 사람들의 교양, 은혜를 입은 계급의 사람들의 교양에 의해서만 거의 얻을 수 있는 것이다. 왜냐하면, 비참에 괴로워하는 사람들에 있어서는 이미 일반적인 생활수준으로 스스로를 들어올릴 능력조차도 갖고 있지 않다고 생각하기 때문이다. 잘난 사람의 힘이 절대적으로 우세한 이상 잘난 사람으로 하여금 폭도의 무리가 되지 않게 하는 것이 약자를 구할 수 있는 유일한 길이 되지 않으면 안 되기 때문이다. 이것이 대강 대학 예과시대까지의 나의 사상이었다.

그런데 그 후 얼마 되지 않아 그렇게 생각하는 것 자체가 하나의 환상에 불과하다는 것을 깨닫게 되었다. 왜냐하면 그와 반대로 현재 모든 죄악은 (그 무지로부터 유래하는 것이라고 하기보다는) 오히려 비교적 교양 있는 자의 책임으로 돌려져야 하는 것이기 때문이다. 교양은 그들로 하여금 구원의 손이 되도록 하기보다는 오히려 종종 약탈의 손이 되도록 할 뿐이다. 그것은 점점 무섭고 교묘한 무기를 그들을 위해 공급하는 데 불과한 것이 아닌가. 시험 삼아, 보라! 모든 교양은 빠짐없이 잘난 사람들을 위해 사용되고 있고, 명리(名利)를 위해 준비되어 있는 것이 아닌가. 우리들 앞에 나아가 선배의 전철을 보라. 선택된 자로서 교양 있는 그들의 행방은 과연 그러한 구원의 손으로서 있는가, 그렇지 않으면 스스로의 명리를 위해 있는가를. 애당초 사회 그 자체와 동떨어진 교양이란 것을 생각한다는 일이 비현실적인 것임을 이해하게 된 것이다. 이것은 또 대개 사회의 문제는 모두 사회 그 자체의 내부적 기구에 들어가서 고찰해야 한다고 하는 것을 가르치는 것이며, 따라서 나를 마르크스주의에 가까이 가게 한 것이었다. 생각건대 마르크스주의는 다른 어떠한 학설보다도 사회조직 그 자체의 내부적 기구에 들어가서 사회문제의 해결을 설명하는 것이기 때문이다. 거기에는 모든 사회적 현상, 따라서 모든 죄악, 비참, 모순, 충돌은 대개 사회 그 자체 조직의 기초에 있으며, 그 기구의 내부에서 내재적으로 필연적으로 조성된다는 것이다. 따라서 현대에 있어서 모든 사회적 모순 중에서 가장 기본적인 것은 생산의 사회화와 소유의 사적 형식이라고 하는 모순이라고 지적되고 있는 것이다.

이에 덧붙여 나는 단순히 그러한 사회를 바라보고 있는 자로서가 아니라 이제는 그 사회의 일원으로서 직접 그 모순 가운데로 스스로를 던지지 않으면 안 되는 때에 이르게 되었다는 것, 즉 학부를 졸업하게 된 것이다. 이때 나는 잠시 헷갈렸다. 높은 지식이 있으므로 그 간판 같은 지식을 이용하여 어느 정도 명리의 길을 쟁취한다고 할 가능성이 왠지 모르게 주어져 있는 것처럼 생각되었기 때문이다. 그렇지만 이 길은 나의 평소의 사회적 관심 내지는 양심과 양립하지 않는다고 말할 것까지도 없다. 왜냐하면 사람을 희생시키거나 조금이라도 사람의 궁상(窮狀)을 강 건너 불 보듯 하는 것 같은 소위 영달(榮達)의 길은 교양 있는 자에 있어서는 가장 비열하고 따라서 가장 증오할 만한 길이라고 하는 것을 생각하고 있었기 때문이다. 여기에서 나는 그와 같은 길을, 말하자면, 의식적으로 단념하고 일생을 학문적 연구에 몰두할 수 있는 길을 선택한 것이다. 이 길은 가령 사람을 위해 적극적으로 진력하지는 못하더라도 적어도 사람에게 악을 끼치는 것은 아니라고 할 수 있으며, 그리고 그것은 자신이 진실하다고 생각하는 것 즉, 진리 탐구만을 일삼는 것이 가능하다고 생각했기 때문이다. 그래서 대학의 사법(私法)연구실에 조수로서 있는 것이 가능하게 되었을 때 나는 몹시 좋아했던 것이다.

생각건대 뒤에는 어찌되었건 적어도 사회에 발을 내딛는 것이 스스로 불의를 저지르는 미혹(迷惑)에서 멀리 떨어져, 바라던 곳으로의 일보를 내딛었다고 하는 만족을 느꼈기 때문이다. (물론 이 경우 무언중에도 너무도 혜택받지 못한 발걸음을 허전해 하는 부모의 기분과 동네 사람들의 기분을 읽은 것도 사실이다. 무엇인가 그들의 그때까지의 기대를 배반한 것 같은 느낌이 들었기 때문이다.)

그렇지만 이 길조차도 그렇게 평탄한 것은 아니었다. 거기에도 역시 형극(荊棘)은 놓여 있었다. 2년 후에 나는 다시 그 직을 떠나지 않으면 안 되었다. 여기에 조선인으로서 우리들에게는 이미 승진의 길은 끊겨 있었기 때문이다. 당시 나는 순조롭게 승진을 할 수 없어도 좋으니까 적어도 최저한의 생활은 보장받으면서 그 직에 계속 있게 해주길 얼마나 간절히 바랬었든지. 그 직 자체가 탐이 나서가 아니었다. 아니 승진이 없는 '만년 조수'는 하나의 모욕이기조차 하다는 것을 잘 알고 있었다. 그렇지만 학문의 길에서 포기하고 떠나는 것이 무엇보다 가슴 아팠기 때문이었다. 이 쓰라림은 배움의 길에 있는 자만이 느낄 수 있는 것이리라. 그런데도 그것이 도락(道樂)에서도, 일시적인 방편으로서도 아니고, 전혀 유일하게 나아갈 길로 택한 나에게 있어서는 거의 절망적인 느낌조차 든 것이다. 사람들은 혹시 웃을지도 모른다. 제한된 대학교수에의 길은 어느 누구에 대해서도 현실적으로 가능한 길로서 존재하는 것은 아니지 않는가라고 과연 그것은 하나의 사치스러운 불평이고, 불만일지도 모른다. 아니 확실히 그렇다. 세상에는 보다 절박한 불평불만, 보다 보편적인 불평불만이 얼마나 많은가를 생각하면, 확실히 그렇다고 말하지 않을 수 없다. 그러나 문제는 결코 나 개인에 있어서의 문제가 아니고, 모든 다른 문제와 함께 보편적인 성질을 갖고 있다고 하는 것만은 잊어서는 안 된다. 제도상 주어진 가능한 범위에 있어서의 것과 그렇지 않은 것과의 경우는 충분히 구별하여 살피지 않으면 안 된다. 그렇기 때문에 뜻을 두었던 길로부터 내팽겨진 우리들로서는 2중의 비통함을 느끼지 않을 수 없는 것이며, 거기에는 또 충분한 이유가 있음을 인정하지 않으면 안 된다. 그러한 학문의 길이었기에 그 자신 사회로부터 떼어내 생각해서는 안 된다고 하는 것을 지금 새삼스럽게 느꼈던 것이다. 이리하여 나는 다시 사회적 모순의 소용돌이 속에 휘말려 들어간 것을 느꼈으나, 그러나 그 이상 자신을 비참하게 하고 싶지는 않았다. 당시 총장이 친절하게 알선해준 다른 취직처를 단념하고 사립 전문학교의 시간을 얻기 위해 분주한 것은 그 때문이었다. 그것은 물론 이후 필연적으로 다가오게 되는 생활고를 각오한 것이었다. 이것이 결국 그 후 보성전문학교에 직장을 얻게 된 발단이었다. 이러한 경위는 별로 새로운 것은 아니지만, 실제로 사회에 대한 나의 불만을 조장시켰음에 틀림없다. 그리하여 그것은 점점 나로 하여금 마르크스주의이론에 흥미를 갖게 만들었다고 생각된다.

2

이상은 대개 내가 마르크스주의에 가깝게 된 동기의 개략(概略)이다. 다음에 간단히 조선의 현실문제에 대한 이론에 대해 내가 아는 한 말하려 한다. 조선에 있어서 사회개혁의 이론도, 다른 것과 마찬가지로 여러 가지가 있으나, 그 주된 것은 대개 민족주의이론과 사회주의이론이다. 민족주의가 주장하는 바는 조선에 있어 모든 사회문제의 기초는 민족적 예속이라고 하는 것에 귀결되며, 따라서 문제의 해결은 무엇보다도 민족의 자주독립, 환언하면, 식민지로서가 아니라 그로부터 벗어나 독립민족국가로 되는 것에 있다고 하는 것이다. 이에 반해 사회주의의 주장은 민족의 해방이라고 하는 것에 이의를 달지는 않으나 사회문제가 생기는 기초를 민족의 예속이라고 하는 데 귀결시키는 것은 부당하다고 한다. 사회적 모순은 보다 근본적인 곳에 뿌리내리고 있으며, 민족적 예속, 식민지문제 등에도 필경 근본적 모순에서 그렇게 되었다는 것이다. 따라서 문제의 근본적 해결은 근본적 모순의 제거·지양에 있다. 그것을 다른 것에 있다고 하는 민족주의의 소론(所論)은 뒤집어 보면, 그들 민족 부르주아지의 손에 의한 민족의 지배를 구하는 것에 불과하다. 그러나 민중은 결코 한 사람의 주인으로부터 다른 새로운 주인으로의 예종(隸從)을 바라는 것은 아니다. 이에서 나아가 그들 민족 부르주아지는 이제 그 현실적 이해관계로 해서 점점 개량주의적으로 타락하여, 이미 민중을 지도 또는 민중과 함께 민족해방전선에 설 수 있는 용기조차 상실했다. 따라서 그들이 말하는 것은 오늘에 있어서는 헛되이 문제의 해결을 불가능하게까지 밀어 보내는 역할을 연출하는 것이다. 조선의 사회체제의 기구로부터 주어진 혁명단계 자체는 부르주아민주주의혁명이다. 그러나 그 담당자는 이미 민족 부르주아지가 아니라, 조선의 무산계급인 것이다. 생각컨대 조선의 사회문제가 모두 민족적 예속 자체에만 귀속된다고 하는 것은 이론상 피상적이고, 근시안적이라고 하지 않으면 안 된다. 확실히 식민지이기 때문에 그 특수성이 존재하는 것은 피할 수 없지만, 현대의 사회문제 자체의 역사적 성격은 세계 각국, 즉 식민지국가가 아닌 종주국가 전반에 통용되는 보편적인 것이기 때문이다. 만약 민족주의의 소론과 같다면 이들 국가의 사회문제에 대해서는 조금도 해답할 수가 없으리라. 따라서 이론상 후자 즉 사회주의의 주장을 보다 과학적인 것이라고 인정하지 않을 수 없으며, 여전히 문제로 삼아야 하는 것은 조선에 있어서 인민전선의 문제는 어떠한 것이냐 하는 것이다. 즉 근래 세계적으로 문제가 되고 있는 저 인민전선이론은 조선운동에 있어서는 어떻게 적용되며, 구체화되는가 하는 문제로, 나는 아직 이 문제에 대해서 구체적으로 지적한 문헌을 본 적도 없고, 또 그에 대해서 이론적으로 들은 적도 없으므로, 그 현실적인 것은 알 수도 없다. 실은 그것이 구체화될 수 있는지 어떤지, 구체화된다면 어떠한 형태로 되는지 하는 것과 같은 것을 생각해본 적조차도 없었다. 아마 그러한 문제를 생각하지 않으면 안 되는 필요조차 느끼지 않았고, 또 생각했더라도 현실에 소원한 나로서는 도저히 확실한 해답을 찾을 수도 없고, 따라서 당연히 도로(徒勞)에 그칠 성질의 문제였기 때문이다. 오직 인민전선문제가 국제적으로 제기된 까닭의 근거는 사람들도 아는 것처럼 다음과 같은 것이라고 생각한다. 즉 세계자본주의의 일반적 위기가 소위 제3기에 들었고, 제2차 세계대전을 앞두고 각국에서는 비상적 체제가 강화되었으며, 소위 자본의 경련적(痙攣的) 공격이라고 일컬어지는 파시즘의 진출을 보기에 이르렀다. 여기서 민중의 그에 대한 불평은 극히 혹심하고, 게다가 극히 광범위에 걸쳐 일어나는 상태를 초래하지 않을 수 없었으며, 또 실제 그러한 현실이었다. 이리하여 종래 개량주의적이고 반동적이었던 계급층, 예를 들면 중소 자본가층까지도, 대자본에 대해 파시즘에 대해 반감을 갖게 되었고, 이에 노동자계급은 파시즘에 대항하는 한에 있어서는 이들 계급층과도 공동전선을 만들 가능성 및 그 필요성을 인정하기에 이른 것이다. 생각건대 노동계급에 있어 목전의 최대의 투쟁목표는 파시즘이며, 따라서 정말로 파시즘에 반대하는 것이라면 그가 누구인지 불문하고 그를 자기편으로 끌어들이는 것이 필요하기 때문이다. 그리하여 이름하여 인민전선(Volks' Route)이라고 하는 것은 그것이 무정부주의자가 되었건, 사회민주주의자가 되었건 불문하고 널리 파시즘에 반대하여 구성된 전선을 말하는 것이다. 그러한 운동이 조선의 사회운동에 어떻게 반영되고 구체화되는가는, 이론 그 자체로서보다도 필경 조선에 있어 객관적 및 주관적 현실이 어떠한 상태에 있는가 하는 문제이기 때문에 도저히 이를 상상적으로 논할 수는 없다. 오로지 다음의 것만은 일반적으로 말할 수 있으리라. 즉 만약 그것이 구체화되고, 또 구체화되지 않으면 안 되는 것이라고 한다면, 그것은 종래보다도 한층 광범한 범위에 있어서 제국주의에 대한 불평이 존재하는 것을 전제하는 것이고, 따라서 그러한 한에 있어서 민족해방운동의 전선이 종래보다 넓은 범위에 걸쳐서, 즉 자본가층에까지 미치는 범위에 있어서, 결성되었다고 할 수 있다. 그리고 그것을 위해서 공산주의자는 노동계급의 이익을 위해 일어설 뿐만 아니라, 널리 이들 불평층을 위해서까지 활동하지 않으면 안 된다.

이러한 활동이 가능할 것인가 어떤가는 전혀 그 주체적(主體的) 능력의 현실상태 여하의 문제로 제약되는 것이지만, 이와 같은 제 전제 위에 서서, 그 운동을 구체적으로 전개하려고 한다면, 거기에는 반드시 종래와는 근본적으로 다른 새로운 운동의 전개가 있을 것이다. 따라서 오로지 국제적 경향이라는 것 때문에 그것이 곧 조선에 구체화되는 것이라고 추측해서는 안 되며, 또 하등 현실적인 변화도 인정되지 않는 경우 그 이론에 맞추어 해결하려고 하는 경솔함은 이를 신중히 해야 할 것이다.

3

무릇 하나의 사물에 있어 그것이 진리라고 생각하는 이상, 어떠한 태도로 그것을 맞이하는가 하는 것은 또 필연적 과정처럼 생각된다. 내가 사회적 현실적 문제에 대해 관심을 갖고, 게다가 마르크스주의에 친하게 된 것은 앞서 말한 그대로인데, 거기에 가까워지게 된 것은 그것이 진리라고 생각했기 때문이지 다른 것은 없다. 그렇다면 그것에 대한 나의 태도는 어떠했는가. 돌이켜 보면 나에게 있어서 그것은 우선 두 가지 것이었다. 첫째로, 무릇 사회를 위해 침식을 잊고 분주한 사람들 — 죽은 사람이건 살아 있는 사람이건 묻지 않고 — 에 대한 존경의 염(念)이라고 하는 것이고, 둘째로는 어떠한 방식으로든지 그 참되다고 생각하는 것을 위해 스스로 진력하고 싶다고 하는 것이다. 이 두 번째의 태도는 많든 적든 스스로를 행동하는 주체로서 던지는 것이고, 따라서 이에 있어서는 자기의 능력에 대한 현실적 평가가 수반되지 않으면 안 된다. 나의 경우에 있어서도 그러한 평가적 반성이 언젠지도 모르게 알지 못하는 사이에 이루어졌다고 생각된다. 즉 문제에의 노력을 회피한다고 하는 것은 처음부터 불가능하다고 하더라도, 가능성의 제약을 무시하고 헛되이 큰 것을 한다고 하는 것은 스스로를 그르칠 뿐만 아니라, 이윽고는 전체를 그르치는 까닭이리라. 사람은 그 가능한 것을 성의를 다해서 해야 하며, 그것만이 스스로에 대해 충실함과 동시에 남에 대해서도 충실한 것이고, 그러함에 의해서 교만할 것도 없고 부끄러울 것도 없다고 하는 것, 이것이 언제부턴가 거의 나의 지론(持論)처럼 된 것이다. 그리하여 나의 행동은 늘 나 자신 그때그때의 특수 사정에 의해 제약된 것은 물론이지만, 우선 나는 보다 보편적인 형태로 나를 바라보지 않으면 안 되었다. 그것은 즉 한 사람의 인텔리겐차로서의 자신을 바라보는 것이었고, 자신을 천거하는 것은 아니었지만, 무릇 인텔리가 이루는 것이 가능한 노력은 어떤 것이 있는가 하는 것이었다. 사회운동과 인텔리, 그가 실천적 지도의 지위에 설 수 없다고 하는 것은 오늘에 있어서는 거의 누구라도 말하는 정설(定說)이다. 생각건대 금일의 사회운동이라는 것은 이미 장인(匠人)이 초기에 그런 것처럼, 추상적인 단순한 계몽적인 교양운동은 아니기 때문에 그가 그러한 임무를 짊어지기에는 지나치게 약하고 지나치게 경박하고 지나치게 비현실적이기 때문이다. 그렇다면 이론적 지도의 지위는 어떠한가? 이론과 실천을 떼어놓는 것의 모순이 여기에 있는 것만큼 명백히 나타나는 것은 그다지 없다. 실천에 부합되지 않는 지도적 이론이란 것은, 그것을 생각하는 것이 가능하지 않기 때문이다. 실천의 체험에 의해서 짜여진 이론만이 다시 실천을 위해 쓸모가 있기 때문이다. 따라서 그 이름이 지식계급이라는 것을 이유로 이론적 지도가 가능한 것처럼 생각한다면, 그것이야말로 저 독특한 과대망상이라는 것을 면할 수 없으리라. 우리들은 실제의 운동에 관한 한, 극히 평이한 이론조차도, 그것을 이해하지 못하는 경우도 자주 있다. 필경 우리들이 실제의 사회적 현상에 접해 있지 않기 때문이리라. 그리하여 우리들은 결국, 인텔리는 이러한 것을 꿈꾸어서는 안 되며, 차라리 세상에 소위 국외자로서, 자기 자신의 능력을 되돌아보고 가능한 것을 해야 한다. 이것만이 가령 아무리 미묘한 것이라고 할지라도 그에 있어서는 온갖 힘을 다한 노력이라고 하지 않으면 안 된다고 생각한다. 이 태도에 대해서 어떤 사람은 혹시 왜 인텔리는 언제까지 그러한 존재로 머물러야 하는가라고 질문할 것이다. 그렇지만 그것은 처음부터 별도의 문제에 속한다. 여기서 문제가 되는 것은 그가 인텔리로서 멈추어 있는 한, 즉 인텔리로서의 자기를 지양하지 않는 한에는, 늘 이와 같은 말이 나올 수밖에 없다고 하는 것이다. 물론 나의 이 견해는 무엇 하나 어느 누구에게 강요하는 것으로서 사람에 대해 주장하는 것은 아니다. 단지 자신을 반성하는 것에 의해서, 스스로 얻은 것이고 그리고 스스로를 위해 갖고 있는 태도이다. 이러한 나의 견해 내지 태도는 특히 1934년도 나의 은사 미야께 교수사건 이래 부지불식간에 거의 지론(持論)처럼 된 것이다. 은사의 일에 대해 미주알고주알 캐려는 것은 아니지만, 당시 나는 미야께 교수가 그 자신의 가능한 한계를 뛰어넘어 깊이 발을 들여놓았기 때문에 초래된 결과는 아마도 자타 공히 적지 않은 실패가 아닌가라고 생각했던 것이다.

4

　이와 같이 나의 태도는 극히 불충실한 형태이기는 했지만, 부지불식간에 나의 그 후의 행동에서 나타나게 되었다고 생각된다. 극히 간단하게 이 경과를 말하려고 한다. 첫째로 예로 든 미야께 교수사건에서 미야께 교수와 학우 정태식(鄭泰植)군이 법의 처단을 받고나서부터. 미야께 부인 및 정군의 어머니에 대해 극히 적게밖에는 성의표시를 하지 못했다. 이것은 이번의 사건과 함께 문제로 되었기 때문에 순서상 여기에 말하지만 사실을 말하면, 앞에 말한 나의 사회적 관심 및 그 태도라고 할 만한 일반적인 그것보다는 오히려 전적으로 인정(人情)으로서 생각하고 싶다. 그렇게 말하는 것은 결코 법의 처벌의 문제를 결과적으로 생각한 것은 아니며 무엇인지 스스로를 지나치게 기계적으로 설명하는 자기 자신에 일종의 치욕을 느꼈기 때문이며, 당시 나의 눈앞에 전개되고, 그리고 나의 가슴을 울린 것의 그 비참한 상황 및 그에 의해 일어난 나의 참을 수 없는 정(情)에 있어서, 내가 이루어 낸 것이 지나치게 그다지 만족스럽지 않은 것이었기 때문이다. 아! 당시의 상황! 왜 나는 그것을 그렇게 인정머리 없이 의무라고 하는 각도에서 말하지 않으면 안 되었던 것인가. 그해 7월 20일경이었다. 내가 미야께 부인의 임시 거처를 방문했을 때 부인은 웃고 있는 것인지, 울고 있는 것인지, 이 무력한 나를 기쁘게 맞아 주었다. 멀고 먼 조선에 와서 사람들의 선망의 대상이었던 어제까지의 평화로운 생활이 하루아침에 사라져버려, 네 명의 아이들을 데리고 흡사

길거리를 헤매는 것 같은 상황이었다. 관사로부터 그 임시 거처로 이사했을 때 누구 하나 도와주러 와준 사람도 없었을 정도로 그야말로 고립무원의 경지에 있었던 것이다. 그 상태에서 어떻게 해서든지 생활을 다시 일으켜 세우기 위해 분주하게 여기저기 옮겨 다닌 끝에 잠시 헌책방을 경영하게 되었고, 이후 수년간 잘 헤쳐 나아갔는데, 그간의 고통은 아는 사람만이 알 것이리라. 이리하여 그해 개점했을 때 그 준비를 위해 나는 부끄러워하면서 백(百)이 채 안 되는 금전으로 성의를 표시했던 적이 있다. 어떤 때는 친구에 대해서 그 어려움을 호소한 적도 있었으나 예상했던 대로 의심 많은 세상이기에 슬며시 단념하고 혼자서 분개하고 말았다. 정태식군의 어머니가 나를 찾아온 것은 마찬가지로 1934년 9월경이었다고 생각한다. 물론 나에 대해서 하등 원조를 말하지는 않았지만, 너무도 비참한 그 마음을 호소할 곳도 없었기 때문이다. 나는 그때 함께 온 김월옥(金月玉)으로부터 그 상세한 사정을 알게 되었는데, 정군의 어머니는 일찍이 젊디젊었을 때 남편을 사별한 이래 보부상(褓負商)을 하면서 사랑하는 아들의 장래를 의지하며 고통을 잊고 소학, 중학, 대학의 학자금을 대기 위해 분골쇄신한 것이었다. 그리하여 이제 대학을 졸업하여 한시름 놓고 무거운 짐을 내려놓는 일순간, 바로 그 순간에, 정군은 투옥되었던 것이다. 눈물 없이는 들을 수 없는 사실이었다. 하물며 이것을 봄에는 더욱 그러했다. 최초 수개월간 거의 실신한 사람처럼 망연자실해 있던 끝에, 하는 수 없이 다시 보부상을 계속하여 집집마다 다니며 행상을 하게 된 모양이다. 여름의 더위와 겨울의 추위의 엄습을 무릅쓰고 자신의 고통을 잊고 오로지 옥중의 자식의 신상을 떠올리며 하염없이 뜨거운 눈물을 흘리며, 얼어붙은 손으로 조용히 십자가를 긋는 70의 노모를 가능한 한 도와주리라고 다짐하면서도 마음 쓰는 것만으로는 어쩔 도리가 없었다. 그리하여 계속적으로는 애초부터 불가능했던 때인지라 힘을 쓰더라도, 그 액수는 극히 적은 금액밖에 낼 수 없었다.

자초지종이 그러했는데, 이강국(李康國)군이 그 다음해 독일 유학에서 돌아왔기에, 재빨리 달려가 이러한 두 사람의 사정을 말하자 이군도 가능한 한 성의를 표하겠다면서 쾌히 승낙을 했다. 이후 우리 둘은 미아께 부인과 정군의 어머니에 대해서 그 절박한 궁상을 살펴 때때로 빈약하나마 약간의 성의를 표시할 수가 있었다.

다음으로 이주하(李舟河)와의 관계에 대해서. 1936년 여름 나는 지병이었던 폐병을 요양하기 위해 원산의 임해장(臨海莊) 입원을 목적으로 원산에 갔을 때였다. 내가 원산에 온 것을 알고 방문한 김옥월의 소개에 의해서였는데, 그것은 주로 폐병 요양상의 필요에 따라 권고한 것이었다. 즉 이주하는 그해 초 출옥 당시 거의 살아날 가능성이 없다고 할 정도로 폐가 상(傷)했었는데, 그후 요양을 잘 하여 예사롭지 않게 회복했기 때문이라는 이유에서였다. 임해장을 돌아보던 당시 너무나도 약해 있던 나의 건강상태로 보아 요양상 적당하지 않다고 하는 것을 확인하고서도, 이미 금강산 쪽으로 가겠다고 결정한 그날 밤에 나는 이주하와 만난 것이다. 그는 첫 만남이었는데도 아주 열심히 성의를 다하여 폐병 치료상의 주의를 세세히 말해 주었다. 특히 그때부터 사정이 허락하면 단연코 섬(島) 등에 가서 자연요법을 하는 것이 좋다고 말했다. 그런 이야기를 하는 계제에 그는 이제 자신은 '건강도 회복했기 때문에 공부를 하려고 생각하는데 아무래도 시골이라 서적을 구할 수 없다. 어쨌든 서울에 가면 구할 수 있는 것만이라도 좋으니 좌익적 서적을 구하려고 한다'고 말하고, '농촌경제에 대한 연구가 몹시 필요하기 때문에 자신도 그에 대해서 공부해 보려고 한다'는 등을 이야기했던 것이다. 나는 그 다음날 금강산 쪽으로 떠날 예정이었는데, 확실히 그날 밤에 나는 그가 겸손하고 진지하며 열의를 가진 사람으로서, 그 자리에서만 임시변통하려는 태도의 사람은 아니라고 하는 첫 인상을 받았다. 이미 한마디 한 것처럼 나의 평소의 태도 즉 사회문제 때문에 분주한 사람들에 대한 무조건적인 존경이라고 하는 기분도 보탠다고 할 수 있는데, 어딘지 모르게 그에게는 신뢰할 만한 곳이 있는 것처럼 생각한 것도 사실이었다.

그해 가을 김옥월이 서울에 왔을 때 그는 내게 전에 말한 서적이 있으면 부탁하려고 온 것이었다. 그때는 우선 내가 갖고 있던 유물철학에 관한 것 두세 권을 김옥월에게 갖고 가도록 하고, 어느 것이나 조금씩 구해 보도록 하겠다고 말했다. 그런데 그 다음해 1937년 2, 3월경 김옥월이 갑자기 찾아왔는데, 그 용건은 이주하의 병세가 악화되었는데(확실히 그때 위하수, 위궤양으로 고생하고 있다고 하는 것 같았다), 경제적으로 입원비용을 염출할 곳이 없고 우물쭈물하면 목숨을 건질 수 없기에 찾아 온 것이라고 급박함을 알리는 것이었다. 그 당시 나에게는 그만큼의 여유가 없었으나, 나의 치료를 위해 다소 빌린 돈이 있었기에 여하튼 애매한 대답으로 내일 다시 오도록 말했다. 그때 나는 자칫하면 그의 병세가 급박한 것과는 별도로 오히려 돈에 대해 타산적 경향으로 달려가는 자신을 보고서 마음속으로 몰래 부끄러움을 느꼈기 때문에 이강국군을 방문하여 넌지시 급한 용무가 있으니 돈 백원만 구해달라고 부탁했다. 다음날 바라던 것이 도달하여 김옥월에게 그 백원을 갖고 가게 했다. 그리고 그때 그를 위해 구해두었던 몇 권의 레닌주의 서적도 동시에 전달했다고 생각된다. 그후 이주하가 나의 병상을 방문해 온 것은 그해 6월경이었다. 그때 그는 나를 위해 원산의 토산품으로 먹도미(黑鯛)를 손에 흔들며 들고 왔다고 생각되는데, 그는 간곡히 병의 적극적인 치료방법을 권유했다. 소극적인 쉬엄쉬엄하는 임시변통의 요양으로는 폐병의 근치(根治)는 기대하기 어려울 뿐만 아니라 점점 악화되기 때문에, 대담하게 학교를 일년 정도 쉬고 모든 것을 잊을 수 있도록 먼 따뜻한 섬 한가운데서 야인생활을 하라고, 마치 찬동하는 대답을 강제하는 것처럼 설명하는 것이었다. 나의 사정이 그것을 허락하지 않는다고 말하는 것은 생각조차 할 것 없이 명백한데도, 잠시 나는 그의 권유를 거절하지 못하고 가능한 한 그 방향으로 노력하겠다고 하는 애매한 답을 하지 않으면 안 될 정도였다. 이윽고 그가 나의 집을 떠날 때쯤이 되어서 그는 나에게 친한 친구가 있으면 한 사람 소개시켜 주도록 부탁하는 것이었다. 그에 대해 곧 떠오른 것은 이강국군이었기에 소개시켜 주마고 약속하고 헤어졌다. 지금 생각하면 이것은 그가, 나에게 전지요양을 권한 것과 상호 관련이 있는 것 같다. 즉 이후 무엇인가를 부탁하려고 하는 사람을 서울에 보내고 나서부터라고 생각되는데 여하튼 다음날 나는 이강국군과 함께 한강장(漢江莊)의 정원에서 다시 이주하를 만나, 두 사람을 소개시켰는데, 그때 화제가 된 것은 독일의 현상이었다. 그것은 이강국군이 수년간 독일에서 유학했기 때문이었다. 두 사람이 이야기하는 동안 병 때문에 가만히 있던 나를 알아챘는지, 잠시 후 이주하는 앞으로 만일 상경하게 되면 느긋하게 방문하겠노라고 말하고 갔기에 우리들은 헤어져서 돌아왔다. 확실히 헤어질 때라고 생각되는데, 이주하는 나에 대해 은밀하게 이강국군의 사정을 묻는 것이었다. 즉 그는 이강국군의 경제가 허락한다면 어떻게 해서든지 2, 3백원의 금전을 변통하여 받아 조그마한 영업(營業)을 매입하고 싶은데, 기금부족으로 곤란하기 때문이라고 말하는 것이었다. 나는 후에 이강국군과 상의하여 볼 것을 약속하고, 함께 그 여름에 우선 석왕사에서 요양하고 싶으니 무슨 기회가 있으면 방에 관해서 알아

봐 달라고 부탁하고 헤어졌다.

그후 여름휴가도 임박해졌기에 이주하의 의뢰를 이강국군에게 꺼냈다. 당시 나는 예의 영업이라고 하는 것은 요컨대 이주하의 생활토대의 확립 즉, 그의 실천적 운동에의 착수를 위한 기초를 만들려는 것이라고 보고서, 그러한 의미에서 혹은 이후에도 그러한 종류의 의뢰를 하러 올지도 모르기 때문에 만일 2, 3백원으로 만족한다면 지금 바로 어떻게든 한번 변통해서 주고 말아야겠다고 생각했다. 그런데 당시 이강국군은 그러한 금액을 수중에 갖고 있지 않다고 말하므로 단념했다. 물론 돌연한 상담으로 돈을 변통하는 것이 곤란했을 것이지만, 이주하와는 서로 아는 사이일 뿐이었기 때문에 별로 기분이 내키지 않은 것을 알아챘기에 나도 구구하게 말하지 않았다. 그리하여 그후 이주하에 대해서는 변통이 불가능하다고 말한 것으로 생각한다.

그 여름 나는 이주하와 그의 여동생의 친절한 보살핌으로 석왕사의 백련암에서 조용한 요양을 마치고 9월 말경 서울로 올라왔는데, 그 가을 10월 중순경 김옥월이 이주하의 편지를 갖고 왔다. 그것은 영업기금으로 반드시 필요하니 2, 3천원을 급히 변통하여 달라고 하는 내용이었다. 그것은 실로 내게 있어서는 아닌 밤중에 홍두깨 같은 편지였다. 내가 이주하에 대해 일시적이었지만 불유쾌한 감정을 품은 것은 이때였다. 왜냐하면 그러한 과도한 의뢰를 해온 것은 가령 아무리 필요에 쫓겼다고 하더라도 상대의 사정을 무시하는 것이고, 그러한 한에 있어서 무이해(無理解)를 수반하는 것이기 때문이다. 신뢰할 수 있는 사이에는 당연히 불가능하다고 생각되는 의뢰를 하지 않는 것이기 때문이다. 생각건대 사람은 자신에 대해서는 불가능한 요구를 하지 않기 때문에 우리 두 사람에게는 당연히 불가능한 이 의뢰를 받았을 때 나는 이강국군과 상담하기 전에 그 자리에서 그 요구를 거절하는 대답을 했다. 그때 아마 김옥월은 아마 나의 이러한 감정의 움직임을 읽었을 것이다. 왜냐하면 당시 나는 강하게 내가 이와 같이 감정을 나타내는 것이 불필요하다고 느끼지 않았기 때문이다. 그래서 이강국군에게 이 내용을 전하면 당연히 불가능하다고 생각할 것이므로 거절한다고 말하고, 이강국군도 당연 거절할 것이라는 말을 덧붙였다. 당시 이강국군은 나의 감정을 보았기 때문인지, 물론 그것은 가능하지 않은 상담이지만 무엇인가 오신(誤信)에 기초한 것일 것이기 때문에 언젠가 서로 만날 기회가 있으면 양해할 것이라고 말했다고 생각한다. 그후 연말이 가까웠다고 생각되는데, 이강국은 원산에 가는 계제에 이주하를 만나고 싶으니 그 뜻을 미리 통지해 달라고 말하기에 지시받은 그대로 편지를 보낸 적이 있다.

내가 이주하의 요구를 즉석에서 거절한 지 얼마 되지 않아 이주하로부터 그에 대해서 해명하는 편지가 왔다. 그것은 너무 급히 필요에 쫓겼기 때문이었다고 말하고 그와 동시에 무엇인가 좋은 문헌이라도 있으면 읽게 해달라고 부탁하는 것이었다. 물론 나는 앞서의 감정도 하등 뿌리 깊은 근거가 있는 것이 아니었고, 오히려 종래의 그에 대한 신뢰의 도를 표시한 것에 불과한 것이었다. 그뿐만 아니라 가령 그에게 무엇인가 일시적인 오해로 변덕을 부린다고 해도 그것은 결코 나의 태만에 합리적인 이유를 주는 것은 아니었다. 그리하여 이강국군과 상담한 끝에 몇 개의 외국문헌을 Rundschau지(誌)에서 번역하여 그후 2회에 걸쳐 그에게 전해 주었다. (그 번역은 나의 건강문제 때문에 대부분이 이강국군의 노력에 의하지 않으면 안 되었다.)

그후 이주하가 서울에 올라온 기회에 우리 두 사람과 만난 것은 1938년 3월과 6월 및 그해 가을 10월이었다. 6월에 만났을 때 우리 둘은 그로부터 원산에는 노동조합운동이 상당한 정도로 전개되고 있으며 이미 노동자의 손에 의해 기관지가 호수를 거듭하여 발행되는 정도라고 하는 것을 들었다. 그는 그 기관지를 머지않아 보여주겠다고 했지만, 우리 두 사람은 무엇이든지 일부러 서울에까지 갖고 올 필요는 없다고 말했다. 지금 한 가지 그때 (확실히 그때였다고 생각된) 이주하는 우리 두 사람에 대해 노동자 몇 명을 휴양의 의미를 겸해서 며칠간 상경시킬 터이니 그들에게 며칠간 학리적(學理的)인 교양을 맡아달라고 하는 제안을 했다. 그에 대해 우리들은 늘 구체적인 문제에 부딪쳐 있는 그 노동자들에게는 추상적인 학리는 그다지 흥미를 끌지 않을 것이며 또 우리들은 그런 시간적인 여유를 갖고 있지 않기 때문에 교양은 가능하지 않다고 거절했다. 그런데 어찌된 일인지 그 해 가을 10월 중순경 이주하가 서울에 올라왔을 때 다시 이 문제를 제의하기에 우리 두 사람은 그렇게까지 말한다면 4, 5일간의 기간으로 시도해 보자고 말했으나 거기까지 이르지 못하고 바로 이번 사건 때문에 검거된 것이다. (대체로 이강국군이 "파시즘"에 대해서 내가 "경제공황"에 대해서 이야기하기로 했었다.) 이것이 간략히 이주하와 나와의 관계이며 따라서 이강국과 나와의 관계이기도 하다.

朝鮮總督府 高等法院檢事局思想部, 『思想彙報』 第二十四號(1940년 9월), 298-310쪽.

5. 전쟁과 자본주의 국가의 노동자계급

　　*본고는 작년(1939년) 10월 코민테른 기관지 『공산 인터내셔널』 및 소련공산당 기관지 『볼셰비키』에 게재된 코민테른 집행위원장 드미트로프의 논문으로, 세계 제2차 대전에 즈음하여 코민테른이 그 전술전환을 명백히 한 것으로 중요시되는 문헌이다.

1

　　공산당원은 제1차 제국주의전쟁이 종결되자마자 곧, 레닌 스탈린의 교의(教義)에서 출발하여, 자본주의는 그 본질상 전쟁을 낳으며, 제국주의 여러 나라 사이의 모순은 베르사이유 기타 제국주의적 평화조약에 의해 제거되기는커녕 도리어 점점 그 모순은 새롭고 보다 커다란 힘을 갖고 다시 폭발하려 한다고 노동자를 향해 시종 설명했는데, 레닌은 전쟁은 제국주의의 불가피한 산물이라고 가르쳤다. 다른 나라 영토의 약탈, 식민지의 정복, 탈취 및 시장의 강탈은 자본주의 제국간에 전쟁을 유발하는 원인이 된다.

　　스탈린은 새롭게 제국주의전쟁의 위험에 대해서 경고하고, 그 발생 원인을 해명했다. 1930년 제16회 당대회의 보고연설에서 그는 다음과 같이 말했다. "부르주아 국가는 광적으로 무장하고 재무장하고 있다. 무엇 때문인가. 물론 회담을 위해서가 아니라, 전쟁을 위해서다. 전쟁은 세계의 재분할, 시장 자원 및 자본증가국의 재분할을 위한 유일한 수단이기 때문에 제국주의자는 모두 이를 필요로 한다." 1936년 3월 1일 로이, 하워드와의 회견에서 스탈린은 전쟁의 근본적 원인은 자본주의 자체에 있으며, 그 제국주의적 약탈 양상에 있는 것임을 강조하고, 다음과 같이 말했다. "제1차 세계대전이 어떻게 해서 일어났는지 아는가. 그것은 세계를 재분할하려고 하는 욕구에서 생긴 것이다. 지금도 똑같은 것이 보인다. 이미 이루어진 세력권, 영토, 자원, 시장 등의 분할에 즈음하여 남은 것을 갖고 다시 자기에게 유리하게 그것을 재분할하려고 기도하고 있는 자본주의 국가가 있다. 제국주의적 단계에서 자본주의라고 하는 것은 말하자면, 전쟁을 국제적 모순 해결의 합법적 수단, 즉 법리적인 합법적 수단이 아닌, 본질적인 합법적인 수단이라고 생각하는 것 같은 조직이다." 최근 일어난 일들은 전적으로 스탈린의 이 통찰적 예언의 정확함을 입증하는 동시에, 만약 국제적 노동자계급이 그 통일적이며 결정적인 투쟁수단에 의해 시의적절하게 전쟁의 선동자, 도발자를 제압하지 않는다면 사람들은 가까운 장래에 전쟁의 와중에 던져질 것이라고 말한 공산당원이 얼마나 옳았는가를 입증한다. 이것은 전쟁 방지의 강력한 투쟁전선을 만들려고 했던 공산주의 인터내셔널의 불요불굴의 노력이 얼마나 시의적절한 것이었는가를 입증한다. 에티오피아, 스페인, 중국에 대한 공격에 의해 시작된 제2차 제국주의전쟁은 이제는 대자본주의 여러 나라 사이의 전쟁으로 전화(轉化)하여 전쟁은 구라파의 심장부로 비화했고, 장차는 세계전쟁으로 되려 하고 있다. 이번 전쟁은 교전하는 자본주의 여러 나라의 지배계급이 위선적이고 기만적인 슬로건에 의해 국민 대중 앞에 그 진정한 목적을 은폐하려고 노력하고 있음에도 불구하고, 그 성격에 있어서도 본질에 있어서도 또한 교전국의 어떤 측에서 보더라도 제국주의전쟁인 불공정한 전쟁이다. 전쟁의 성격은 레닌이 교시한 바와 같이 누가 공격하고 누구의 나라에 '적'이 있는가에 의해서가 아니고, 전쟁을 수행하고 있는 것은 어떠한 계급인가 또는 전쟁에 의해 어떠한 정책이 계속되는가에 의존하는 것이다. 지금이나 1914년에 있어서와 같이 전쟁을 수행하고 있는 것은 제국주의적 부르주아지이다. 이 전쟁은 자본주의 국가들 사이에서 세계 재분할, 세계적 패권 획득투쟁의 직접적 계속이다. 영·불 대 독일 간의 이번 전쟁이 식민지, 자원지(資源地), 해상 우월권 획득, 및 타국 국민의 정복 착취를 목적으로 하여 수행되고 있다고 하는 것은 몇 명이라도 누구라도 부정할 수 없는 것이다. 주지하는 바와 같이 영국은 4억 8천만의 식민지 인구를 끌어안은 대제국이고, 프랑스는 7천만의 주민을 가진 식민지를 영유하고 있다. 제1차 제국주의전쟁의 결과, 그 식민지를 상실한 독일은 지금 영·불 제국주의자의 손에 있는 식민지의 재분할을 요구하고 있다. 그렇지만 영·불의 부르주아지는 그 수중에서 거대한 영유지를 놓으려는 의지는 없다. 그들은 수억의 식민지 노예 전체를 지배하고, 그 제국주의적 지위를 유지하고, 새로운 약탈의 가능성을 보증하고, 경쟁 상대를 무력화하고, 그것을 자기에게 예속시키기를 바라고 있다. 이번 전쟁의 본질은 이 점에 있으며, 교전 국가 사이의 군사적 갈등은 구라파에서의 패권, 아프리카 그 밖에서의 식민지 영유 및 석유, 석탄, 철, 고무를 목적으로 수행되고 있는 것으로 부르주아 신문이나 노동자계급의 사회민주주의적 기만자 모두 소란을 피우고 있는 것처럼 "데모크라시" "자유" "국제적 정의" 및 소국민 소민족의 독립보전을 위해 일어나는 것은 결단코 아니다. 제국주의적 부르주아지의 이익은 또 전쟁에 직접 참가하고 있지 않은 대부분의 자본주의 국가의 태도를 결정하는 그들의 중립정책, 특히 자본주의적 강국, 예를 들면 미국의 중립은 전적으로 위선적이다.

미국의 부르주아지는 일본의 중국 침략에 즈음하여 손을 놓고 있다. 뿐만 아니라 그것은 사실상 일본제국주의의 군사적 대 어용상인이기조차 하다. 중립의 깃발 아래 아메리카 제국주의자는 극동에 있어서 전쟁을 도발함으로써 일본과 중국을 무력화시키고 그런 후에 자기의 힘을 믿고서 교전국을 자기의 뜻대로 복종시키고, 그리하여 중국에 지반을 구축하려 하고 있다. 중립의 깃발 아래 미국의 부르주아지는 구라파전쟁의 확대를 기도하고 미국으로 하여금 사실상 영·불의 무기제조공장이 되게 함으로써 교전국 국민의 고혈을 빨아 막대한 전쟁이윤을 획득하고 있다. 그들은 전쟁 상대를 세계시장으로부터 축출하고, 그 제국주의적 지위를 강화하여, 해양에 있어서 지배권을 확립하려 하고 있다. 그러한 위선적 성격은 다른 자본주의적 비교전 국가의 중립도 역시 갖고 있다. 이들 여러 나라의 부르주아지는 전쟁에서 가능한 거대한 이익을 내려고 날뛰고 있다. 이 때문에 그들은 자국을 위해 평화를 주장하는 경우에 있어서조차 다른 국가 사이의 전쟁은 극력 선동하고 있다. 그들은 중립을 상품과 마찬가지로 받아들이고, 가능한 한 고가(高價)로 팔아치우려고 시도하고 있다. 이들 중립국가의 대부분, 특히 이태리는 강자에 가담하여 전패국(戰敗國)의 요리 할당에 끼려고 전쟁 과정에서 어느 측에 승리의 기회가 있는가를 꼼짝 않고 쳐다보고 있다. 이리하여 교전국이건 비교전국이건을 불문하고 그 태도는, 전쟁에 대한 책임은 자본주의 국가들의 부르주아지, 그중에서도 교전국의 지배계급이 져야 한다는 것을 명확히 보여주고 있다.

2

　제2차 제국주의전쟁의 과정에 있어 명확히 2개의 단계를 구분할 수가 있다. 제1단계에서 이탈리아, 독일, 일본은 직접 침략국의 자격으로 행동했다. 그들은 진격했고, 다른 자본주의 국가, 예를 들면 영국, 프랑스, 미국은 그 경쟁상대와의 결정적 충돌을 피해, 독·이·일의 팽창을 다른 방면으로 즉 사회주의 국가로 향하도록 하고 거기에 양보했다. 지금 영, 불의 제국주의자는 진격(進擊)으로 이동하여, 자국민을 독일과의 전쟁에 몰아넣고 모든 수단을 강구하며 그 밖의 나라들을 자국측에 유인하려 하고 있다. 만일 이전에 위와 같이 유럽 여러 나라들이 침략국과 비침략국, 즉 직접 전쟁 도발자인 국가와 이면에서는 타국에 대한 침략을 선동하면서도 어느 시기까지는 공공연히 침략국으로서 진출하지 않는 국가와 구분할 수 있었다고 한다면, 지금 와서 그러한 구분은 사실과 부합되지 않는다. 이 구별은 소멸했을 뿐만 아니라, 바로 영·불의 제국주의자야말로 전쟁의 계속 확대의 열렬한 주장자 역할을 연출하고 있는 것이다. 목하 진행되고 있는 사건을 이해하는 견지에서 가장 본질적인 의의를 갖는 바 제국주의적 주요 경쟁 상대국의 태도에 이와 같은 변화가 야기되는 것은 어디에 기인하는 것인가. 주지하는 바와 같이 현재 독일은 베르사이유에 대한 복수, "세계적 볼셰비즘" 소련에 대한 국제적 반동의 선봉임을 슬로건으로 하여 발전 생장(生長)했다. 국가사회주의체제는 그것이 "역사적" 반공적 사명을 수행하고 있다는 것만으로 영·불의 제국주의자로부터 모든 원조를 얻었다. 그것은 널리 영·불의 항구적 양보를 이용하여 임의로 베르사이유 조약을 파기하고, 무력을 축적하여, 오스트리아, 체코슬로바키아 등을 그 손에 넣고 스위스에도 어느 정도의 지위를 획득했다. 영·불의 제국주의자들은 독일의 팽창을 동방으로 기대했던 동안에는 그들은 전력을 다해 그 침략을 선동하고, 그리고 그 침략을 "불간섭"정책이라는 이름 아래 타 국민을 희생으로 삼으려 했다. 그들은 집단보장을 폐기하고 그들 자신의 손으로 만든 국제연맹을 웃음거리로 만들었다. 그들은 또 독·이·일 간에 '방공'(防共)협정이 체결되고, 소위 베를린, 로마, 동경 축이 형성되는 것에 큰 만족을 나타냈다. 그러한 정책의 절정(絶頂)은 뮌헨협정이며, 영·불 정부의 수뇌자는 이것으로써 독일의 침략을 소련으로 향하게 하는 데 성공했다고 자칭하고, 뮌헨으로부터 '구세주'로서 개선(凱旋)했던 것이다. 그렇지만 이미 이때 소련은 거대한 힘을 보이고 있었다. 레닌·스탈린의 정당을 중심으로 결집된 소련 국민은 저 위대한 5개년 계획 수행에 성공하여, 강력한 사회주의 공업을 건설하고 소농의 사회주의화를 실현하여, 콜호즈체제를 공고화했다. 그 기초 위에 국민의 정신적 정치적 통일, 장비가 우수한 적군 및 깊고 깊은 소비에트 애국주의에 입각한 사회주의 국가의 불굴의 국방력이 보증되었다. 사회주의 사회의 건설 및 현명한 스탈린적 평화정책에 의해 소련은 국제무대에서 크게 그 비중을 증대시키고, 독일에 대해서는 말할 것도 없고 전 세계 민중의 신뢰와 애정을 획득한 것이었다. 이 때문에 제국주의자의 견지에서, 독일이 소련 공격의 선봉으로서의 역할을 수행하는 데 가장 적합한 시기가 도래했을 때, 독일은 그것을 결의할 수가 없었다. 그것은 우선 첫째로, 소련의 경제력, 무력 및 최후의 피한 방울까지 자기의 사회주의 국가를 옹호하고, 어떠한 적이라도 분쇄하겠다는 소련 국민의 단결성과 강인성을 고려하지 않으면 안 되었고, 둘째로, 독일의 지배자는 독일 국민의 대부분을 사회주의의 위대한 국가에 대한 전쟁으로 내모는 것이 불가능한 것임을 생각하지 않을 수 없었기 때문이다. 그러한 정세에서 독일은 영·불 제국주의의 앞잡이가 되어 반소전쟁을 일으켜 일대 파멸의 모험을 감행하는가, 아니면 그 대외정책에서 급회전을 하여 소련과 평화적 우호관계의 길을 선택하는가의 딜레마 앞에 서 있었던 것이다. 사실이 보여주는 바와 같이, 독일 지도자는 두 번째의 길을 택했다. 다른 한편 영·불의 지배자들은 이 시점에서 마치 침략에 대한 일반전선을 확립할 목적이라도 있는 것처럼 위장하고, 소련과 수개월에 걸쳐 교섭을 행하는 반면, 사실상으로는 모든 수단을 써서 반침략 일반전선의 결성을 방해했고, 교섭의 최후에 이르기까지 그들은 독일과 소련을 충돌시키려고 하는 노력을 게을리 하지 않았다. 이것은 특히 영국정부 자체에 의해 출판된 독(獨)·파(波)전쟁 전야에 헨더슨 영국 대사와 히틀러의 회의에 관한 『백서』가 입증하고 있다. 그렇기는 하지만 영·불의 제국주의자들은 오산(誤算)을 했다. 그들은 반소전쟁의 기도에 실패했다. 사회주의적 평화정책의 실현자 소련은 독일과 불가침조약을 체결하고 전쟁도발자의 간계를 저지하고, 구주의 2대 강국 간의 평화를 보증한 것인데, 그것은 국제정국의 전 발전과정에 일대 영향을 미친 것이었다. 독·소조약 체결 후, 영·불의 부르주아지는 이제 독일 대 소련의 전쟁에 대한 희망을 잃고, 이번에는 그 제국주의적 경쟁자에 대한 무력투쟁의 길에 나서, 그 예속국 반동적 부르주아지 지주의 폴란드를 옹호한다고 하는 구실 아래 이것을 한 것이었다. 폴란드라고 하는 나라는 영·불 제국주의자가 소비에트 공격의 전초로서 건설한 국가이고, 그들은 1920년에 폴란드의 손을 빌려 젊은 소비에트 공화국을 압살하려고 한 적도 있었다. 폴란드의 지배자는 리투아니아로부터 위르노를 빼앗았고, 최근에는 체코슬로바키아로부터 땅 일부를 탈취한 적도 있었다. 그렇지만 폴란드에 대한 겨냥도 빗나갔다.

반동과 테러의 체제, 수백만의 우크라이나인, 백러시아인 및 폴란드인 노동자의 제압, 약탈의 체제를 가져, 민족지옥의 외관을 보인 폴란드는 최초의 무력적 타격에 의해 그 내부적 부패성을 폭로하고, 겨우 2주 동안에 붕괴해 버린 것이다. 그러한 조건 중에 소련은 전세계 노동자의 이익과 일치하는 사회주의에 충실한 독특한 자주적 독자적 정책을 행하고 동구(東歐)의 평화 보장을 위해 단호한 수단을 취했다. 적군(赤軍)의 서부 우크라이나, 서부 백러시아 진주에 의해 소련 국민은 폴란드 귀족의 압제 하에 신음하던 동포에 원조의 손길을 뻗쳐 1천 백만의 노동자를 전화(戰禍)로부터 구출하고, 그들을 자본주의적 노예로부터 해방하여, 그들에게 행복한 생활로의 길을 열어주었고, 민족적 문화적 발전의 자유를 보증한 것이다. 독·소 "우호경계조약"의 체결에 의해 소련은 자국민에 대한 전쟁의 직접적인 위협을 제거함과 동시에 제국주의 전쟁의 확대에 대한 바리게이트를 구축한 것이다. 끊임없이 제국주의 국가들의 희생에 바쳐질 위험에 처한 발틱연안 소국과 상호원조조약을 체결함에 의해 소련은 그들에게 족적 독립의 보증을 주고, 제국주의 침략에 대한 옹호를 보장하고, 그리하여 자국의 안전을 공고화했다. 위르노와 위렌스키 현(縣)을 리투아니아에 준 것은 사회주의 국가가 얼마나 소국민의 민족적 이해에 관심을 기울이는가를 웅변적으로 이야기해 주는 것이다. 소련을 제외하고는 세계에서 어떠한 나라도 자기 자신의 발의에 의해 1개 현(縣) 전체를 주는 것 같은 것은 아직까지 없었다. 구주에서 제국주의전쟁이 진행되고 일 국민을 타 국민에 덤벼들게 하며 부르주아지가 쇼비니즘을 선동하고 있는 때를 당하여 소련은 스탈린적 평화우호정책에 따라 지도되어 인접 제국과 선린관계를 확립하고 있다. 그 모든 정책에 따라서 소련은 전세계의 국민이 관심을 갖고 있는 일반평화의 사업에 무한의 공헌을 하고 있다. 그렇지만 영·불의 제국주의자는 전쟁의 도상에 올라, 그것을 중지하려고 하지도 않으며, 도리어 점점 더 국민을 전장으로 보내고, 게다가 모든 수단을 강구하여 전쟁의 진정한 성격을 은폐하려 하고 있다. 그러한 목적을 갖고 그들은 대중을 이념적으로 기만하는 각종의 수단을 강구하고 있다. 제1차 제국주의 전쟁의 체험을 가진 노동자의 노년층은 당시 어떻게 영·불의 신문이 매일매일 그들 정부는 오로지 "프러시아 군국주의"로부터 "조국 옹호"를 위해서만 전쟁을 수행하는 것임을 되풀이해서 썼으며, 또 독일의 신문은 "러시아 짜리즘" 타도를 위해 전쟁을 수행하고 있다는 것을 확신시켰음을 잘 기억하고 있다. 지금 영·불의 지배자계급은 당시와 마찬가지로 제국주의적 목적을 추구하며 현재의 사태에 적응하여, 수단과 슬로건에 변경을 가함으로써 대중을 이념적으로 기만하고 있다. 대중의 파시즘 반대 기운을 이용하여, 그들은 "반파시즘"전쟁의 슬로건을 제출하고, 그 대독(對獨)전쟁은 "파시즘에 대한 민주주의의 전쟁" "히틀러주의에 대한 전쟁" "국민의 자유를 위한 전쟁"이라고 외쳐대고 있다. 그렇지만 이 소위 "반파시즘" 전쟁의 사도들은 그들이 오늘날 반대하고 있는 자를 수년에 걸쳐 응석을 받아주었으나, 국제정세상 반파시즘·반전쟁의 단일인민전선이 당면한 가장 중요한 과제로 다루어지고 있는 이 시점에 이르러서는 이 전선을 파괴하고 있다. 그러나 이 소위 "인민자유의 투사들"은 수세기에 걸쳐 수백만의 식민지 노예를 쇠사슬에 묶고, 그 제국주의적 거래에서 소국민의 운명을 푼돈처럼 희롱하고, 또 그 소위 "민주주의의 옹호자들"은 자국 내에서 국민대중의 민주주의적 승리의 최후의 조각마저도 근절시키려 하고, 그 신문을 폐쇄하고, 피선거자를 바꾸며, 현재의 반국민 전쟁에 대해 반대 소리를 내는 자를 박해하고 있다. 프랑스의 부르주아지는 현재 반혁명 테러의 최고 암흑시대를 부활시키고 있다. 파리콤문의 피의 탄압 이래 프랑스는 노동자계급에 대한 그와 같은 반동의 태풍은 아직까지 알려진 바 없다. 프랑스공산당의 금지, 모든 반동에 대한 가장 철저한 투사가 있는 의회에서 프랑스 프롤레타리아트의 혁명적 대표자에 대한 체포는 전쟁의 민주주의적 반파시즘적 성격에 관한 선전이 얼마나 기만적인 것이며, 위선적인 것인가를 명확히 입증하는 것이다. 반동적 부르주아지는 포화(砲火)보다도 전쟁에 관한 진리를 두려워하기 때문에 공산당원에 대해 가장 공격을 집중하고 있다.

이것은 공산당이 제국주의전쟁에 대한 노동자계급, 노동자의 투쟁을 조직하는 유일한 정당이기 때문이다. 부르주아지는 수백만의 사람들을 전쟁에 내세우며, 그들을 아무 관련도 없는 것을 위해 죽도록 모든 노력을 다하고 있다. 그렇지만 노동자계급 노동자에게는 이 전쟁을 옹호해야 할 아무것도 없다. 이것은 그들의 전쟁이 아니고, 그들의 착취자들의 전쟁이다. 그것은 근로자에게 고난, 곤궁, 파멸 및 죽음을 초래한다. 그와 같은 전쟁을 지지하는 것은 오로지 노예 보유자 압제자의 이익을 옹호하는 데 불과한 자본주의적 노예제를 지지하는 것 외에는 아무것도 아니다. 노동자계급에 있어 유일한 바른 태도는 제국주의전쟁에 대한 과감하고 활발한 투쟁이고, 약탈전쟁 중지를 위한 투쟁이고, 그리고 또 그 책임자, 그 중에서도 자국 내에 있는 책임자에 대한 투쟁이다. 이것은 프롤레타리아트 전 근로자의 기본적 이익에 답하는 가장 공정한 것이다.

3

　제국주의 국가들이 지금 전개하고 있는 전쟁은 국제정세에 근본적 변화를 낳았다. 전쟁은 자본주의세계의 기본적 모순 모두를 격렬하게 첨예화시켰다. 진전함에 따라서 전쟁은 제국주의국가들 간의 모순을 격화한다. 그것은 본국과 식민지, 지배민족 대 피압박민족 사이에 모순을 격화한다. 그러므로 가장 중요한 것은 그것은 부르주아사회에 있어서 계급적 관계를 명백히 하고, 프롤레타리아트와 부르주아지, 피착취자와 착취자와의 모순을 극도로 격화하는 것이다. 전쟁은 자본주의체제의 약점을 구석구석까지 폭로하고, 가장 격렬하고 또 가장 심각한 자본주의의 위기를 유발한다. 제국주의전쟁은 다시 자본주의국가 내에서 계급력(階級力)의 편성을 새로 야기한다. 부르주아지의 진영 내에 있어서 각층의 집단적 이익은 부르주아지의 일반 계급적 이익 앞에 양보한다. 종래 존재했던 여러 종류의 상호 대립하는 집단에서 보다 반동적인 분자와 덜 반동적인 분자로의 부르주아지의 분화는, 전쟁 수행에 대한 일반적 이해 및 자본주의의 유지라고 하는 점에서 해소된다. 소부르주아 정당의 수뇌자를 포함하여, 오른편으로는 극도로 반동적인 분파로부터 왼편으로는 극도로 '좌익'적인 것에 이르기까지 소위 '민족적 통일'이 결성된다. 그렇지만 이와 동시에 다른 한편으로는 전쟁에 의해 파괴된 대중이 부르주아 또는 소부르주아 정당 지지 태도를 버리고, 제국주의전쟁 및 그것을 수행해 가고 있는 부르주아지 반대 투쟁에로 이행하는 속도는 빨라진다. 교전중인 자본주의국가건 그 밖의 대부분의 자본주의국가건 불문하고 국가통치에서 결정적 의의를 갖는 것은 가장 호전적 배외적 그리고 가장 반동적인 대부르주아 분자이다. 대중의 전쟁에 대한 격분을 탄압하고,

부르주아체제를 만일의 동요로부터 방지하기 위해 부분적으로는 여러 종류의 외부적 장식에 의해 위장하는데, 여하튼 사실상 전시독재체제가 확립된다. 교전국은 물론 자본주의세계에 있어서는 가는 곳마다 노동자계급, 근로자 대중에 대한 반동의 진군이 전개된다. 그리하여 이번 전쟁에 이르는 동안 파시스트 국가체제에서 특징적이었던 것이 이번 전쟁이 전개됨에 따라 소위 부르주아 민주주의 국가 사이에도 더욱더 확산되어 간다. 이 조건의 변화에 따라 노동자계급의 과제가 새롭게 제기된다. 만일 이전의 과제가 제국주의전쟁의 예방, 그 도발자의 제어(制御)에 투쟁의 주력을 쏟는 것이었다면, 오늘날에 있어서는 광범위한 대중을 현재 수행되고 있는 전쟁 반대투쟁 및 그 정지를 위한 투쟁에 동원하는 것이 당면의 주요 과제이다. 만일 이전의 과제가 자본 파시스트 반동의 공세를 차단하는 것이었다고 한다면, 오늘날 노동자계급의 과제는 미쳐 날뛰는 반동체제, 국민대중의 압박, 착취체제에 대한 단호한 투쟁을 행하는 것이고, 지배계급으로 하여금 전쟁의 부담을 근로자의 어깨에 전가하는 것을 하지 못하도록 하는 것이다. 만일 이전의 노동자계급의 노력이 첫째로 근로자의 일상 이익의 옹호, 자본주의적 착취자의 자의적인 약탈로부터의 방위(防衛)로 향했고, 필요한 전제조건의 결여 때문에 자본주의적 노예제 근절문제를 일정에 올리는 것이 불가능해졌다고 한다면, 지금은 전쟁으로부터 야기된 위기의 심각화를 수반하여 이 과제는 더욱 절실하게 노동자계급 앞에 제기될 것이다.

  정세변화 및 노동자계급의 새로운 과제에 대응하고, 또 공산당은 그 전술에 상당한 변화를 행하지 않으면 안 된다. 최근 수년간에 걸쳐 행한 단일적인 프롤레타리아 인민전선전술은 프롤레타리아트 및 근로자대중에 자본 및 제국주의 반동의 공세를 수개 국에서 일시 억압하는 가능성을 주었다. 그것은 스페인 국민으로 하여금 2년 반에 걸쳐 국내적 반동 및 외래적 반동에 대해 무력투쟁을 하는 것을 가능하게 했다. 그것은 프랑스의 프롤레타리아트에 중대한 사회적 획득을 가능하게 했다. 인민전선전술은 도시 농촌에 광범위한 대중의 활동을 자극했고 그들을 반동 블록에 대해 자기 자신의 이익을 주장하게 하는 투쟁에 내세웠다. 이 운동은 구라파전쟁의 발발을 일시 연기시켰다. 단일 인민전선전술은 오늘날 중국 및 그 민족적 해방을 위해 투쟁하고 있는 식민지 예속 국가들에 충분히 적용될 수 있다. 그렇지만 이 전술은 그것이 이번 전쟁의 발발에 이르기까지 행해진 것처럼 형식에 있어서 즉시 타국에 적용되지는 않았다. 전술 변경의 필요는 정세변화, 노동자계급의 과제의 변화 및 제국주의전쟁과 관련하여 이전의 인민전선에 참가하고 있던 정당의 지배자가 어떠한 태도를 취하는가에 의해 규정된다. 단일 인민전선전술은 반동과 전쟁에 대한 공산당과 사회민주주의적 또는 소부르주아적 '민주주의' '급진주의'적 정당과의 공동동작을 전제로 한다. 그러나 이들 정당의 수뇌자는 오늘날 공공연히 제국주의전쟁을 적극적으로 지지하는 태도로 옮겨갔다. 부르주아지의 사회민주주의적 또는 '민주주의' '급진주의'적 대변자는 인민전선의 반파시즘적 슬로건을 왜곡하여, 국민대중의 기만 및 전쟁의 제국주의적 성격의 위장을 위해 이것을 이용하고 있다. 그들은 '민족통일'의 기치 하에 사실상 자본가와의 공동전선, 즉 영국에서는 보수당원부터 노동당원에 이르기까지, 프랑스에서는 카그리얄당원부터 사회당원에 이르기까지 공동전선을 결성했다. 사회민주주의 정당 및 개량주의적 노동조합의 수뇌자는 전쟁의 발발 당초부터 제국주의자의 진영에서 제1선적인 지위를 점하고 있었다. 영·불의 지배계급이 독일의 팽창을 소련에 향하게 하고, 독일 부르주아지의 반동적 체제를 혁명적 노동자운동에 대해 이용하려고 생각하고 있던 동안에는 사회민주주의적 수뇌자는 독일의 열망(熱望)에 양보하는 정책을 취했다. 그들은 '완전 평화주의'를 부르짖고, 뮨헨협정의 폭로자를 탄압하고, "어떠한 희생을 치르더라도 평화"를 주장하며 자원지(資源地) 세력권 식민지의 분배에 관한 문제를 평화적으로 처리할 것을 제의했다. 그렇지만 독일의 팽창이 소련 방향이 아니라, 영·불의 지배권(支配圈) 식민지로 향하고, 그런데다가 다른 한편으로 소련이 불 속에 뛰어들어 밤을 꺼낼 정도로 그들의 이익을 위해 위험을 무릅쓸 의사가 없는 것이 명백해졌을 때 소위 '사회주의자' 평화주의자는 가장 광폭한 전쟁의 선동자가 되고 말았다. 그들은 그 비방의 독설을 사회주의국가에, 혁명적 노동자 공산당에 들이댄 것이다. 제2 인터내셔널의 지도자들은 전쟁이라고 하는 피 흘리는 기계 앞에서 가장 추악한 범죄적 역할을 했다. 그들은 전쟁의 반파시즘적 성격에 관한 신탁으로 대중을 기만하고, 부르주아지가 국민을 도살하러 달려가는 것을 돕고 있다. 지배자계급이 전쟁은 폴란드의 옹호 및 그들 자신의 이익을 위해 행해지는 것같이 전쟁의 반파시즘적 성격에 대해서 국민을 납득시키려 해도, 국민대중은 영국의 귀족도, 프랑스의 은행가도 또 신문도 믿지 않는다는 것을 그들은 잘 알고 있다. 이미 1914 ~ 1918년의 전쟁에서 부르주아지는 사회민주당의 원조가 없었다면 배외주의를 선동하는 것도, '조국옹호'의 슬로건에 의해 대중을 기만하는 것도, 그들을 제국주의적 이익이라는 명분으로 사지(死地)에 몰아 넣는 것도 불가능하다는 것을 알았다. 이제 부르주아지는 다시 사회민주당에 커다란 희망을 걸게 되었다. 제2 인터내셔널의 지도자들의 행동 및 전쟁에서 그들의 사회배외적 태도는 그들의 지금까지의 정책, 즉 제국주의전쟁의 방지를 위해 노력해 온 노동자계급의 통일 및 그 투쟁에 대해 집요하게 사보타지를 계속하여, 그들의 정책에 해답을 준 것이다. 공산주의 인터내셔널은 이 목적을 위해 노동자계급을 통일하고, 그 힘을 집결하기 위해 전력을 기울여 왔다. 그것은 제2 인터내셔널 및 노동조합국제연합에 대해 이탈리아의 에티오피아 공격 반대의 국제 프롤레타리아트 통일전선의 결성을 제안했다. 그것은 중국민중을 공격하고 있는 일본제국주의에 반격을 가하기 위해 노동자계급 전체의 공동동작을 제안했다. 주지하는 바와 같이 그것은 여러 차례 스페인 민중 옹호를 위한 공동행동을 제안했다. 당시 공산당은 '불간섭'정책이 새로운 제국주의전쟁의 발발로 이끄는 것임을 열렬히 주장했다. '뮨헨'의 당시 공산당원은 소련 참가 하에 전쟁도발자를 반대하는 진실한 인민전선을 결성하는 데 성공했으나, 사회민주주의적 지도자들은 공산당원의 이러한 노력 모두를 조직적으로 분쇄했던 것이다. 이제 바로 사회민주주의적 지도자 예를 들면, 푸리움, 볼포르, 시트린, 애틀리, 그린우드, 드 부르케 등이 전쟁을 방지하기 위한 국제 프롤레타리아트의 공동전선을 파괴함으로써 수백만의 인민을 사적 이욕을 위해 살육할 가능성을 부르주아지에게 준 것에 대해 직접 책임져야 한다는 것은 반박의 여지가 없는 사실임은 누구에게도 명백한 것이다. 이 푸리움 일당은 영·불의 부르주아지와 제휴하여 '불간섭'정책에 의해 공화국 스페인을 압살하고, 반소전쟁을 목적으로 뮨헨의 소위 '평화작성자'를 지지했는데, 지금 또 근로자를 이미 파산한 반동적인 지주 자본가의 폴란드 국가 부흥을 위해 사지에 몰아넣고 있다. 이 푸리움 일당은 단일적인 노동자 인민전선을 파멸시켰고, 노동자계급에 대한 부르주아지의 광적인 반동에 단서를 주었으며, 그들은 쥬오와 협력하여 프랑스 프롤레타리아트의 배후에 타격을 주어 그 통일적인 노동조합을 분열시키고 그들을 전쟁에 봉사하도록 내몰았다. 이 푸리움 일당은 이제 노동자 농민을 내몰아, 인도, 모로코, 인도차이나의 민중에 대한 영·불 제국주의자의 식민지지배를 유지하기 위해 그들의 피를 흘리게 하고, 그들의 생명을 빼앗고 있다. 이 푸리움, 드 부르케 및 영국노동당의 영수들은 영·불의 부르주아지와 제휴하여, 독일의 국가사회주의자가 정세변화에 의해 방기하지 않을 수 없었던, 이미 파산한 '반공'의 기치를 자기의 손에 쥐고 있다. 위에 말한 바에 의하면 공산당원에 있어 제국주의자와 공동전선을 펴며 범죄적인 반국민적 전쟁을 지지한 자와 통일전선을 결성하는 문제는 언어도단이라고 할 수밖에 없다. 노동자계급 및 근로자는 국민대중의 이익을 배반하는 사회민주주의적, 또는 소위 '민주주의' '급진주의'적 정책가(政策家)와 절대로 같이해서는 안 된다. 국민대중과 이들 제국주의 대변자 사이에는 유혈전쟁이라고 하는 심연(深淵)이 가로놓여 있다. 그렇지만 노동자계급의 통일과 그 주위에 광범한 근로대중을 결합할 필요는 전쟁의 조건 및 거기에서 생기는 공황의 조건에서 종전보다도 더욱더 증대하고 있다. 근로자계급의 전투적 단결을 실현하고, 자본가들로부터 비롯된 전쟁에 반대하는 진실한 인민전선을 결성하는 데 자본주의 세계, 그 중에도 교전국에 있는 수백만의 근로자는 생명선적 관심을 갖고 있다. 그러나 공산당원은 프롤레타리아층의 통일, 근로대중의 집결을 향한 투쟁을 정지하지 않을 뿐만 아니라, 그 방면을 향해 열배나 더 노력해야 하는 것이다. 그러나 오늘날 노동자계급의 통일 실현, 통일인민전선문제는 새로운 양상으로 제기되고 있다. 전쟁 개시 이전에 공산당원은 공산당 및 사회민주당의 협조에 의해 노동자계급의 행동을 통일할 수 있었지만, 이제 그러한 협조는 생각할 수조차 없게 되었다. 현재와 같은 상태에서 노동자계급의 통일 실현은 노동자대중의 운동 전개의 기초 위에서 그리고 사회민주당의 배신적 영수들과의 결정적 투쟁에 있어 아래로부터 도달되는 것이며, 또 도달되어야만 한다. 그리하여 이 행정(行程)은 최근 수년간에 걸쳐 공산주의적 노동자와 사회민주주의적 노동자 대부분의 사이에 반동 및 전쟁도발자에 대한 그들의 공동투쟁에서 확립되는 동지적 관계에 의해 크게 용이해지는 것이다. 이 행정은 또 사회민주당은 그 범죄적인 지도방책의 중압에 의해 점점 더 붕괴의 일로를 걸으며, 이들 당의 건전한 프롤레타리아적 부분은 공산당원과 함께 제국주의전쟁 및 자본주의 반대투쟁에 나아갈 것이기 때문에 용이해진다. 종래 공산당은 파시즘과 전쟁에 대한 투쟁을 일반적 강령으로 하고, 사회민주당 그 밖의 소부르주아적 소위 '민주주의적' '급진적' 정당의 협조에 의해 통일인민전선 결성에 성공했으나, 이들 정당의 영수들이 완전히 제국주의자의 진영으로 이행했고, 또 그 중 어떤 자는 예를 들면, 프랑스의 급진당 당원처럼 직접 전쟁 수행을 지도하고 있는 사태가 발생하여 그러한 협조는 곧바로 문제가 되지 않는다. 이제 노동자계급, 기본적 농민대중, 도시근로자 및 전위적 인텔리의 단결은 이들 정당들의 지도를 무시하고 아래로부터의 통일전선에서 제국주의전쟁, 반동에 대한 반대투쟁을 기초로 하여 실현되는 것이고, 또 실현되어야 한다. 대중투쟁의 그와 같은 통일전선은 노동운동에 있어서 부르주아지의 제국주의 대변자의 영향 청산 및 그들의 근로대중으로부터의 고립을 목표로 하여 제국주의의 사회민주주의적, 소위 '민주주의' '급진주의'적 대변자에 대한 결정적인 반대투쟁 없이는 실현될 수 없는 것이다.

4

　역사는 이제 자본주의국가의 노동자 앞에 가장 중요한 과제를 제기했다. 전쟁의 심연으로부터 수백만의 인구를 구출하고, 국가와 국민을 파괴, 황폐, 사멸로부터 구하는 것이야말로 그 의무이다. 기본적인 농민대중, 도시근로자를 이끄는 노동자계급만이 부르주아지나 제국주의에 결정적으로 대립하고, 그들의 유혈적 범죄적 사업을 정지시켜서 제국주의전쟁의 발생 원인을 영구적으로 근절시킬 수 있다. 노동자계급에 주어진 이들 과제는 충분히 실현 가능성이 있다. 이제 국제 프롤레타리아트의 힘은 제1차 제국주의전쟁 당시에 비해 크게 증대했다. 그 전위적 부대인 소련의 노동자계급은 난공불락의 사회주의 성채를 건설했다. 소련의 존재는 전 자본주의 국가들에 있어 노동자계급의 힘을 증대시켰고, 자기 자신의 힘에 대한 신념을 강화하여 제1차 제국주의전쟁 당시와 달리, 근로자대중의 부르주아지 및 자본주의에 대한 신뢰의 염(念)은 이미 이번 전쟁 초기에 매우 엷어졌으며, 이것은 점차로 더욱더 엷어져 갈 것이다. 사회민주당의 지도자들은 일찍이 그들이 제1차 제국주의전쟁 당시 한 것처럼 영원히 대중을 기만할 수는 없으리라. 그들의 배신적 정책, 그들의 반소·반공적 행동은 이미 사회민주당 자신 사이에 격렬한 불만을 야기하고 있다. 전쟁이 경과함에 따라 대중의 격분은 증대하고, 반전운동은 광범위하게 앙양되어 가고 있다. 현하 노동자계급의 공산주의적 전위의 역사적 역할은 그 투쟁을 조직하고 지도하는 데 있다. 공산당원이 이 자기의 역할을 성공적으로 수행하기 위해서는 그들은 이번 전쟁의 본질을 어떻게 양해하고 있는가 하는 예를 보이고, 그리고서 사회민주당의 지도자들에 의해 그렇게도 열렬히 살포되고 있는 그 반파시즘적 성격에 관한 설화를 철저히 분쇄하지 않으면 안 된다. 대중에 반복해서 사물의 본질을 설명하는 것, 이 점에야말로 대중을 제국주의전쟁 및 자본주의적 반동에 대한 반대투쟁에 동원하는 데 있어 가장 중요한 조건이 있는 것이다. 제국주의전쟁 및 반동에 대한 광범한 반대운동을 실제로 전개하는 데 있어 이것이 성공하기 위해서는 공산당원은 대중의 손안에서 행동하고 투쟁해야 하며, 대중의 동향을 면밀하게 살피고, 그들의 외침에 귀를 기울이며, 그들의 고뇌를 자기의 고뇌로 하지 않으면 안 된다. 공산당원은 결코 앞질러 나아가는 것이 아니라 그들과 현재의 구체적인 정세에 따라서, 그리고 대중에 양해될 수 있는 슬로건을 제출하고, 늘 대중운동의 선두에 섬으로써 당면한 새로운 과제의 해결에 그들을 이끌지 않으면 안 되다. 현하의 비상시국은 공산당원이 어떠한 탄압에도 굴하지 않고 단호히 전쟁 및 자국의 부르주아지에 반대하여 레닌이 가르친 바와 같이 또 노동자의 현명한 수령 스탈린이 가르치고 있는 것처럼 행동할 것이 요구된다. 공산당은 전쟁의 정세에 부응하여 급속히 재편성되고, 그 진영 중에서 부패적 타협분자를 일소하며, 그럼으로써 강철 같은 볼세비키적 규율을 확립하지 않으면 안 된다. 방어적 태도로의 전락, 전쟁의 반파시즘적 성격에 관한 설화의 지지 및 부르주아지의 탄압에 대한 굴복으로 표현된 기회주의에 대하여 공격을 집중하지 않으면 안 된다. 그리하여 공산당이 이들 모두에 성공하는 것이 빠르면 빠를수록 노동운동에 있어 그 독자의 지도적 역할을 실현하는 것이 쉬워지며, 이로써 현단계에서 당면의 과제를 보다 성공적으로 수행할 수 있을 것이다. 전쟁과정에서 모든 공산당, 모든 노동자계급단체, 모든 노동운동은 일대 시련을 겪을 것이다. 각국의 미약한 분자, 동요분자는 일대 전환에 처해 몰락할 것이다. 노동자계급과 관련 없는 분자, 즉 공산당 내에 들어와 있는 입신출세주의자 변절자는 방출해야 할 것이다. 공산당은 물론 전체로서 시련에 합격할 것이다. 그들은 앞으로 올 싸움에서 단련될 것이다. 노동자계급의 사업을 위해 수십만의 새로운 투사가 공산주의진영을 채울 것이다. 자본주의 국가들의 공산당 및 노동자계급은 1914~1918년에 전쟁으로부터 탈출이라는 올바른 방법을 프롤레타리아트에게 보여주었고, 그리고 지구의 6분의 1에 사회주의의 승리를 확보한 러시아 볼셰비키의 영웅적인 전례, 레닌·스탈린 당의 전례에 의해 고무될 것이다. 프롤레타리아 국제주의의 깃발을 높이 들고, 전 세계 노동자계급의 동포적 연대의 끈을 굳게 함으로써 공산당원은 전 근로자로 하여금 그 역사적 사명을 수행시킬 수 있을 것이다. 교전 국가들의 제국주의자들은 세계의 새로운 분할, 세계적 패권을 목표로 하여 전쟁을 개시하고, 수백만의 인구를 사지에 놓아두고 있다. 노동자계급은 독자적인 방법에 의하여 자기를 위해, 전 근로자 인류를 위해, 이 전쟁에 종말을 부여하고, 그리하여 제국주의전쟁을 낳는 근본적 원인을 근절하기 위해 필요한 전제조건을 만들지 않으면 안 된다.

朝鮮總督府 高等法院 檢事局 思想部, "戰爭と資本主義諸國の勞動者階級"
『思想彙報』第二十四號(1940년 9월), 119-132쪽.

6. 한일무·최용달의 '토론'

한일무 : "…… 동무들 나는 지난 결산기간 동안에 우리당 중앙위원회가 사업한 것을 토론하면서 강원도당 단체사업에 관하여 말하고저 합니다. 강원도당은 중앙의 지도와 김일성동지의 지도 밑에 막대한 성과를 거두었습니다.

여러분! 잘 아는 바와 같이 우리 강원도는 해방전이나 해방직후나 정치·경제·문화·사상상 방면에 있어서 6도 중에서 가장 락후한 도였습니다. 그러나 오늘은 락후성이 퇴치되고 다른 도와 병행할 정도로 되었습니다.

이것은 우리 강원도당 단체의 사업에 있어서 중앙지도부가 하부에 잘 침투되고 어떠한 경향도 우리당 내에 있을 수 없는 유일성이 있기 때문입니다. 지금에 와서는 종파적 지방주의적, 분열주의적, 영웅주의적 경향이 숙청되었습니다. 그러나 당은 항상 경계하고 있습니다. 다 아시는 바와 같이 원산은 우리 북조선에서 가장 종파의 소굴이었습니다. 보고에 지적된 바와 같이 초기에 있어서 중앙을 부분적으로 부정한 간부가 있었기 때문에 이러한 경향이 더욱 조장되었습니다.

첫째로 오기섭 동무가 반드시 이 대회에서 자아비판을 해야 하겠습니다. 오기섭 동무가 북조선분국에 있을 때 원산에서 선전부장이 본국에 강습을 받으러 오면 오기섭 동무는 중앙로선과 정책에 배치되는 종파적 교육을 해주었습니다. 이로써 지방에 내려가서 종파활동이 더욱 심해졌습니다.

오기섭 동무는 맹렬한 자아비판을 이 대회에서 해야 합니다.

둘째로 정달현 동무가 자아비판해야 하겠습니다. 정달현 동무가 함남도당 위원장으로 있으면서 원산시당에 오면 당사업을 하는 것이 아니라 신양 고방에 가서 몇 사람씩 수근거리고 돌아와서 종파활동만 계속하였습니다.

셋째로 최용달 동지도 이 자리에서 자아비판을 하여야 합니다. 원산에 당을 파괴하려는 종파잔재가 있습니다. 그런데 원산이 강원도로 편입될 때에는 강원도 내에 많이 있던 지방주의가 원산의 종파잔재와 결합하여 당을 파멸시키려고 한 점이 많았는데 최용달 동무는 여기에 끼어들어 갔습니다. 죽어가는 종파주의자들이 처음에 리주하 동무에게 매달렸다가 최용달 동무에게로 넘어갔습니다. 내가 평양에 올라왔을 때 최용달 동무는 원산 종파잔재들이 제공한 무원칙한 재료 20여 건을 가지고 나에게 심문하듯이 하였습니다. 또 최용달 동무는 사법기관에 좋지 못한 분자들을 채용하였습니다. 중앙은 모르겠지만 사법국에서 지방사법기관에 옳지 못한 자를 간부로 끌어들였기 때문에 이남으로 달아나는 자가 많습니다. 최용달 동지는 자기의 과거사업에 있어서의 오류를 반드시 자아비판하여야 합니다.

넷째로 이강국 동지도 이 자리에 대표로 왔는지는 모르겠으나 자아비판을 하여야 하겠습니다. 조중화라는 자는 해방전에 상인이었는데 해방후에 자칭 공산주의자라고 하였으나 사실 공산주의자가 아니라 당을 파괴하였습니다. 공공단체의 재정을 서울로 보낸 일이 있어 조중화를 출당시키고 검찰기관에서 검거하였는데 리강국 동무는 서울 중앙에서 증명서를 가지고 오는 운동을 해 주었습니다. 조중화는 공산주의자가 아니고 로동당원이 아닌 파당쟁이입니다. 이것은 종파분자를 보호한 것이며, 사상이 옳지 못한 것입니다.

이 동무들이 과거의 오류를 강력히 자비판해야 합니다."

최용달 : " …… 한일무동지가 나의 자기비판을 요구한 데 대하여 즉 원산 종파쟁이들이 나에게 매달렸다는 데 대하여 말하겠습니다. 물론 우리당의 공고화를 위하여 즉 종파와 투쟁하며 사상통일을 보장하기 위하여 투쟁할 것을 금후도 가강히 할 것이며, 이렇게 하여야 할 것은 김일성 동지의 보고가 그리고 우리당이 걸어온 역사가 우리에게 교훈하였습니다. 그러나 한일무 동지의 나에게 대한 지적은 그 방식에 있어 사실상 적당치 못한 것을 말합니다. 서로 충고라면 모르지만 마치 내가 무슨 종파와 합류 조장한 듯이 말한 것은 옳지 않습니다.

내가 일제시대에 원산을 중심으로 사업하였기 때문에 원산 동무들을 알고 있으며 그들이 당적 립장을 망각한 옳지 못한 경향이 있었다는 것도 알고 있습니다. 이러한 경향에 대하여 나는 그 동무들께 엄격히 지적하였다는 것은 한일무 동지가 누구보다도 더 잘 알 것입니다. 1947년 1월간에 중앙당 회의실에서 한일무 동무가 말하기를 "강원도당 일이 어떤 일인지 자기도 모르는 사이에 중앙에 알려진다" 또 "원산 동무들이 리주하에게 매달다가 지금은 최동무에게 매달릴려고 한다"고 하였습니다. 여기에 대하여 시간도 없고 하여 내일 사법국에서 다시 만나자고 하고 만났던 것입니다. 그날 무슨 구체적인 자료도 없이 한일무 동지는 그저 중앙에 자기도 모르는 사이에 도당 형편이 알려진다고 하였고 또 원산 동무들의 경향이 아직 옳지 못한 것을 말하였습니다. 그때 나는 한동무에게 원산 동무들이 한일무 동무가 마치 리주하 동무와 사업하던 사람이면 무조건적으로 사업으로부터 배제한다는 듯이 생각하는 경향을 가지고 있다는 것을 말하고 그들의 지방주의적 그루빠적 종파성을 엄중히 지적하여야 할 것이라고 하였습니다.

한일무 동무는 또 나에게 이 동무들의 경향을 만나면 더욱 지적하여 시급히 고치도록 충고하여 달라고 하였습니다. 그날 우리 두 사람 사이에는 아무 의견상이도 감정상 불쾌도 없었던 것입니다. 그런데 어제 그러한 지적을 한일무 동무로부터 한 것은 이상스럽습니다. 그가 불쾌한 내면적 감정을 가지면서도 내심의 의심을 가지는 사람이 아니라면 이런 일은 없을 것이라고 생각합니다. 작일 나는 한동무에게 무슨 나의 잘못이 있는가고 물었더니 한동무는 말하기를 아니 그 동무들이 그 당시 그런 경향이 있었다는 것을 말하였을 뿐이지 동무에게야 무슨 잘못이 있는가하고 웃어버렸습니다. 그러므로 나는 더 말하지 않겠습니다."

國土統一院, 『朝鮮勞動黨大會 資料集』第 1輯(1980), 162-163쪽 및 203쪽.

제5부

1. 12월테제

12월테제라 함은 조선문제를 위하여, 1928년 12월 조선공산당을 취소한 후 코민테른 서기국에서 "조선의 혁명적 노동자 농민에게" 보내려고 결의한 테제인데, 그때 조선의 공산주의운동은 12월테제를 중심하여 발전되었던 것이다. 이 테제는 조선어 역문(譯文)으로 약 1만 3천자에 달하는 호한(浩瀚)한 문건인데, 이제 그 내용을 요약하면 이러하다.

코민테른에서는 "조선의 혁명적 운동은 곤란하고도 위험한 길을 걷고 있다," 따라서 "언어로 표현 못할 만치 아픈 생(生)의 고민 속에서 조선 노동자계급의 전위 — 공산당은 탄생할 것이다" 하여 조선혁명운동의 고충을 모두(冒頭)에 말한 후, 그런데 계급의 적은 운동을 야만적 백색 테러에 의해서 분쇄할 뿐만 아니라 "내부로부터도 분쇄하려고 노력하고 있다"고 하여, 조선 공산주의운동자의 파벌성을 지적 규탄하기 시작하였다. 이때 조선은 일제의 탄압이 증대되고 있어 조선의 노동자계급과 농민은 투쟁으로 분기(奮起)하고 있으나, 이의 지도적 지위에 있는 공산주의운동은 "내부적 분열상태에 의해서 결렬되고 있는 공산주의운동은, 분산되고 있는 혁명가들과 노동자대중 사이에 밀접한 연결이 성립되지 않는 한, 공산주의운동이 프롤레타리아트의 집합점에 있어서 강고히 되지 않는 한, 당이 그 영향을 농민대중 가운데에서 그 조직이 강고히 되지 않는 한, 당이 민족혁명운동 위에 조직적 영향을 갖지 못하는 한, 혁명적 투쟁의 주장자가 되며 조직자가 되며 지도자가 될 수 없다"는 전제 하에서 조선문제를 결정한 것이다.

이것은 조선의 국내정세를 토의한 후, 혁명적 노동자 농민에게 혁명적 전위대의 결성을 용이하게 하기 위하여 결의한 것이므로 조선에 있어서 일제 침략상의 구체적 분석, 공업 미발달로써 프롤레타리아의 미약, 따라서 계급의식의 결여를 지적하였고 조선의 농촌실정을 들어서 "조선혁명은 …… 다만 일본제국주의자뿐만 아니라, 또는 조선 봉건제도에 대하여" 투쟁할 것을 역설한 후, "토지관계를 근본적으로 개조하여 자본주의적 압박에서 토지를 해방하는 데 직면하였다. 조선혁명은 토지혁명이다"라 하고, 혁명단계에 있어서는 부르주아 민주주의혁명임을 명백히 하였다. 그리고 또 조선의 부르주아 대중은 일제에 대한 민족혁명운동을 반대할 뿐만 아니라, 지주들은 일제와 밀접히 결합하고 있다. 그러므로 조선혁명의 투쟁대상은 "단순히 반제국주의, 반봉건운동에만 그칠 것이 아니라 동시에 부르주아 계급의 제국주의, 봉건제도와 민족 부르주아에 대한 투쟁과 긴밀히 결부되지 않으면 아니 된다." 따라서 조선의 프롤레타리아트는 "토지문제와 민족혁명을 조직적으로 결합할 수 없다면 …… 민족해방운동의 지도자가 될 수는 없다." 여기에 있어서만 "민주적 부르주아혁명은 프롤레타리아의 헤게모니 밑에서 사회주의혁명에 발달한다"고 하였다.

또 그 당원의 구성에 대하여서는 과거의 당원이 너무나 지식계급과 학생이 다수를 점하였기 때문에 노동자와 몰교섭하였다는 것을 말하고, 또는 공산주의자가 당의 비밀공작을 조직할 줄을 모른다는 것을 말하였다.

그리하여 끝으로 ① 완전한 민족독립 해방, ② 프롤레타리아 및 농민의 민주적 지도, ③ 노동자 농민의 정부, ④ 토지혁명(토지 무상분

배), ⑤ 공장 기업 철도의 국유화 등의 기본적 슬로건과 ① 노동조합과 노동단체의 공인(公認)과 그 권리 확장, ② 노동입법 요구(입법에는 성년 8시간 노동, 소년 6시간 노동, 일선인(日鮮人) 노동자의 평등조건, 남녀 노동보수의 평등조건, 노동보호 등)의 당면 투쟁의 슬로건 밑에서 투쟁할 것을 강조하였다. 또 농민 이익을 위하여 당의 요구와 슬로건을 선언하였는데, 그 내용은 소작료의 제한, 누진세 설정, 농산물 강제가격 폐지, 봉건적 전제 금지법령 공포 등과 공산주의자의 일상 공작으로서는 관리(官吏)의 전제와 정치적 억압에 대하여 언론 출판 집회 결사 파업의 자유를 위한 모든 정치적 권리와 자유를 요구하라 하였다. 대개 이와 같이 조선공산주의자들에게 요구하여 조선공산당의 재건 조직은 곤란하고도 희생에 가득 찬, 강철 같은 투쟁을 통하여서만 가능하다고 하였다.

李錫台(編), 『社會科學大辭典』(文友印書館, 1948), 398-399쪽.

2. 元山 총파업(제네스트)

원산 제네스트는 8·15해방 전까지에 있어서 82일간이나 굳세게 지속하며 악전고투하던, 조선운동사에 일대 화채(花彩)일 뿐만 아니라, 조선의 노동운동을 세계에 널리 알려준 최대의 제네스트였다.

원인

함남 덕원군 내의 문평(文坪) 라이씽 석유회사는, 영인(英人)의 경영으로써, 그 지배인 이하 중요 간부는 전부 일인이었으므로, 조선노동자의 고혈을 착취하는 데는 그 수단이 매우 능란하였다. 여기에서 이 회사의 노동자 2백여 명은, 1928년 9월 하순에 다음과 같은 요구조건을 제출하고 동맹파업하였다. ① 최저임금제 확립(기술노동자 '일급' 1원 20전, 보통노동자 80전, 부인노동자 60전), ② 해고별급제(解雇別給制) 실시(기술노동자 '일급' 90일분, 보통노동자 60일분, 부인노동자 60일분), ③ 사상자 위자료(부상자는 치료기간 중 치료비 전액 부담, 사망의 경우에는 6백 일분 지급). 이 파업이 일어나자 회사당국자들은 3개월 후(동년 12월 28일까지) 선처 회답할 것을 약속하고 파업은 이 기간까지 중지하였다.

그러나 유야무야하게 이 파업을 없애려던 회사에서, 회답을 하여 줄 리는 만무하였다. 그래서 우(右) 기일에 원산노동조합연합회에서는 대표를 파견하여 담판케 하였으나, 3개월 전의 약속은 잊은 듯이 냉정할 뿐이므로, 원산노련에서는 문평노조분회에 다음과 같은 요구조건을 추가시키어 파업을 지령하였다. 즉 ① 작업시간은 8시간제로 할 것, ② 취업규칙을 개정하여, 본 조합과 협정할 것, ③ 목욕탕을 설치하고 직공에게 무료 제공할 것, ④ 파업중 임금 전액을 부담할 것, ⑤ 부산에서 약속한 대로 사택을 건설하여 제공할 것, ⑥ 지배인은 사직할 것 등이었다. 3백여 명 노동자는 1929년 1월 14일 정오를 기하여, 파업을 선언하고 공장의 주위를 시위 순행(巡幸)하였다. 파업노동자들은 회사측의 무리와, 부득이 파업하게 된 진상을 수천 매의 삐라에 박아, 원산시민과 노련 각 산하단체 노동자들에게 보고하였다.

이에 앞서 1월 3일 국제통운(國際通運)의 노동자들도 다음의 요구를 제출하여, 불응시에는 파업할 것을 선언하였다. ① 관세창고 내에 곡물 조체(繰替)임금, 1개 2전을 3전으로 인상, ② 종래에 지불치 않던 화차 위치 변경요금을 매차(每車) 2원씩 지불할 것, ③ 선적 위험품 파손금(종래는 노동자가 부담함)을 주간은 반액, 야간은 전액을 회사측에서 부담할 것. 그 다음 3일 후에는 다시 2개 조건을 추가하여 ① 건□를 안벽으로부터 배에 쌓는 임금 2전을 3전 5리로 인상할 것, ② 소잔교에서 짐 쌓는 임금을 부취(艀取)임금과 동일히 할 것을 제출하고 동월 13일까지 회답할 것을 요구하였다. 이상과 같이 원산노련에서는 파업을 지령하고 이여(爾餘)의 각 산하 단체에게도 최후의 경우를 예상하여 파업태세를 취하게 하고 1월 14일을 기대하였던 것이다.

제네스트의 발전

문평석유회사의 모든 화물은 원산항에서 전송하게 된다. 여기에서 원산 노동자들은 문평파업을 원조하기 위하여, 제일착으로 국제통운의 노동자들이 문평석유회사로 가는 일체 화물은 취급치 않기로 1월 18일에 회사에게 선언하자, 문평·통운 양 회사에서는 즉시 4백 5십여 명을 해고한 후, 중국인 노동자를 모집 채용한다고 강경하게 나왔다. 이러한 것을 원인으로 하여 원산노련 각 산하 단체에 조직된, 천 8백여 명의 노동자는 매일 계속적으로 파업을 단행하여, 제네스트는 강력하게 진전되었다. 원래 원산에는 18개의 하주(荷主)조합이 있는데, 원산노련에 소속된 조직노동자만 천 8백여 명이었다. 천 8백여 명의 가족은 약 1만을 수(數)하므로, 원산 3만 인구의 3분지 1에 해당한다. 그러므로 이 제네스트는 원산 시민의 사활문제일 뿐만 아니라, 원산 하주들도 치명상임은, 후일 5십만의 어음이 부도되었다는 것을 보아도 잘 알 수 있다.

또 이 파업의 최후 목표는 단체교섭권 획득이었다(1928년 12월 중 원산노련 대표가 문평석유회사에 갔을 때, 동 회사에서는 개인 상대로 할 것이고, 노련 상대는 절대 않는다고 언명한 데서, 노련의 분격은 더한 것이었다). 그러므로 이 제네스트는 원산노동운동뿐만 아니라, 단체교섭권 문제는 조선에서 첫 시험의 투쟁목표이었으므로, 그 귀결은 전국의 주목의 초점이었다. 여기에서 원산노련은 강력히 결의하여, 지구전으로 들어갈 것을 선언하고, 제네스트 즉일부터 노동자 매인당 5전씩 거출(據出)할 것과, 파업자금의 유일한 자원인 소비조합의 수입을 단속하였다(당시 소비조합은 약 3만 원의 저금이 있었는데, 이것이 파업자금의 유일한 기금이었다). 1월 21일 회조(回漕)조합에서 원산노련에게 절연장을 보내었고, 원산상업회의소와 결탁하여 노동자를 타 지방과, 원산 시내의 미조직 대중 4백여 명과, 소방대, 국수회, 청년회원 등을 모집하여 대항하였다. 그러나 노련에서 어디까지나 합법투쟁을 주장하여, 규찰대를 조직하여 신규 노동자를 위협 시위하는 일방, 파업대중을 단속하여, 약 5개월분의 식량을 구입하는 등, 질서정연할 뿐만 아니라, 시민의 일상생활에 직접 관계있는 인쇄, 제유, 차량, 양복, 양화조합 등 노동자에게는 후일 취업을 명하여 시민은 그만두고, 전 조선의 토착 부르주아지들의 동정도 집중되어, 당시 경북도의회에서도 조선 8도 의원들은 진상을 밝힌 일까지 있을 만큼 전 조선민족의 총동정은 집중되었다.

파업기금은 고학생 주머니에서도 털어 보내었고, 전 조선 각 사회단체는 금주동맹과 기타 방법으로 기금을 모집하여 격전(檄電) 격문(檄文)으로 위문, 원조하였다. 이 반면 함남 경찰은 3백의 이원서원(利原署員)을 출동시켜 경계하였고, 3월 8일은 어용단체 함남노동회를 만들어 파업을 파괴하려 하였다. 그러나 그들은 이러한 수단 방법으로도 부족하였던지, 지도부를 파괴하려고 제일착으로 노련회장 김경식(金瓊植)을 2월 3일에 검거하였고, 그 다음 2월 8일에는 간부 이용우(李容愚), 이종민(李鍾敏), 원정상(元正常), 이위(李鎨) 등을 검거하였다(후에는 전부 19명이었다). 그러나 원산노련은 1921년 3월 15일에 조직되어 7, 8년간 세련된 노동자들이므로, 간부들이 검거되었다고 하여서, 제네스트가 실패될 리는 없었다. 위원장 대리로서 당시 경성변호사회 김태영(金泰榮)을 추대하고 용감하게 나갔으므로, 이 파업을 파괴 목적으로 조정적 지위에 있는 상업회의소, 원산 하주들과 상업자들은 파산자가 속출하였고, 문평석유회사에서는 제권공장을 폐쇄하여 일본 신호(神戶)에서 주문 사용하였다. 원산 항두에는 물품 하물이 산적하고, 무역상은 매일 허항(虛港)을 하였다.

3월 21일 인홍운송점을 비롯하여, 3개 소의 하주들은 필경 굴복하고, 요구조건을 전부 들어주었으므로, 노련에서는 2백 4십여 명을 파견하였다. 일부 승리의 서광은 비치인 것이다. 그러나 이때 함남노동회의 반동은 여전히 계속하므로, 4월 1일 파업대중은 동 회관을 습격하여, 10여 명을 부상시켰다(그 중 1명 사망). 그리하여 폭동으로까지 발전하려 하였으나, 때마침 파업자금이 다하여 만여 인구의 생활문제는 박두하였다. 이때 전 조선 각처에서의 정신적 물질적 원조는 지극하였고, 일본의 조선인·일본인 노동자들의 성원도 대단히 컸다. 그러나 경찰은 이 제네스트를 외부와 연락을 차단시키기 위하여, 제네스트가 수개월이 지속되자 위문, 격전, 파업자금을 보내는 자는 모조리 검거하였으므로 재정적으로 이 제네스트는 고립무원이 되었다. 이에 부득이 이상 더 지속할 수가 없었으므로, 4월 6일 노련 간부들은 비창(悲愴)한 결의 하에 자유 복업할 것을 지령하여, 이 제네스트는 끝마친 것이다. 그러나 이 제네스트는 조선의 노동자의 계급의식의 치열함을 여실히 표명한 조선 최초 최대의 제네스트였던 것이다.

李錫台(編), 『社會科學大辭典』(文友印書館, 1948), 471-473쪽.

3. 원산부두 노동자 총파업사건

　원산 노련(勞聯)의 총파업은 처음 덕원군 내에 있는 문평(文坪)라이씽 석유회사(영국인이 경영하는 회사)는 그 지배인 및 간부가 일본인이었기 때문에 우리 노동자들의 생계는 알바 없이 자기들의 영리에만 눈이 어두워서 노동자들의 비참한 생활은 표현하기 어려우며, 참다못한 노동자 2백여 명은 1928년 9월 하순에 최저노동임금제를 확립하고, 해고할 때는 퇴직금을 지급하며, 부상자의 치료비와 사망자의 위자료를 보상할 것을 요구 조건으로 하고 동맹파업을 단행함으로써 시작된 것이다. 이에 놀란 회사측의 12월 28일까지 선처하여 주겠다는 언약을 받고 즉시 파업을 중지하고 취업을 하였으나, 언약의 기일이 지나도 회답은 물론 선처할 의사도 없으므로 원산노련에서는 문평조합 분회에 작업시간은 8시간제로 할 것, 목욕탕을 설치하고 직공에게 무료 제공할 것, 파업 중의 임금을 전액 지급하고 지배인은 사직할 것 등의 요구조건을 추가시켜 파업할 것을 지령하여 3백 명의 노동자들은 1929년 1월 14일 정오를 기하여 파업할 것을 선언하고, 회사측의 태도와 파업을 하게 된 진상을 밝힌 수천 매의 인쇄물을 시민과 노련 산하단체 노동자들에게 배포하였다. 한편 국제통운의 노동자들도 다음과 같은 요구조건을 제출하여 불응 시에는 파업을 단행하겠다고 선언하였다. 세관창고 내에서의 조체임금과 선적임금을 인상할 것, 화차 위치 변경요금을 지불할 것, 노동자가 부담하던 선적 위험품의 파손금을 회사측에서 부담할 것 등을 조건으로 기한부의 회답을 요구하고 문평 라이씽회사로 가는 화물은 일체 취급치 않겠다고 선언하였더니, 문평석유회사와 국제통운회사에서 450여 명의 노동자를 해고하고 중국인을 모집하여 채용하고 강경하게 나온 것이 동기가 되어, 원산노련 각 산하단체에 가입한 천 팔백여 명의 노동자들은 연속적으로 파업을 단행하였다. 1928년 10월 2일에 원산노련 대표가 문평석유회사에 담판하러 갔을 때 동 회사에서는 개인을 상대할 것이고 노련과의 상대는 절대 아니 하겠다고 하므로, 이 제네스트는 원산노련운동뿐만 아니라 우리나라에 있어서의 첫 시험의 투쟁목표인 단체교섭권의 획득이었기 때문에 그 귀결은 전국의 이목이 집중되었으며, 한편 원산노련에서 지구전으로 돌입할 것을 선언하고 파업임금의 유일한 자원인 소비조합의 3만 원의 저금과 수입금을 단속하였던 것이다. 원산 상업회의소에서는 타 지방과 원산시의 노동자 그리고 소방대 국수회 청년회 등을 모집하고 대항하였으나, 노련측에서 규찰대를 조직하고 대항하는 노동자를 위협 시위하는 한편 파업자들을 결속하고 식량을 구입하였으며, 시민의 일상생활에 직접 영향이 미치는 인쇄, 제유, 차량, 양복, 양화(洋靴)조합의 노동자에게 취업을 명하여 질서정연하게 진행하였으므로 원산시민은 물론 전 민족의 동정이 총집중하였으며, 파업기금은 고학생들이 주머니를 털어서 보내었고 각 사회단체는 금주 또는 다른 방법으로 모집하여 보냈고 격문, 격전으로 위문하고 원조하였다. 이와 반대로 함남 경찰은 수백 명의 많은 서원을 출동시켜 경계하는 한편 어용 노동회를 조직하고 파업을 파손시키고자 주모자로 자유노조 간부 및 노련 간부를 2월에 검거하였다.

 원산노련에서는 당시 경성변호사 김태영(金泰榮)을 위원장 대리로 추대하고 용감하게 투쟁을 계속하였으므로 상업회의소 원산 하주들과 상업가들의 파산자가 속출하였고, 문평석유회사에서도 제관(製罐) 공장이 폐쇄되어 일본 고베에서 주문하였으며, 원산부두에는 하물이 산적되었고 무역선은 연일 허항(虛航)을 하였다. 3월 21일 4개소의 하주들은 마침내 요구조건에 복종하므로 노련에서는 240여 명을 파견하였으니 승리의 서광은 비친 듯하였다. 이때 함남노동회의 반동이 계속 컸으므로 파업자들은 4월 1일에 동 회관을 습격하여 10여 명의 부상자를 내는 폭동까지 발전하였으나, 파업자금은 떨어지고 만여 인구의 생활문제는 급박하였으며, 각처에서의 정신적 물질적 원조는 지극하였고 일본인 노동자들의 성원도 대단히 컸으나, 경찰은 이 제네스트를 외부와의 연결을 차단시키기 위하여 위문격전 파업자금을 보낸 사람을 모조리 검거하였기 때문에 재정적으로 고립무원이 되었다. 이에 더 지속할 수가 없으므로 4월 6일 노련간부들은 비창한 결의 밑에 자유 복업할 것을 지령함으로써, 이 파업은 82일이나 굳세게 악전고투하던 노동운동사상 최대의 제네스트로 우리나라 노동투쟁이 널리 세계의 이목을 끌어온 대사건이다.

부두노동자들의 단결 과시

1929년 1월 초순 라이씽석유회사 원산지점과 원산통운회사가 고용하는 부두노동자와의 사이에 임금인상문제로 분쟁이 벌어져 조선인 노동자들이 라이씽석유회사의 화물을 취급하지 아니 하겠다 하니, 원산통운회사 지점장이 그 시비를 가로맡아 "라이씽석유회사의 화물을 취급하지 아니 하겠다면 다른 일도 그만두라"고 그들 부두노동자 150명을 일시에 해고하고 그 대책으로서 중국인 노동자들을 모집하기 시작하니, 원산노동조합이 중국영사관에 도의적인 경고를 발하였으므로(1월 10일 동아일보 기사) 중국인들이 응모하지 아니 하였다.

일본인 자본가들의 이러한 조치에 분개한 조선인 부두노동자 수천 명이 동정파업을 단행하니, 때마침 구년(舊年) 말이라 원산부두에 하물이 산적해 있고 거기에 겹쳐들어 폭진(輻輳)하는 화물들이 처리되지 못하여 원산항의 경제는 일대 혼란에 빠지고 세말(歲末)의 상가는 폐문하지 아니할 수 없게 되었으며, 이로 인하여 도산자 야간도주자 등이 속출하였다(동년 2월 27일자 동아일보 기사).

당시 자유노조 대표자인 남상옥(南相沃)과 김대관(金大寬) 그리고 노련간부 김경식(金瓊植) 김대욱(金大郁) 등이 역사적인 파업을 지휘하였다.

일본인들이 주재하는 원산 상업회의소는 적극 조선인 노동자들을 탄압하고 일본인 자본가들을 옹호하여 2,000명 부두노동자에 대하여 복업명령을 발하고 그 서기장 일본인을 인천에 급파 200명 조선인 노동자를 모집하여 원산부두에 취역시키되, 야간은 내무국 원산 토목출장소 창고 속에 감금하고, 낮이면 채찍으로서 혹사하는 등 가혹한 취급을 하였다. 그러던 중 원산경찰서는 1월 29일 원산노동조합의 장부를 압수하고 그 집행위원장 윤두섭(尹斗燮)을 검거하는 등 탄압적인 태도를 취하였다. 원산부두 노동쟁의가 일어나자 동경에 크게 반영되어, 일본국의 극우익인 국수회는 林田彌太郎 등 다수의 간부들을 원산에 파견하여 일본자본가들을 옹호 응원하고, 극좌익인 일본노동당은 원산 노동쟁의 응원단을 조직하여 조선노동총연맹과 연결하여 크게 활동하였다(1929년 2월 16일자 동아일보 기사).

신간회 동경본부는 200명 노동자의 창고 내 야간 감금과 그 혹사는 인도(人道)문제라 하여 변호사 이인(李仁)을 원산에 파견하여 대책을 강구하고, 동회 원산지회장 이가순(李可順)은 원산 경찰서장과 원산 부윤(府尹)을 방문하여 일본인들의 불법을 힐문하는 등 활동을 개시하였다.

원산파업단을 응원하기 위하여 전국 각지에서 무산자들의 활동이 널리 개시되었으니 즉 함경남도 사회단체연합회를 비롯하여 통영, 수원, 신창, 안주, 홍원, 청주, 안동 기타 각지로부터 혹은 다량의 식량이 도착되고 혹은 다액의 현금이 답지하며 또한 의료품이 도착하니 의기양양한 노동자 500여 명이 시가행렬을 감행하여 원산경찰서원들을 크게 당황하게 하였다(14일자 기사).

또한 함경남도 사회단체연합회와 노동조합연합회가 원산노조의 파업단을 응원하기 위하여 회원들의 금주 단연(斷煙)으로써 절약한 금품 2,000원을 원산노조에 기증하였으며, 또한 이들은 파업단과 그 가족들을 위하여 반년간의 식량을 확보함에 필요한 운동을 개시하였다(1월 20일, 2월 23일, 2월 27일자).

부두노동 파업자들이 갈 곳이 없어 부두의 공지에 간단한 시설을 가하여 합숙하고 있으니, 원산 라이씽회사 지점이 원산경찰서와 합세하여 22일 그 숙소를 파괴 축출하고 또한 각지에서 한산(閑散) 인부들을 모집하려 하였으나, 각지 노동조합의 활동에 의하여 궁한 나머지 원산부두 노동자들을 호별 방문하여 출근을 간청하였으나, 그들은 자신들의 요구조건을 들어주지 아니하면 취업하지 못 하겠다 하였다(2월 9일자).

드디어 일본인들은 탄압을 재개하여 심야에 노동자 다수를 연행함과 동시에 자유노조와 노련의 간부들을 수감하고, 이어 함남 검사가 래원(來元)하여 철야 밀의한 후 활동 중인 변호사 이인과 그 서기 조인호(趙仁鎬)를 헌병대에 수감하고, 또한 파업노동자 2,000여 명의 가옥을 일일이 방문하여 크게 위협하는 한편 덕원군수 정박(鄭璞)과 원산 매일신문사장 西田이 양측을 중간 조정을 시도하였으나, 일본인 기업주들의 일보불양(一步不讓)으로 인하여 결렬되었다(1월 10일자).

 그후 일경(日警)의 원산부두 노동자들에 대한 탄압은 극심해졌고 일본인 기업주들의 조선인 노동자들에 대한 혹사는 잔학을 극하였으니 그러한 소식을 그후 동아일보는 다음과 같이 보도하였다(원산 부두노동자 또 파업 …… 원산 내 통운회사 상용인부들은 동맹파업 전까지는 1일 임금 2원 50전~3원 50전씩을 받았던 것을 동맹파업 이후는 1일 1원씩을 주고 출근대기 인부에게는 1일 30전을 지불해주므로 인부 150명이 11월 1일부터 또다시 동맹파업에 들어갔다. 1929년 11월 21일자).

元山市史編纂委員會, 『元山市史』(1968), 185-192쪽.

4. 9월테제

1930년 8월 이후 모스크바에서 개최된 프로핀테른 제5회 대회 중앙집행위원회가 채택한 것으로 9월 18일 발표되어 9월테제로 불렸는데, 그 골자는 아래와 같다.

일본제국주의는 요즈음 세계적 경제공황으로부터 받는 타격을 유일한 식민지인 조선에 전가하려고 점점 더 그 예봉을 발휘하고 있다. 한편으로 조선 농촌에 과중한 세금을 부과하며 제국주의적 지주 고리대로서 기업적으로 농촌을 착취하고, 다른 한편으로 공장에서 산업합리화를 단행하여 노동자의 해고, 노동시간의 연장, 임금 삭감 등을 하고 있다. 더욱 일본에 있는 조선노동자를 귀환시킴으로써 실업자군(失業者群)을 증대시켜 조선노동계급의 생활에 위기를 초래하고 있다. 노동계급이 이 위기를 탈출하는 길은 오직 혁명밖에 없기에 일본제국주의에 대해 맹렬한 반항투쟁을 전개하고 원산총파업, 기타 산업 각 부문에 있어서의 노동쟁의, 소작쟁의, 학생 동맹휴학 등을 일으켰으며, 더욱 프롤레타리아트 대중의 진출도 예상되기에 이르렀다.

이러한 혁명적 파도는 일본제국주의의 가혹한 경찰 간섭, 밀정, 구타, 벌금, 투옥 등의 해독(害毒)수단으로부터 가해지는 탄압에도 불구하고 곳곳에 넘쳐나고 있다. 종래 조선 좌익노동조합운동이 성공하지 못한 것은 이와 같은 탄압에 기인하며 실로 조선노동계급은 자기의 혁명적 노동조합을 조직 지지하지 못하고 있다. 이 때문에 프로핀테른 지지자 등은 조선에 있어 일본제국주의를 타도하고 공산주의사회를 실현하기 위해 다음과 같은 조직 및 활동방침에 따라 전 조선노동자의 모든 역량을 집결하는 단일한 좌익노동조합을 결성하고 전선을 통일하여 격렬한 계급투쟁을 전개해야 한다. 즉,

1. 기존의 지방별 노동조합을 폐지하고 쁘띠 부르주아 또는 민족주의적 개량주의자를 배척하고 순수한 노동자만을 구성분자로 하는 산업별 노동조합을 조직할 것.
2. 미조직 산업에 대해서는 새로 좌익노동조합을, 그리고 농촌에 있어서는 혁명적 농촌노동조합을 순수한 노동자만으로 조직할 것.
3. 내지인(內地人) 노동자는 조선에서 자본주의를 위해 특수한 역할을 하고 있으므로 이들을 좌익노동조합에 전취할 것.
4. 중국인 노동자는 일본제국주의 및 민족적 부르주아에 의해 파업 파괴자로 이용되고 있으므로 이들로 하여금 좌익노동조합을 결성토록 할 것.
5. 이 같은 노동조합을 조직하는데 종래의 상층으로부터 하층으로의 조직방법과 달리 우선 하층조직을 결성하고 이를 토대로 하여 순차로 상층조직을 결성, 마침내 전 조선에 유일한 좌익노동조합을 결성할 것.
6. 조선노동총동맹, 기타 기성 노동조합 내에 좌익을 결성하며, 장소와 업무의 특수성에 따라 노동자에 가장 현실적인 요구를 내걸기에 앞서 그것이 투쟁과 관련이 있는 전 노동자로부터 선출된 공장위원회 또는 공장 대표단체로 하여금 담당하도록 할 것. 그 요구 관철의 최후의 무기는 동맹파업이므로 파업에 즈음하여 스트라스부르그에서 있었던 프로핀테른 제4회 대회가 결정

한 파업전술 및 프로핀테른 제5회 대회가 결정한 조선 좌익노동조합의 조직적 제 문제가 지시하는 바에 따라 파업위원회를 조직하고 격렬한 투쟁을 전개할 것.

7. 이리하여 프로핀테른 지지자들은 한편 프로핀테른 및 태평양노동조합과 밀접한 연락을 갖고 동시에 다른 한편으로 이들을 통해 전 세계 좌익노동조합 특히 일본 및 중국의 그것과 밀접한 연락을 취할 것.

朝鮮總督府 高等法院檢事局思想部, "革命的勞動組合運動事件," 『思想彙報』 第 一號 (1934년 12월), 47-48쪽.

5. 태로(太勞) 10월서신

"10월서신" 또는 "태로 10월서신"으로 널리 알려져 있는데, 이 서신은 범태평양노동조합 비서부에서 1931년 10월에 조선에 발송된 격문이었으므로, 이와 같은 명칭이 붙은 것이다. 이 서신은 1932년 5월 모스크바에서 『혁명의 벗』 지상(誌上)에 발표된, 쿠시넨의 논문과 같이 조선 공산주의운동의 발전을 저해하는 여러 가지의 모순, 특히 파쟁의 과오를 극복 청산할 것을 강조한 것이므로, 조선 공산주의운동의 연구에 있어서도 귀중한 자료이다. 그 서신 내용은 대략 다음과 같다.

"혁계단에 있어서 조선의 혁명적 노동조합운동의 정세와 과업에 관한" 중요한 여러 가지 문제를 토의하고, 다음과 같이 주의를 환기시킨 것이다.

① 조선 경제공황은 일본제국주의의 식민지정책과 봉건농노제도의 잔재인 결과인 만성적 농업공황으로 일층 심각화하여 간다. 농민의 파산과 토지약탈의 과정은 급속화하여 가고 있으며, 조선노동자의 상태는 더욱 악화되었다. 그런데다 폭압은 혁명운동에 대하여 일층 가혹하여지고, 파업자는 무력으로 이에 대항하는 수효가 많아지고, 혁명적 노동자는 대중적으로 체포되고 있다. 이것은 조선 토착 부르주아지가 일본제국주의와 야합하여 경제공황의 부담을 근로인민에게 전가시키고, 더욱 가혹한 착취를 하여, 민족혁명을 실패케 하려는 것이다. 일방으로는 그들 민족 부르주아지는 일본제국주의를 영합하면서도, 표면

으로는 "혁명적" "반제국주의"적 어구로 분식하고 있다. 그들은 노동계급을 자기 영향 하에 결부시켜서, 계급투쟁으로부터 이탈시키기 위하여, 민족개량주의적 타협적 노동조합의 조직과 천도교, 신간회와 같은 그들 단체로 노동대중을 넣으려고 노력하고 있다.

② 노동자의 생활상태의 악화와 그들에 대한 탄압의 강화로 인하여 대중적 운동과 혁명적 투쟁이 점점 성장하여 가고 있다. 여기에 조선 프롤레타리아트는 자연발생적으로 많은 파업을 일으키고 있으나, 자체의 조직과 투쟁준비와 지도가 불충분해서 한 번도 승리를 못하고 있다. 그것은 조직노동자의 대부분이 모든 활동에 있어서 계급투쟁을 계급타협에 교대시키려는 개량주의에 지도되어 있기 때문이다. 이러한 정세에 있어서 프롤레타리아트를 조직하고 일본제국주의와 결정적 투쟁을 전개할 수 있는 힘을 가진 것은 미약한 수(數)이나마, 조선 노동조합운동의 좌익이다. 그러나 노동계급의 좌경화와 투쟁에 진출하는 적극성과 의욕보다는 이 좌익의 성장은 뒤떨어져 있었다. 그것은 노동대중을 개량주의자들의 영향에서 해방시키고 좌익 영향의 확대와 조직화를 못하였기 때문이다.

③ 좌익지지자들은 많은 성과를 보였음에도 불구하고 그들에 대한 여러 가지 임무를 완수하지 못한 결점은 첫째로, 대중의 불평을 지도하여 조직적 투쟁으로 전환시키는 데 무능하였고 둘째로는, '노총'과 그 개량주의적 대중적 노동조합 내에 있어서의 활동의 중요성을 충분히 인식하지 못하였던 것이다. '노총'의 하층 회원을 전취하여 좌익의 주위에 결합시키려면 노동대중과 같이 일하며 악수하여, 일상투쟁의 경험으로서 개량주의적 지도자들의 정책의 반역적 정체를 폭로시킴으로써 가능하다. 그러나 프로핀테른 지지자들은 개량주의적 노동조합 내에 있어서 강고한 대중적 투쟁을 전개하고, 그 내부에 혁명

적 노동조합 지지파를 조직하여야 함에도 불구하고 아직 종파적 경향에서 해방되지 않고, 고립적 노동조합의 조직에 주의를 집중하고 있다. 이러한 경향은 좌익의 주위에 아직 노동대중이 없는 정세에 있어서 다만 대중으로부터 분리된, 협소한 종파적 노동조합을 기계적으로 부식하려는 경향을 유치하였을 뿐이고, 좌익은 노동대중으로부터 유리되게 하였다.

④ 좌익지지자는 자기의 모든 과오를 명확히 자기비판함과 동시에 부단한 투쟁을 통하여 조선 프롤레타리아를 신투쟁과 승리를 향해 준비시켜야 한다. 좌익은 노동자대중에 자기의 조직적 영향을 확대 견고히 함으로써만 또 성장과정에 있는 조선노동자의 투쟁욕을 지도하는 데서만 광범한 대중을 인솔하고 나아갈 수 있는 것이다.

⑤ 좌익지지자들은 조선 프롤레타리아의 투쟁에 대한 지도와 준비사업에 더욱 접근할 것이며, 또 실업(失業)이 대중화하고 있음에도 불구하고, 실업자운동의 지도에 대한 임무를 확립시키기 위하여 실업자가 집중하여 있는 지방에는 실업자위원회를 조직하여, 전 실업대중을 단결시켜 조직적 투쟁에 진출하여야 한다. 이와 병행하여 취업노동자와 실업노동자의 통일전선을 결성하여 이들을 계급투쟁의 궤도로 이끌어 넣어야 한다.

⑥ 부인노동자의 조직률은 적으나 앞으로 이 부문의 활동을 책임적으로 수행하기 위하여 여자부를 새로 조직할 것이다. 또한 노동청년단체 내부에 있어서 자기 영향을 확대시키며 그들을 혁명적 노동조합으로 결부시키는 방법으로 노동청년에 관한 사업을 정리시키기 위하여 청년부도 새로 조직하여야 한다.

⑦ 외국노동자와 투쟁적 통일전선의 편성에 대하여서는 신중한 주의가 필요하다.

⑧ 농민에게 혁명적 투쟁에 대한, 프롤레타리아의 영향과 지도를 실현하기 위하여 농업노동자의 조직과 귀농하는 노동자의 적극적인 활동이 필요하다. 이리하여 농민단체와의 연락과 농민과 노동자의 통일전선을 편성하여야 한다.

⑨ 조선에 있어서의 혁명적 노동조합운동의 발전에 긴요한 전제조건은 노동조합활동의 중심을 공장으로 옮기는 데 있다. 혁명적 노동조합운동의 기본적 형태는 공장, 제작소, 소규모 기업소 등 내부에 있는 노동조합 그룹이다. 그러므로 파업 기타 대중운동 당시에 있어서 노동조합 그룹의 신회원 모집을 강력하게 수행하여야 된다. 이 신회원의 일상적 모집사업의 전개는 노동조합의 '그룹'과 좌익 노동조합에 있어서의 현재의 종파적 상태를 급속히 극복할 수 있다.

⑩ '노총'과 기타 개량주의적 노동조합 내에 있는 노동자들을 개량주의자의 영향에서 해방시키고 그 대중을 전취하기 위하여 조선 노동조합운동 좌익은 개량주의적 단체 내부에 혁명적 반대파의 조직을 가지기 위하여 적극적 활동을 전개하여야 한다. 이러기 위하여 좌익은 반드시 개량주의적 조합 내에 자기 그룹의 조직에 신속히 착수하여야 한다.

⑪ 기업소 내에 있어서 대중적 선동과 조직사업을 전개하고 투쟁에 있어서 노동자대회를 조직하고, 또 지도할 수 있는 노동조합을 광범히 조직함으로써 좌익은 독자적, 혁명적 노동조합의 전제조건을 형성할 수 있다. 대중을 토대로 하지 않는 협소한 종파적 노동조합을 조직하려는 경향은 결정적으로 배제하여야 한다. 우리는 조합 간판이 필요한 것이 아니라, 진실한 대중적 단체를 필요로 하기 때문이다.

⑫ 노동조합 민주제를 실현하는 데 있어 하부로부터의 가장 광범한 자기비판을 실행하여야 할 것인데(자기비판은 혁명운동과 좌익 조합

단체를 공고히 하는 것이다)도 불구하고, 무원칙한 분파적 비판 — 정당히 말하면 왜곡은 좌익 일체 사업에 방해하고, 우리들의 조합을 파괴하는 것이다. 조선의 무원칙한 분파투쟁은 노동계급에 있어서의 소부르주아적 분자들의 영향의 반영일 뿐 아니라, 혁명적 노동조합을 파괴시키고 약화시키는 일제의 세련된 방법이다. 좌익은 무원칙한 파벌적 집단에 기만되어, 이끌려 가는 노동자에게 그들이 노동계급을 위하여 유해하다는 것을 상세히 설명하여야 한다.

⑬ 하부로부터의 자기비판의 실현, 협동적 지도, 민족해방투쟁에 대한 지도와 준비에의 전환은 파쟁에 구속되지 않은 조합원 대중에서, 또 하부 군중 속에서 새로운 열성자들과 능률 있는 조합자 및 지도자들을 급속히 추천하여, 지금 좌익에 부여된 일체의 임무를 실천함으로써 최대한도로 촉진시켜야 한다. 누구를 불문하고 제국주의와 공장주를 반대하여 투쟁하며, 프로핀테른 지지자의 대열에 가담하려면, 그 전통적인 파쟁을 결정적으로 거부하고, 파벌적 집단을 급속히 청산시키기 위하여 투쟁하고, 계급적 투쟁의 기초 위에 선 좌익 노동조합 조직에 부속되어야 한다.

⑭ 좌익은 노동조합 출판문제에 대하여 아직 아무것도 하지 않았다. 출판물은 대중에게 영향을 주는 중요한 무기이며, 또한 계급적 이익을 선전하는 무기다.

⑮ 민족적 편견, 충돌을 부식하려고 하는 일체의 선전과 음모행동에 대하여 결정적인 반항을 하며, 중국 일본 노동계급과 혁명적 통일전선을 결성하여 일제와 국민당의 반동에 대한 투쟁을 강화하여야 한다.

李錫台(編), 『社會科學大辭典』 (文友印書館, 1948), 700-702쪽.

6. 프로핀테른(Profintern)

"적색노동조합 인터내셔널"의 약칭이다. 1920년 6월~7월 코민테른 집행위원회의 제창으로 "노동조합운동의 재조직에 대한 전투적 국제위원회"가 조직되었었는데, 이 위원회의 준비활동 후 1921년 7월 3일~19일 모스크바에서 암스테르담의 노동조합 인터내셔널에 대항해서 프로핀테른 창립대회를 열었다. 프로핀테른의 목적을 요약해서 말하면 ① 자본주의국가에서 노동자계급이 해방하기 위하여서 광범한 노동대중을 망라 조직할 것, ② 혁명적 계급투쟁을 위하여 광범한 선전과 선동을 할 것, ③ 계급협조에 대한 투쟁, ④ 국제적 부르주아지의 지주(支柱)인 국제노동국과 암스테르담동맹에 대한 결정적 투쟁의 조직, ⑤ 필요한 때 만국 노동자계급의 투쟁의 협동과 통일, ⑥ 특히 중요한 투쟁이 있을 때 국제적 행동을 행할 발의(發議)와 대쟁의(大爭議)가 있을 때 기부금의 모집 등이다.

이러한 목적 하에서 전세계의 좌익노동조합은 거의 가입하였는데, 그 가입자는 다음과 같은 3종이 있다. ① 공식적으로 가맹한 단체, ② 내용으로는 가입을 동의하나, 각자국의 관헌의 압박이라거나, 또는 단체 내부의 분열을 피하기 위해서 정식으로는 가맹하지 않는 단체, ③ 개량주의적 노동조합 내의 반대파 등이다. 그런데 우리가 프로핀테른의 조직경과와 발전을 밝히기 위하여 간과하여서는 아니 될 것은 암스테르담동맹에 대한 태도의 결정이다. 원래 제3인터내셔널에서는 우익대중도 광범히 포옹하기 위해서 '통일전선'의 전술을 결의

하였고, 그 통일의 대상은 노동조합의 대중에 두었다. 그리하여 노동조합의 분열을 방지하기 위해서 암스테르담파와 합동을 제의하여 전세계의 통일적 조합 인터내셔널의 조직을 목적하였으나, (1921년 이후) 암스테르담파는 완강히 거절하였다.

여기에서 프로핀테른은 방법을 변경하여 가지고 1924년 2월에 러시아 노동조합의 명의로 암스테르담파에게 통일인터내셔널을 조직할 것을 제의하였으나, 암스테르담파에서는 1924년 6월 대회에서 러시아 노동조합이 암스테르담 인터내셔널에 가입할 것을 결의하여 그 외의 통일운동에는 일체 반대한다는 것을 회답한 것이다. 그러나 러시아 노동조합이 그들의 결의에 찬성할 리는 없었고, 그 중 영국의 조합이 프로핀테른의 통일운동에 찬성하여 1925년 4월에 영로(英露)위원회를 조직하였으나, 1926년 영국의 제네스트 이래 이 위원회는 결렬되어 프로핀테른의 우익 대중의 포옹전술은 당분간 정지되었던 것이다.

그후 세계의 파시즘의 진출은 노동자를 기만하여 노동운동을 전면적으로 탄압하나, 암스테르담파의 지도자들은 동 계통의 조직대중을 옳은 방향으로 이끌지 못하고 오히려 파시스트들과 야합하거나, 또는 기회주의적 태도를 취하므로, 조직대중들의 계급적 자각은 프로핀테른의 산하로 집중하기 시작하였고, 제2차 대전 중에는 반파쇼전쟁에 총역량을 집중하여 진군한다는, 프로핀테른의 올바른 지도와 암스테르담파 지도(指導)분자들의 기회주의적 태도가 폭로되자, 대중들은 한데 뭉치게 되었던 것이다. 제2차 대전 중 불란서의 CGT와 CGTU의 합동과, 미국의 CIO의 출현 등이 그것이다.

이와 같이 전세계의 혁명적 조합은 각각 강력히 반파쇼전쟁에 역량이 집중되어 총진군하는 데 있어서 즉 그 이유를 간단히 들면, 코민테른의 해산 결의 중 "…… 그러나 각국의 내정과 국제적 정세의 복잡화함에 따라서 어떠한 국제적 중심세력이 각국의 노동운동의 임무를 결정하는 것은 극복하기 어려우리라는 것은 이미 전전(戰前)에 벌써 명료해졌다," "…… 코민테른은 제1회 회의에서 결정한 노동자단체의 조직형태가 노동자운동 갱생의 초기의 요청에는 적응했으나, 각국 노동운동 성장과 그 임무의 복잡화에 따라서 더욱 무용한 것으로 화하고 …… " 운운으로써 코민테른이 해산하던 즉후인 1943년 6월에 해산하였다.

李錫台(編), 『社會科學大辭典』(文友印書館, 1948), 733쪽.

이주하 연구

제1쇄 찍은날: 2007년 4월 30일

지은이: 심 지 연
펴낸이: 김 철 미
펴낸곳: 백산서당

등록: 제10-42(1979.12.29)
주소: 서울 은평구 대조동 185-71 강남빌딩 2층

전화: 02) 2268-0012(代)
팩스: 02) 2268-0048
이메일: bshj@chol.com

값 20,000원

ⓒ 심지연 2007

ISBN 978-89-7327-398-0 03340